破产审判

——实践中若干理论和实务问题文集

——STX（大连）集团等企业破产案件办案启示

主　编◎吴廷飞
副主编◎陈　杰　任延光　曲　强

中国政法大学出版社
2023·北京

声　明　1. 版权所有，侵权必究。

　　　　　2. 如有缺页、倒装问题，由出版社负责退换。

图书在版编目（CIP）数据

　　破产审判实践中若干理论和实务问题文集：ＳＴＸ（大连）集团等企业破产案件办案启示 / 吴廷飞主编；陈杰，伍延光，曲强编.—北京：中国政法大学出版社，2023.10
　　ISBN 978-7-5764-1175-1

　　Ⅰ.①破… Ⅱ.①吴… ②陈… ③伍… ④曲… Ⅲ.①企业破产法－中国－文集 Ⅳ.①D922.291.92-53

　　中国国家版本馆CIP数据核字(2023)第243770号

出　版　者	中国政法大学出版社
责任编辑	刘晶晶
地　　　址	北京市海淀区西土城路 25 号
邮　　　箱	fadapress@163.com
网　　　址	http://www.cuplpress.com（网络实名：中国政法大学出版社）
电　　　话	010-58908524(第六编辑部) 58908334(邮购部)
承　　　印	固安华明印业有限公司
开　　　本	720mm×960mm　1/16
印　　　张	14.75
字　　　数	240 千字
版　　　次	2023 年 12 月第 1 版
印　　　次	2023 年 12 月第 1 次印刷
印　　　数	1~2000 册
定　　　价	79.00 元

序 言

企业的清算退出和拯救重生乃是破产法律制度之一体两面，破产法律制度更是市场经济法律体系不可或缺的重要组成部分。破产法的立法完备及司法健全与否，是判断市场经济与法治国家是否成熟、市场经济地位是否稳固、营商环境水准之高低的重要标准。

改革开放以来，尤其是1992年党的十四大明确我国经济体制改革的目标是建立社会主义市场经济体制以来，我国一直高度重视与企业破产相关的立法和司法建设。

1986年12月2日，第六届全国人民代表大会常务委员会审议通过了《中华人民共和国企业破产法（试行）》（以下简称"《企业破产法》（试行）"）。2006年8月27日，第十届全国人民代表大会常务委员会第二十三次会议审议通过了《中华人民共和国企业破产法》（以下简称"《企业破产法》"），并自2007年6月1日起施行。在党的坚强领导下，经过四届全国人民代表大会的不懈努力，两部企业破产法历时二十余年，赓续接力、薪火相传，使中国的企业破产立法从无到有、由简入详。

2013年11月，《中共中央关于全面深化改革若干重大问题的决定》指出："健全优胜劣汰市场化退出机制，完善企业破产制度。"2014年10月，《中共中央关于全面推进依法治国若干重大问题的决定》进一步指出："社会主义市场经济本质上是法治经济。使市场在资源配置中起决定性作用和更好发挥政府作用，必须以保护产权、维护契约、统一市场、平等交换、公平竞争、有效监管为基本导向，完善社会主义市场经济法律制度。"2018年9月第十三届全国人民代表大会常务委员会立法规划发布，《企业破产法》的修订纳入立法规划，属于"需要抓紧工作、条件成熟时提请审议"的项目。

在上述党的政策指导和国家立法指引基础上，自 2002 年起，结合破产案件审判实践需要，最高人民法院又先后颁布了《最高人民法院关于审理企业破产案件若干问题的规定》《最高人民法院关于适用〈中华人民共和国企业破产法〉若干问题的规定（一）／（二）／（三）》等多部破产法司法解释，并单独或者会同有关监管部门出台了包括《关于审理上市公司破产重整案件工作座谈会纪要》《关于审理公司强制清算案件工作座谈会纪要》《全国法院破产审判工作会议纪要》等在内的多部破产法相关司法规范性、指导性文件，为我国破产立法的完善和司法实践的健康发展提供了有力支撑。经十九届中央全面深化改革委员会第五次会议审议通过，2019 年 6 月，最高人民法院会同国家发展和改革委员会等十三个部委联合发布了《加快完善市场主体退出制度改革方案》，更是明确将加快建立健全以破产法为核心的市场主体退出制度的步伐，以更好地服务供给侧结构性改革和营商环境优化建设。

由此，通过现行《企业破产法》及其司法解释、其他规范性文件等，我国已经初步建构起了较为完整的破产法制度体系。而我国破产司法审判实务的专业化建设也取得了长足的进步。我国企业破产法律实践的历史虽然短暂，但也已走过三十余个春秋，破产法的理念、文化与制度规则也得到了初步传播和认可。

大连是我国较早开展破产立法研究和司法审判实践的地区。早在 21 世纪初，《企业破产法（试行）》尚在有效适用、现行《企业破产法》尚未颁行之际，大连市中级人民法院（以下简称"大连中院"）就在最高人民法院的指导以及大连市委的领导下，配合中央有关部委清理整顿各类非银行金融机构，率先开展了包括大连证券在内的金融类企业破产案件审理工作，并出色地完成了有关审判任务，有力地维护了大连地区的金融和社会稳定。

近年来，作为东北老工业地区代表性城市的审判机关，大连中院在审判大型企业尤其是生产制造类企业破产案件方面更是积累了较为丰富的审判实践经验，先后审理了 STX（大连）集团、东北特钢、大连机床、大化集团、大船海工、大船船务、天神娱乐等一批审判难度较高、社会影响力较大的大型企业破产重整及清算案件，为优化大连市营商环境、促进大连实体经济发展做出了应有贡献。其中，东北特钢重整案列入 2018 年度最高人民法院工作报告；2020 年疫情期间办理的天神娱乐重整案则创造了 A 股民营上市公司司法重整最快纪录，并入选2020年度辽宁省法治化营商环境典型案例和十大法治新闻；大连海工重整案则入选2021年度十大全国破产经典案例，并荣获全国法院系统2021年度优秀案例评选商事案例二等奖。

更为重要的是，通过这类大型企业破产案件的审判，大连中院培养出了一支具有较高水平的破产审判队伍。以这支队伍为依托，大连中院加快加强了破产审判各方面制度建设，包括指导组建了大连市破产管理人协会并指导其规范开展各项活动；在结合自身审判实践经验和充分吸收兄弟法院的先进经验的基础上，先后独立颁布或会同国家税务总局大连市税务局、大连市市场监督管理局等部门联合颁布了《关于执行案件移送破产审查的工作指引（一）（试行）》《关于简化破产案件审理程序的工作指引》《关于审理企业预重整案件的工作指引（试行）》《关于优化企业破产处置过程中涉税事项办理的意见》《关于企业破产中办理公司登记事项若干问题的意见》等破产审判方面的一系列规范性、指导性文件。

2022年9月28日，大连中院对外发布《大连法院破产审判白皮书》，全面回顾了近年来大连地区各级法院破产审判工作经验，并对下一步破产审判工作进行了展望和部署。

以上这些工作，都为我国破产审判司法实践贡献了具有重要参考价值的"大连经验"，并在全国法院系统中打造出了大连中院破产审判的"金字招牌"。而以上种种历史，都见证了包括大连中院在内的中国审判机关和中国法律工作者为建设社会主义市场经济法律体系付出的艰辛，更见证了中国人民为创建具有中国特色的社会主义法治文明奉献的毅力和智慧。

特别值得指出的是，大连中院在大型生产制造型企业破产案件的审判经验积累和审判队伍建设，主要起始于大连中院于2014年受理的STX（大连）集团系列破产清算案件。该系列案件是当时中国法院系统受理的资产和债务规模最大的企业破产案件之一，也是迄今为止资产和债务规模最大的外商独资企业破产案件以及船舶和海洋装备生产制造企业破产案件。当时，在同类案件司法实践经验相对缺乏的情况下，大连中院迎难而上，坚持"市场化、法治化"原则，历时九年，历经数十轮破产财产处置和分配，最终顺利办结该案。此后，在STX（大连）集团系列破产清算案件的工作基础上，大连中院又受理并成功办理了前述诸多大型生产企业的破产案件。

正如前面提到的，破产法律制度的建立健全和破产审判的常态化推进，是市场经济可持续发展、营商环境优化建设的重要保障。而市场经济之发展亦离不开破产法律研究之繁荣。但从历史上看，中国缺乏破产法研究传统和理论实务研究积淀。而今，破产法及其社会功能日益得到人们的重视与认可，破产法的研究也日益深入。本文集的成稿付梓恰恰就来源于大连中院在审理STX（大连）集团系列破产清算案件以及其他部分大型生产制造企业破产案件过程中的点滴经验以及对其的理论思考。

本文集所收录的文章，各自独立成篇，以问题为导向，以解决问题为目的，对破产法的诸多理论和实务问题进行了研究，并根据破产案件审判工作中的分工特点划分为二个部分："法院履职"部分、"管理人履职"部分和"中介机构履职"部分。其中，有关于"府院联动"机制的调研思考，有关于破产程序和其他司法程序之间兼容协调问题的理论分析，有关于生产制造型企业破产财产管理和处置路径的思辨，有关于各类权利审查、财产分配、涉税问题的深入研究，有关于破产财产评估、拍卖等破产程序中介辅助机构工作经验的解析，还有对现行破产法和司法解释加以完善的建议等。本文集收录的各篇文章均提出了一些理论观点，其立足点主要为破产审判实践服务。由于各地案件的审判实践不同，我们并不追求这些观点被读者和同仁一致认同，但我们确信这些文章中的观点可以为破产法的理论研究和实务问题解决提供启发与新的思路。

另外，本文集所收录的文章成稿时间贯穿于2014年大连中院受理STX（大连）集团系列破产案件至今，间隔时间较长，期间又经历了我国民事基本法律和破产立法与司法实践的变动和发展，其直接反映、见证甚至参与了大连破产审判实践乃至中国破产法制的发展进程。例如，本文集收录的《关于大连地区建立健全破产案件审判"府院联动"机制的调研报告》一文，在该调研报告的工作基础上，大连中院与大连市政府反复联动磋商，于2021年4月印发了《关于做好企业破产处置府院联动工作的意见》，为大连地区完善企业市场化救治和退出机制、优化营商环境贡献了力量。另外，《破产程序中对经生效法律文书确认债权之审查问题辨析》一文的主要观点也被最高人民法院《关于适用〈中华人民共和国企业破产法〉若干问题的规定（三）》采纳认可。

序　言

最后，本文集的编辑出版得到了中国政法大学出版社尤其是本书的责任编辑刘晶晶女士的大力支持；也感谢全体编者和撰稿人的辛勤努力和付出。还需要特别感谢的是，北京市中伦律师事务所、北京德恒律师事务所、北京京都（大连）律师事务所、上海国际商品拍卖有限公司、北京中企华资产评估有限责任公司、北京亚特兰国际拍卖有限公司、阿里巴巴集团破产拍卖事业部，它们均不同程度参与办理了STX（大连）集团系列破产案件以及大连中院受理的前述诸多重要大型企业破产案件，更对本文集诸多文章的最终成稿做出了无私贡献。作为办理破产案件的专业中介机构，他们让我们深刻感受到了在破产审判事业中属于法律职业共同体的集体荣誉。

希望本文集能够为我国破产法与市场经济体制的健全与完善以及营商环境的提升尽绵薄之力。大连中院也会继续推动破产法理论与实务研究发展，为破产立法改革、司法实践和理论研究贡献更多的思想和智慧，推动中国破产法立法之完善与司法之进步，助力中国市场经济体制的发展和法治国家的建设！

是为序。

全体编者

2023 年 5 月 4 日

目 录

序 言 …………………………………………………………………… 001

◇ **第一部分　法院履职篇** ◇

关于大连地区建立健全破产案件审判"府院联动"机制的调研报告 …………… 003
海事特别程序与破产程序的兼容与协调 ………………………………… 023
刑事程序与破产程序的冲突与协调 …………………………………… 036
破产程序与仲裁司法审查的兼容与协调 ………………………………… 048
大型船舶生产制造企业破产案件中破产财产管理和处置的路径探索 …………… 060

◇ **第二部分　管理人履职篇** ◇

破产程序中对经生效法律文书确认债权之审查问题辨析 ……………………… 079
破产案件所有权保留买卖合同解除致损的债权性质认定之反思 ……………… 085
论破产程序中保证责任的衔接 ………………………………………… 097
破产撤销权之适用 …………………………………………………… 106
浅议个别清偿破产撤销权的例外性规则 ………………………………… 118
准行政清理程序转破产程序案件的撤销权临界期起算点问题研究 …………… 128
破产程序中在建船舶取回权实务问题初探 ……………………………… 135
破产程序中海关监管货物处置问题刍议 ………………………………… 142

破产财产处置工作中涉税问题处理刍议 …………………………………… 150
企业重整期间担保权人恢复行使担保权问题初探 ………………………… 160
关于担保债权人承担破产费用及共益债务的合理性及路径辨析 ………… 168
对《企业破产法》第九十二条第二款的规避行为效力研究 ……………… 176
破产案件中对外协公司职工劳动债权的性质认定与保护 ………………… 185

◇ 第三部分 中介机构履职篇 ◇

破产财产拍卖的发展与 STX 项目拍卖处置工作经验解析 ……………… 199
破产案件中的资产评估与 STX 项目评估工作经验解析 ………………… 212

第一部分

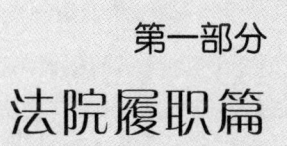

法院履职篇

关于大连地区建立健全破产案件审判"府院联动"机制的调研报告

前 言

扎实推进供给侧结构性改革是党的十九大报告中确立的重要经济目标，其中，深化国有企业改革，及时淘汰落后产能，推进破产法律制度建设则是实现上述目标的重要手段之一，对此，习近平总书记在报告中特别指出，"要紧紧抓住处置僵尸企业这个'牛鼻子'，把去产能与深化国有企业改革、推进企业兼并重组和升级改造结合起来，妥善处置企业债务，做好人员安置工作。要尽快修订完善有关资产处置、债务清偿、破产清理等方面的法律法规，为处置僵尸企业提供制度保障。要加大中央财政对去产能中下岗职工生活保障等方面的支持，发挥好地方政府作用，保持社会大局稳定。"[1]

由此可见，深入推进供给侧结构性改革、淘汰落后产能、优化经济结构、发挥市场在资源配置中的决定性作用，必须建立健全一套完善的企业破产法律制度及相应配套制度，使得陷入生产经营困境、无法清偿到期债务的企业能够及早进入破产程序，通过市场化手段实现其资产处置及债务清偿，在优化资源配置的同时保障破产企业、职工、债权人等多方主体的合法权益。

目前，我国已经建立起了相对完善的破产法律制度，形成了以《中华人民共和国企业破产法》（以下简称"《企业破产法》"）及相关配套司法解释

---

[1] 陈和：《【学习贯彻党的十九大精神】深化供给侧结构性改革》，载中国经济网，http://www.ce.cn/xwzx/gnsz/gdxw/201711/14/t20171114_26848973.shtml，最后访问日期：2023年4月25日。

为基础的破产法律规范体系，为人民法院审理破产案件提供了最基本的法律指南。但是，由于破产案件具有较强的社会外部性，很多事项并不在法院主管的工作范围内，本应由相关完善的配套法律与制度予以市场化、法治化、常态化的解决，无法仅藉由法院的审判力量予以解决，必须倚靠政府部门的协助与配合。比如，企业欠缴社保问题、职工安置问题、税费协调问题、信用修复问题（主要是民营企业）、地方维稳问题等，这些问题往往并非单纯的法律问题，不属于法院的专业职责范畴，又对破产案件审理工作的顺利推进起着至关重要的作用。由于我国现行法律制度并未明确规定政府在企业破产程序中的有关职责，各种社会配套法律与制度与破产法之间的生态关系处于隔离、缺失乃至冲突的状态，不仅不能对破产法的实施起到有机配套、衔接与融合的保障效应，其制度缺陷反而成为破产法顺利市场化实施的障碍。法院在请求政府对相关事项予以协助时，政府提供配合协助的动力不足、程度有限，甚至出现不作为的现象。

因此，如何制度化地确立起政府部门在企业破产案件中的事权范围，实现审理破产案件的人民法院与破产企业所在地人民政府的通力协作，解决破产案件受理难、破产案件审判难问题，实现市场主体退出机制的顺畅运行，就成为十分值得研究的问题。

经我们调研认为，解决该问题的策略，是在企业破产程序中建立一套常态化、制度化、规范化的"府院联动"机制，使得法院和政府能够基于该机制实现充分、有效的沟通配合，形成制度合力，从而进一步完善和发展我国的破产法律实践。

我们通过研究"府院联动"机制产生的历史背景，深入分析建立一套常态化、制度化的"府院联动"机制对于当下我国破产法律制度建设的必要性和紧迫性，并结合地方法院破产实践中"府院联动"工作的经验及不足，为实现大连地区"府院联动"机制的建立健全提供有益建议。

一、"府院联动"的历史背景

"府院联动"并非严格的法律术语，而是来源于司法实践，它指的是在破产案件审理过程中，政府部门针对人民法院职权范围以外的有关事项以及破产案件中的各类社会衍生问题予以支持、协作，与人民法院共同推进破产案件审理的一套工作制度。据我们考察，这类实践最早由我国破产案件审判的先进地区，如浙江省温州市、绍兴市等地发起并逐渐推广至全国，是一项基于破产法律实践而产生的协调性机制。

根据温州市中级人民法院（以下简称"温州中院"）民事六庭庭长方飞潮的介绍，2012年以来，基于破产案件审理中大量出现的民营企业信用修复、税费协调、管理人报酬及企业逃废债问题，温州两级法院和各政府部门出台了一系列府院联席专题会议纪要，强化了政府在破产审判工作中的公共服务职能。温州地方法院在开展"府院联动"工作方面的成功经验逐渐推广至浙江全省。2016年11月4日，浙江省促进企业兼并重组工作部门联席会议办公室、浙江省高级人民法院、浙江省经济和信息化委员会联合出台《关于成立省级"僵尸企业"处置府院联动机制的通知》（浙并购办〔2016〕8号），成立了全国首个实质运作的破产省级"府院联动"机制；2018年1月，江苏省南通市政府与市法院召开联席会议，强调加强金融、破产、环保等重点领域的配合协作，相互通报重要信息，深化破产领域的"府院联动"[1]。

2018年3月4日，最高人民法院发布了《全国法院破产审判工作会议纪要》（以下简称"《破审会议纪要》"），明确指出要建立政府与法院相互协调的破产审判工作机制，并在重整计划草案制定、重整企业信用记录修复、重整企业税收优惠获取等方面对政府提出了具体要求[2]。自此，在破产案件审判中建立"府院联动"机制获得最高人民法院认可，并通过全国法院破产审判会议工作纪要的方式向全国推广。

据我们调研了解，在《破审会议纪要》出台后，2018年5月，山东省青岛市中级人民法院与青岛市党委政府积极配合，助力山东省最大的船舶企业青岛造船厂有限公司及其全资子公司青岛扬帆船舶制造有限公司重整成功；

---

[1] 陈坚、顾建兵：《南通市政府与市法院共建府院联动机制》，载《江苏法制报》2018年1月24日，第A01版。

[2] 《全国法院破产审判工作会议纪要》规定："一、破产审判的总体要求……三要健全破产审判工作机制，最大限度释放破产审判的价值。要进一步完善破产重整企业识别、政府与法院协调、案件信息沟通、合法有序的利益衡平四项破产审判工作机制，推动破产审判工作良性运行，彰显破产审判工作的制度价值和社会责任。……四、破产重整……16.……人民法院要与政府建立沟通协调机制，帮助管理人或债务人解决重整计划草案制定中的困难和问题……21.……企业重整后，投资主体、股权结构、公司治理模式、经营方式等与原企业相比，往往发生了根本变化，人民法院要通过加强与政府的沟通协调，帮助重整企业修复信用记录，依法获取税收优惠，以利于重整企业恢复正常生产经营。"

2019年2月，安徽省安庆市中级人民法院就破产案件审理中如何促进"府院联动"提出了若干建议，内容涵盖了专项破产费用基金的设立、破产企业税收政策完善以及重整企业信用修复机制的完善等。

2021年2月25日，国家发展和改革委员会、最高人民法院、财政部、人力资源和社会保障部、自然资源部、住房和城乡建设部、中国人民银行、国务院国有资产监督管理委员会、海关总署、国家税务总局、国家市场监督管理总局、中国银行保险监督管理委员会、中国证券监督管理委员会等十三个部门联合发布了《关于推动和保障管理人在破产程序中依法履职进一步优化营商环境的意见》（以下简称"《推动管理人履职意见》"），明确要求完善破产制度配套政策，更好发挥政府在企业破产程序中的作用，推动和保障管理人依法履职，降低破产制度运行成本，加快"僵尸企业"出清[1]。《推动管理人履职意见》的出台，进一步推动了地方政府在企业破产项目中积极作为，为"府院联动"机制的进一步深化落实提供了政策基础。

截至2023年4月25日，北京市、上海市、河北省、江苏省、浙江省等省、直辖市根据《推动管理人履职意见》规定及相关精神，结合各自地方企业破产处置工作实际情况，相继由地方高级人民法院与地方政府部门联合公布了切合地方司法实践、市场环境的推动管理人履职、优化营商环境的意见文件。

2022年7月14日，最高人民法院发布了《最高人民法院关于为加快建设全国统一大市场提供司法服务和保障的意见》，再次明确提出"推进建立常态化'府院联动'协调机制"以完善市场主体救治和退出机制[2]。

综上可见，"府院联动"机制是一项源于地方法院破产审判实践的协调性机制，并已经在全国各地展开了相关实践探索。最高人民法院发布的《破审会议纪要》则明确提出将"府院联动"作为一项常设性的工作机制予以建设，

---

〔1〕《关于推动和保障管理人在破产程序中依法履职进一步优化营商环境的意见》规定："……一、总体要求　以习近平新时代中国特色社会主义思想为指导，全面贯彻党的十九大和十九届二中、三中、四中、五中全会精神，坚持稳中求进工作总基调，立足新发展阶段，贯彻新发展理念，构建新发展格局，以推动高质量发展为主题，以深化供给侧结构性改革为主线，坚持市场化、法治化改革方向，完善破产制度配套政策，更好发挥政府在企业破产程序中的作用，推动和保障管理人依法履职，降低破产制度运行成本，加快'僵尸企业'出清。……"

〔2〕《最高人民法院关于为加快建设全国统一大市场提供司法服务和保障的意见》第6条规定："6. 完善市场主体救治和退出机制……"

对各地法院的破产审判工作提出了全新的要求。《推动管理人履职意见》的出台为"府院联动"机制打下了更为深厚的基础，为政府部门与人民法院协调处理破产案件提供了更为直接具体、更加方便操作的规范性指引，这也为"府院联动"机制的进一步优化、完善指明了方向，为该机制的后续发展创造了良好条件。

二、"府院联动"机制建立的必要性和紧迫性

2017年8月，最高人民法院召开新闻发布会，对人民法院依法推进破产审判工作、妥善处理"僵尸企业"的有关情况进行了通报。会议指出，自2013年开始，全国破产案件数量逐年上升。2016年，全国新受理的破产案件数量比2015年上升53.8%，共审结破产案件3602件，而截至2017年7月31日，全国法院共受理公司强制清算类和破产类案件4700余件，审结1923件[1]。

2023年3月7日，最高人民法院院长周强在第十四届全国人民代表大会第一次会议上作《最高人民法院工作报告》，对过去五年（2018年至2022年）里的破产案件审理情况做了报告。在过去五年中，全国法院审结破产案件4.7万件、涉及债权6.3万亿元，其中，审结破产重整案件2801件，盘活资产3.4万亿元，涉及企业3285家[2]。在全国法院审结破产案件取得阶段性成效的同时，我们也不难发现，全国法院所受理的企业破产案件数量较过去相比大幅增长。

随着我国破产案件数量不断攀升、案件审理难度不断加大，人民法院想要高效地推进各项破产审判工作，就必须和地方政府建立起常态化、制度化的沟通渠道和协调机制。比如，国有企业破产必然涉及大量国企职工的安置问题，如果不能妥善安置，则极易引发群体上访事件，甚至造成社会动荡。而相较于地方政府而言，地方法院显然缺乏足够的资源和能力处理该等事项。再如，民营企业因资金压力而常常进行民间借贷，该等借贷往往利率较高且缺乏担保措施，一旦民营企业宣告破产，大量贷款债权人可能采取非正当维

---

[1] 罗书臻：《最高法通报破产审判妥处"僵尸企业"有关情况》，载中国法院网，https://www.chinacourt.org/article/detail/2017/08/id/2949322.shtml，最后访问日期：2023年4月25日。

[2] 周强：《最高人民法院工作报告——2023年3月7日在第十四届全国人民代表大会第一次会议上》，载求是网，http://www.qstheory.cn/yaowen/2023-03/18/c_1129442032.htm，最后访问日期：2023年4月25日。

权手段,甚至干扰司法程序,而这时就需要政府部门调动资源,维护地方社会稳定和经济秩序。最后,企业进入破产程序往往涉及税费欠缴问题,税务机关常常以企业未予结清欠缴税款为由阻碍企业进入破产程序,海关也可能因企业未缴清关税而对相关海关监管货物不予通关放行,该等事项若没有政府出面协调,则会实质性地阻碍法院审理破产案件和管理人管理和处置破产财产。

基于上述背景,各地法院在审理破产案件实践中已经逐渐形成一种共识,即建立"府院联动"机制确有强烈的必要性和紧迫性。而从更深层次的角度来说,"府院联动"机制的建立也是建立服务型、责任型政府和实现破产法"市场化实施"的必然选择。

首先,在破产案件中建立"府院联动"机制是基于责任政府的理念和政府管理职责的要求。有学者指出,"政府解决僵尸企业在破产中的职工安置问题,是履行其自身所肩负的经济职能和社会职能,通过保护性的政府职能来填补社会损害,进而实现整体的社会利益最大化。"[1]由于大量企业陷入经营困境、走向破产程序往往是市场失灵的结果,政府就必须履行应对市场失灵的各项职责,并通过在破产程序中与法院相互协调配合,最大程度地减少企业破产所带来的负外部性影响。

其次,王欣新教授指出,"府院联动"机制的产生源于我国破产法"市场化实施"的缺失。目前,我国缺乏对处于债务困境与破产程序中的非常态企业进行常规化调整的理念和措施,各类部门法律以及国有资产监督管理制度、税收制度、企业信用制度、社会保障和劳动保护制度、海关监管制度、投资监管制度等各方面制度都无法与破产法形成有效衔接、融合,导致在目前破产案件审判工作中,其市场化水平不高,各类外部问题的解决主要依靠政府部门在个案中的零星化、分散化的支持与服务。因此,"府院联动"机制作为弥补现行破产法"市场化实施"不足的过渡性、替代性措施,具有较强的社会现实意义和价值[2]。

综上,"府院联动"机制的建立,有助于缓解人民法院不断增长的破产案

---

[1] 董璐、李剑:《去产能背景下司法权与行政权在僵尸企业处置中的协调》,载中国人民大学破产研究中心等:《中国破产法论坛僵尸企业处置与破产审判工作专题研讨会论文集》,第214页。

[2] 王欣新:《府院联动机制与破产案件审理》,载《人民法院报》2018年2月7日,第07版。

件审判压力，提高审判效率，填补法院在破产案件审理过程中相关领域的专业局限。从长远来看，"府院联动"机制的建立对于构建和完善责任政府、推进我国破产法的"市场化实施"也具有极为重要的作用。

三、"府院联动"机制的地方实践

自《企业破产法》实施以来，各地人民法院，包括大连市中级人民法院在审理破产案件过程中，已经展开了大量的"府院联动"相关工作，作出了积极的探索，并积累了丰富的实践经验，这些既有的经验对破产案件审判工作具有重要的参考价值。

（一）浙江地区的"府院联动"实践

如前文所言，浙江是最早开展"府院联动"实践的地区之一，其中，又以温州地区尤为典型。温州地区的"府院联动"主要围绕民营企业信用修复、税费协调、"无产可破"企业破产案件管理人报酬支付、打击企业逃废债务等工作展开。

在制度保障方面，温州市专门成立了"风险企业帮扶和银行不良贷款处置工作领导小组"作为"府院联动"的牵头协调机构，协调处理包括债务负担过重的风险企业的债务重组、预重整和司法重整、破产清算在内的相关事务。这一协调机构的设立，表明温州地区的"府院联动"机制的基本定位是"政府总牵头、各职能部门及法院参与"，其处理的事务并不仅限于与已进入司法程序的破产重整和破产清算案件有关的事务，而是已经提前介入协调处理与困境企业相关的债务重组和预重整等程序和事务。

在民营企业信用修复方面，温州中院与中国人民银行温州总支行及各商业银行通力合作，确保重整后企业可以凭管理人申请和法院出具的函件在中国人民银行和各商业银行系统办理企业信用修复业务，相关机构应于收到前述材料后的 7 个工作日内予以办理；在税费协调方面，温州中院与地方税务部门建立起了常态化的沟通机制，进一步规范了破产受理前企业欠缴的税款在税务部门上报核销程序，并就破产受理后企业税费的减免问题与税务部门达成了诸多共识；在"无产可破"企业的管理人报酬支付方面，温州两级人民法院先后推动温州市两级财政部门设立破产援助专项资金共计 1250 万元，有效提高了管理人履职的积极性；而在打击企业逃废债问题方面，温州中院与人行温州市中心支行出台了专题纪要,明确中国人民银行对有逃废债嫌疑的破产企业资金流向进行协查,为打击逃废债奠定了有力基础。[1]

此外,浙江省绍兴市的"府院联动"工作也开展得较为成功。根据绍兴市法院于 2018 年发布的《浙江绍兴中院关于破产审判府院联动机制的调研报告》,自 2014-2017 年,绍兴市两级法院受理的破产案件数量逐年上升,4 年累计受理破产案件共计 265 件,而其中 80% 以上案件都涉及当地党政部门联动处置。在涉及"府院联动"的破产案件中,有近六成案件在破产受理日前 6 个月即成立了政府解困工作组,负责涉困企业清产核资、解困方案制定等工作。这些工作组主要由当地党政主要领导为组长,由金融工作办公室、经济和信息化委员会、公安部门、中国银行业监督管理委员会等多个部门组成,有助于协调一致行动,共同应对在企业破产程序中可能出现的各类复杂问题。在绍兴市政府的协调支持下,绍兴市破产案件中的职工安置、劳动社保、安全防控等问题得到妥善解决,税收、土地等帮扶优惠政策得到有效落实,债务人企业的资产处置工作变得更富效率,企业重整的成功率大大增加[2]。

(二) 广东地区的"府院联动"实践

为响应国家供给侧结构性改革的号召,广东省各地法院也开展了各种类型的"府院联动"工作。2017 年 12 月 13 日,广东省佛山市委办公室下发了《关于成立佛山市破产案件处置工作联合协调小组的通知》,推动成立市破产案件处置工作联合协调小组,并促成西樵高尔夫、富士宝公司等破产企业重整成功和 37 家"僵尸企业"依法退出市场。

深圳市作为全国处理破产案件经验较为先进和成熟的地区,其早在 1997 年即建立起企业破产欠薪保障机制,即:用人单位应当每年向政府缴纳 400 元欠薪保障费,当人民法院依法受理企业破产申请后,由深圳市各区人保部门从欠薪保障基金中先行垫付企业欠付的职工薪金[3]。该等做法有利于

---

[1] 参见温州市中级人民法院《企业破产处置工作联席会议纪要》(温政办〔2014〕90 号)、《企业破产处置工作联席会议纪要(二)》(温中法〔2016〕9 号)。

[2] 单卫东、张帆:《优化府院联动机制 合力推进破产审判——浙江绍兴中院关于破产审判府院联动机制的调研报告》,载《人民法院报》2018 年 5 月 31 日,第 08 版。

[3] 上海市高级人民法院课题组:《刍议破产欠薪保障基金制度》,载中国人民大学法学院:《第九届中国破产法论坛暨改革开放四十周年纪念研讨会论文集》(上册),第 74 页。

安抚欠薪职工情绪,减轻地方政府维稳压力,保障破产程序的正常、有序推进。

2018年7月,深圳市政协召开"深圳营造国际一流营商环境专题协商会",会议指出,为优化深圳市营商环境,必须深化破产体系改革,加快建立"府院联动"机制,由深圳政府牵头搭建包括法院、经信、国资、财政、人社、税务、工商、公安、金融监管等在内的多部门共同参与的"府院联动"破产机制,以协调解决在破产案件中产生的职工安置、社会保险、税收优惠、保全解除、查控办理、招商引资、企业注销、信用恢复、破产费用保障、民生权益保障等方面问题[1]。

(三)江苏地区的"府院联动"实践

2016年8月12日,江苏省高级人民法院(以下简称"江苏高院")发布《关于充分发挥破产审判职能作用服务保障供给侧结构性改革去产能的意见》,并在第二点"工作原则"中明确指出,在破产案件审理过程中,职工民生保障、国有资产保护、社会和谐稳定、金融安全维护等问题上有赖于政府介入,必须争取政府支持配合,推动政府更为有效地发挥公共服务和社会管理职能,形成企业破产"府院联动"常态化、长效化机制。同时,江苏高院强调,要"建立企业破产风险研判机制,依托属地政府去产能协调平台,关注僵尸企业清理决策部署,密切跟踪辖区企业债务风险,提前做好相关应对准备,推动形成破产处置合力。"同时,要建立个案风险评估预警机制,在法院受理破产申请前全方位多渠道掌握企业破产可能存在的欠薪、欠税、欠费、欠贷、欠息、涉诉、担保等各类矛盾风险,并就存在重大风险隐患、可能进入破产程序的债务企业向属地政府通报情况,取得属地政府支持,协调提前做好府院联动应对预案。

在上述工作原则和工作建议的指导下,江苏省各级人民法院在破产案件审理过程中开展了一系列"府院联动"工作,其中较为成功的案例是2017年江苏省启东市人民法院(以下简称"启东法院")审理的南通太平洋海洋工程有限公司(以下简称"南通海工公司")破产重整案。在该案中,启东法院通过南通海工公司管理层得知南通海工公司陷入债务危机后,立即组织业

---

[1] 傅静怡、曲金铭:《深圳市政协提30条建议改善营商环境 深化破产体系改革引关注》,载搜狐网,http://www.sohu.com/a/242086027_161795,最后访问日期:2023年4月25日。

务团队对南通海工公司的资质、品牌、市场、人才和技术实力等因素进行评估，并大胆预判该企业具备重整价值。为此，启东市法院第一时间通过"府院联动"机制召开府、院、企联席会议，共同应对南通海工公司出现的问题，并提出初步解决方案。在启东法院的建议下，启东市委、市政府成立了维稳工作领导小组，下设员工、供应商、金融机构等八个工作组，并制定了维稳工作预案。在法院和市委市政府的通力协作下，南通海工公司顺利进入破产重整程序，并通过市场化处置的方法实现了企业资产保值、增值，最终公司重整成功。该案最终入选2017年度江苏十大破产案例[1]。

（四）大连地区的"府院联动"实践

大连也是我国破产案件审判工作的先进地区，并且是在破产案件审判工作中最早开展"府院联动"探索工作的地区之一。近年来，在大连市委高度重视和市政府积极配合下，大连市各级法院在审判破产案件过程中，继续攻坚克难、积极作为，在多宗具有重大影响的破产案件审判工作中摸索出具有重大参考价值的"府院联动"工作经验。

早在本世纪初，在大连市中级人民法院（以下简称"大连中院"）受理的全国首例证券公司破产重整案，即大连证券有限公司（以下简称"大连证券"）破产重整案件中，通过大连中院的积极汇报和申请，财政部、国税局等政府部门即针对大连证券在破产及财产处置过程中所涉税费缴纳问题作出了特别规定，对大连证券在破产期间接受债权、清偿债务过程中产生的大部分税费予以减免[2]，推动有关破产清算工作有效推进。该等政策优惠在全国各地法院同期受理的多宗证券公司破产案件中具有典型意义，对于减轻企业债务负担、恢复流动性乃至恢复生产经营都具有重大积极作用。

---

[1] 江苏省高级人民法院：《2017年度江苏法院十大破产案例》，载http://www.jsfy.gov.cn/article/91659.html，最后访问日期：2023年4月25日。

[2]《财政部、国家税务总局关于大连证券破产及财产处置过程中有关税收政策问题的通知》（财税〔2003〕88号）（部分失效/废止）规定："1. 对大连证券在清算期间接收债权、清偿债务过程中签订的产权转移书据，免征印花税。2. 对大连证券在清算期间自有的和从债务方接收的房地产、车辆免征房产税、城镇土地使用税和车船使用税。3. 大连证券在清算过程中催收债权时，免征接收土地使用权、房屋所有权应缴纳的契税。4. 大连证券破产财产被清算组用来清偿债务时，免征大连证券销售转让货物、不动产、无形资产、有价证券、票据等应缴纳的增值税、营业税、城市维护建设税、教育费附加和土地增值税。5. 对大通证券股份有限公司托管的原大连证券的证券营业部和证券服务部，其所从事的经营活动，应按税收法律、法规的规定照章纳税……"

而在大连中院受理的 STX（大连）造船有限公司等六家公司（以下简称"STX 造船等六家公司"）破产重整案中，STX 造船等六家公司欠缴了大量职工社保费用，因此，STX 造船等六家公司与其职工解除劳动合同后，该等职工能否正常转出和接续社保关系，能否正常享受相关社保利益即成为破产重整重点关注的问题，进而对当地社会稳定具有重大影响。为此，大连中院多次主动协调大连市人力资源与社会保障局（以下简称"大连市人社局"）予以解决。在大连市政府的统筹安排和大连中院的积极协调下，大连市人社局专门向区、县政府、区、县人力资源和社会保险部门、社会保险经办机构发文，要求其妥善处理 STX 造船等六家公司解除劳动合同职工的社保待遇问题，并明确指出在由第三方机构垫付职工欠付社保费用的前提下，职工与 STX 造船等六家公司解除劳动合同后失业的，可按规定享受失业保险待遇，并在领取失业保险费期间，按规定享受其他社会保险待遇。[1]类似案例还有 STX 建设（大连）有限公司等七家公司（以下简称"STX 建设等七家公司"）破产清算案，在该案中，大连市人社局根据《关于做好与 STX 公司解除劳动合同职工社会保险等工作的通知》（大人社函〔2015〕2 号）的有关精神，明确规定与 STX 建设等七家公司解除劳动合同的职工，在 STX 建设等七家公司为其补缴各险种个人缴费后，可以享受相关社会保险待遇。[2]以上案例表明，企业破产案件中涉及的欠缴职工社保问题，往往涉及离职员工能否在离职期间正常享受有关保险待遇等切身利益，若无法妥善处理，往往容易造成社会动

---

〔1〕《关于做好与 STX 公司解除劳动合同职工社会保险等工作的通知》（大人社函〔2015〕2 号）附件《关于 STX 六家公司职工解除劳动合同后社会保险待遇的答复意见》第 1 条规定："在第三方机构为 STX 六家公司职工垫付补足职工应缴纳的社会保险费的情况下，其职工与 STX 六家公司解除劳动合同后失业的，可按规定享受失业保险待遇，并在领取失业保险费期间，按规定享受其他社会保险待遇。"

〔2〕《关于 STX 建设（大连）有限公司等七家破产企业欠缴社会保险费问题的复函》（大人社函〔2016〕20 号）规定："1. 因 STX 建设（大连）有限公司等七家公司基本不存在有效资产，因此同意你委建议：七家公司先补缴各险种个人缴费部分（养老保险、医疗保险、失业保险），统筹基金欠费部分由政府兜底。待破产程序结束后，由政府一次性补齐所欠统筹基金部分。2. 根据《关于做好与 STX 公司解除劳动合同职工社会保险等工作的通知》（大人社函〔2015〕2 号，以下简称 2 号函），我市于 2015 年 3 月为 STX 建设（大连）有限公司等六家公司一万余人，在失业保险个人账户已缴纳的情况下，办理失业保险待遇核定手续，使失业员工及时享受到失业保险待遇。此次中级人民法院受理的 STX 建设（大连）有限公司等破产清算，在个人账户缴纳的情况下，可继续按照 2 号函的规定，为七家企业职工办理失业、核定失业保险待遇。3. 2015 年 1 月，根据 2 号函，为 STX 建设（大连）有限公司等六家公司，在单位缓缴社会保险费期间支付了医疗、工伤、生育保险相关待遇……"

荡，增加维稳压力。大连中院和大连市政府在该等问题上的处理方式，能够为其他地区处理同类问题提供有益借鉴。

同样，在备受社会关注的东北特殊钢集团有限责任公司等三家公司（以下合称"东北特钢"）破产重整案中，辽宁省政府及国有资产监督管理部门更是发挥了重要的协调作用，有效弥补了法院在有关事项上的专业局限。比如，辽宁省政府为解决东北特钢重整挽救问题，专门成立由多个部门组成的东北特钢集团脱困（重整）工作领导小组（以下简称"特钢脱困小组"），多次召开专题会议讨论研究东北特钢脱困工作，并及时采取相应措施避免社会不良影响扩散。在职工安置方面，特钢脱困小组与辽宁省人民政府国有资产监督管理委员会委协调，安排省属企业本钢集团向东北特钢借款人民币2亿元用于支付职工工资和恢复生产经营；在引进投资人方面，省政府领导多次前往张家港拜访邀请沙钢集团参与重整，并承诺在税费、直供电、项目审批等方面对沙钢集团予以政策支持，最终成功引入沙钢集团下属企业宁波梅山保税港区锦程沙洲股权投资有限公司作为战略投资人参与东北特钢重整[1]。最终，在大连中院的专业支持下，东北特钢重整取得成功。东北特钢的重整经验获得最高人民法院的高度认可[2]。

参照东北特钢的重整经验，在大连中院受理的大化集团有限责任公司等九家企业（以下合称"大化集团"）合并破产重整案（以下简称"大化重整案"）中，主要由大连市政府机构部门组成的清算组成员主导了大化集团重整工作。大化集团重整期间，大连市委、市政府同样给予了高度重视，成立了以市政府主管领导挂帅的振兴大化和脱困重整领导小组（以下简称"脱困重整领导小组"），后者在协调相关企业为大化集团提供借款用于支付大化集团职工薪酬及社保费用、设备检修、恢复生产经营等事项上发挥了关键性作用。同时，为贯彻落实"市场化"、"法治化"原则及公平、公开、透明原则，脱困重整领导小组决定成立包含市国资委、金融局、经信委等政府部门在内的大化集团司法重整联席会议机制，以协调大化集团重整工作，确保决

---

［1］ 王欣新：《破产法挽救困境企业的成功范例——东北特钢重整计划顺利通过并获批》，载《辽宁日报》2017年8月14日，第A05版。

［2］ 周强：《最高人民法院工作报告》（2018年3月9日在第十三届全国人民代表大会第一次会议上）载新华网，http://www.xinhuanet.com/politics/2018-03/25/c_1122587194.htm，最后访问日期：2023年4月25日。

策的科学性、合理性。2019 年 6 月，大化集团重整工作同样取得了阶段性成功[1]。据我们了解，大化重整案重整计划已于 2021 年全部执行完毕，管理人已向大连中院提交了重整计划执行监督报告。重整完成后，大化集团等九家公司大幅降低了债务负担，顺利完成了企业股份制改造。

四、"府院联动"工作的问题与不足

目前，尽管我国破产案件审判工作中"府院联动"工作已经积累了丰富的实践经验，但是，在"府院联动"过程中也出现了一些问题，影响了其有效性发挥，甚至对破产审判工作本身造成了一定掣肘，亟待解决。这类问题具体表现为：（1）缺乏常态化、制度化、规范化的"府院联动"工作机制，其在实践中的开展往往呈现碎片化、个案化等倾向；（2）目前"府院联动"工作主要围绕国有企业的破产（重整）程序展开，非公有制企业破产程序中缺乏类似的工作机制；（3）缺少"预重整"的理论研究和实践探索；（4）政府在"府院联动"工作中职责定位不明，利用行政权力不当干预司法重整程序的现象仍有发生；（5）在具体工作中缺少中央和地方政府部门的有效沟通、接洽。

（一）缺乏常态化、制度化、规范化的"府院联动"工作机制

正如王欣新教授所言，我国破产司法实践中大量出现的"府院联动"现象，是我国破产法"市场化实施程度"不足而出现的过渡性、替代性措施。在此背景下，法院和政府在破产案件中的各项协调互助措施便往往因"先天不足"而呈现出碎片化、个案化的倾向。比如，由于缺乏对企业破产程序中需要政府予以配合事项的充分认识，政府便无法得知其组建的破产协调领导小组中应该包含哪些政府部门并如何事先确立事权范围。再如，由于缺乏对企业破产法律规范和国家税收征管法律规范相关关系的认识和梳理，税务部门就无法和破产管理人在破产企业涉税事务方面进行有效的协调、沟通，自然无法有效协助管理人开展工作。最后，诸如重整企业信用恢复等综合性事项往往需要税务、金融监管、央行等多个政府部门协同配合处理，任何一环疏漏都无法保证重整后企业信用得到圆满、完整的恢复，进而直接影响企业

---

[1] 邵海峰：《大化集团重整后恢复生产工作紧锣密鼓——86 载大连企业品牌期待涅槃重生》，载《大连日报》2019 年 5 月 20 日，第 A01 版。

重整后的正常经营，而该等事项在实践中往往无法得到全面的解决，甚至可能成为企业的历史遗留问题。

此外，由于"府院联动"缺乏常态化、制度化、规范化的工作机制，人民法院在司法实践中难以与政府部门协调运作，导致法院承担了过多的"行政职能"，但同时又无法发挥政府部门所具有的效用。比如，根据《最高人民法院关于审理企业破产案件指定管理人的规定》（以下简称"《指定管理人规定》"），高级人民法院需要根据辖区内的律师事务所等中介机构及企业破产案件数量情况，由高院或辖区内中院编制管理人名册[1]。在此基础上，各级法院还需建立管理人"分级管理、升级降级、增补淘汰等制度"，如司法实践中各地方法院所公布的一级管理人、二级管理人或管理人的增补、淘汰便具有鲜明的行政色彩[2]。与此同时，人民法院作为司法机关，却又无法发挥政府部门所具有的效用。比如，对于破产企业出资人、主要责任人员等的惩戒，只能通过"建议有关部门"的方式由政府部门去落实[3]。

（二）主要围绕国有企业的破产（重整）程序展开，非公有制企业破产程序中缺乏类似的工作机制

目前，破产案件中的"府院联动"工作主要围绕国有企业展开，而非公有制企业（主要是民营企业）破产程序中则缺乏类似机制，造成这种现象的主要原因为：（1）多数"府院联动"工作的开展系响应国家清理僵尸企业、推进供给侧改革的政策号召，而历史上形成的僵尸企业主要由大型国有企业构成；（2）国有企业破产往往牵涉利益较大，涉及复杂的职工安置、利益协调问题，往往需要行政力量进行干预；（3）国有企业破产往往主要以政府部

---

[1]《最高人民法院关于审理企业破产案件指定管理人的规定》第 2 条规定："高级人民法院应当根据本辖区律师事务所、会计师事务所、破产清算事务所等社会中介机构及专职从业人员数量和企业破产案件数量，确定由本院或者所辖中级人民法院编制管理人名册。人民法院应当分别编制社会中介机构管理人名册和个人管理人名册。由直辖市以外的高级人民法院编制的管理人名册中，应当注明社会中介机构和个人所属中级人民法院辖区。"

[2] 周馨、陈豪：《供给侧结构性改革中"府院联动"机制的不足与完善——以破产法实施市场化及法治化为价值取向》，载《破产法论坛》（第十八辑），第 459 页。

[3]《最高人民法院关于审理企业破产案件若干问题的规定》第 100 条规定："人民法院在审理企业破产案件中，发现破产企业的原法定代表人或者直接责任人员有企业破产法第 35 条所列行为的，应当向有关部门建议，对该法定代表人或者直接责任人员给予行政处分；涉嫌犯罪的，应当将有关材料移送相关国家机关处理。"第 103 条规定："人民法院可以建议有关部门对破产企业的主要责任人员限制其再行开办企业，在法定期限内禁止其担任公司的董事、监事、经理。"

门组成的清算组担任破产管理人，在实际工作中更容易协调其他政府部门参与企业破产（重整）工作，其诉求往往能够得到行政部门的支持与配合。

但是，随着市场竞争加剧、产业结构调整步伐加快，大量民营企业也将进入到破产重整、清算程序当中，需要在债务及资产处置等有关事项上寻求政府部门的支持与协作，很多大型民营企业破产还涉及到诸如股东侵占、违规借款、逃废债务、职工欠薪等敏感问题，需要政府部门调动资源加以解决。同时，民营企业本身创新性强，市场潜力大，重整价值大，但往往因短期流动困境而不得不停止生产经营。此时，若政府能够协助企业寻求战略投资人并为企业争取宝贵的战略投资资金，则企业重获新生的可能性很大。因此，如何调动政府资源用于解决民营企业破产程序中涉及的上述一系列问题，则是构建一个完整、系统的破产案件"府院联动"机制所必须考虑并解决的问题。

（三）缺少"预重整"的理论研究和实践探索

预重整是来源于英美法系的一项破产法律制度，其作为一种重整公司债务的工具，是服务于破产法发展变化的副产品[1]。实践中，预重整制度能够使法院和政府提前介入困境企业，通过协调债务人和债权人在正式进入重整程序前达成具有约束力的重整方案并直接在重整程序中予以采纳，从而节约司法资源、提高审判效率、提高重整成功率。

由于预重整不是正式的司法程序，法院往往仅起到辅助和监督作用[2]，大量工作需要债务人和债权人自行处理，这时，政府部门往往起到非常重要的协调作用。实践中，部分预重整案件往往由政府主导。比如，在浙江省余杭区人民法院（以下简称"余杭法院"）审理的杭州怡丰成房地产开发有限公司（以下简称"怡丰成公司"）破产重整案中，由于债务人企业系大型房地产公司，涉及大量购房债权人并可能引发群体事件，故余杭法院首先对怡丰成公司进行了破产预立案登记，并开展了在政府主导下的企业预重整工作，

---

[1] 浙江省杭州市余杭区人民法院课题组：《房地产企业预重整的实务探索及建议》，载《人民司法（应用）》2016年第7期。

[2] 实践中，法院在预重整程序中的主要工作为：①对企业是否符合预重整条件进行预先审查；②对符合预重整条件的企业进行预立案登记；③引导债权人、债务人和其他利害关系人制定债务人进入企业破产程序的预案。具体内容参见《浙江省高级人民法院关于企业破产案件简易审若干问题的纪要》第7条至第9条。

包括由余杭区政府制定应急处置预案并设立综合协调、调查控制、复工推进、金融机构联络、信访接待、舆情应对等专项工作组、通过政府融资平台为怡丰城公司主要房地产开发项目提供后续融资支持等[1]。

但是，由于我国预重整制度及相关司法实践尚处于起步阶段，相关理论研究和实践经验均较为不足，对于如何在企业预重整阶段发挥法院和政府的监督、协调作用，更加充分地发挥出府院联动机制的积极作用，发挥预重整制度的法律与程序价值，还值得更深入研究。

（四）政府在破产程序中职责定位不明，可能导致不作为或乱作为

因我国破产法并未明确规定政府在破产程序中的职责与功能，而政府部门在其经济职能范围日益扩大的当下，政府本身也可能成为行使经济职能的获益者，因此在破产案件审判中，政府可能基于自身的利益诉求形成干预缺失或过分干预的"政府失灵"情况[2]。政府在企业破产程序中可能出现两方面行为偏差：（1）消极对待破产法实施，对管理人和法院的合理诉求不予支持与配合，即懒政、不作为；（2）滥用职权，不正当干预破产程序，损害债权人利益，即乱作为。其中，后者更为突出。比如，在重整程序启动前，地方政府为实施地方保护而向地方法院施加不当影响力，要求法院拖延受理本地债务人诉讼，或拖延对债务人的财产执行；再如，对地方银行施加压力，继续为已明显丧失偿债能力的企业提供贷款或在破产（重整）程序中直接或间接压制银行债权人的债权或强令法院强行批准债权人会议并未表决通过的不符合法律规定的重整计划草案等[3]。这些情形在地方政府部门担任企业破产管理人的情况下尤为突出，因此，必须谨防政府以"府院联动"之名义干预正常的司法重整工作。

（五）具体工作中上下级政府部门的沟通、接洽不足

在"府院联动"工作的具体开展中，不仅涉及到同级政府不同部门之间的横向协作，也常常涉及到上下级政府之间的纵向协作，特别是实施垂直管

---

[1] 浙江省杭州市余杭区人民法院课题组：《房地产企业预重整的实务探索及建议》，载《人民司法（应用）》2016年第7期。

[2] 周馨、陈豪：《供给侧结构性改革中"府院联动"机制的不足与完善——以破产法实施市场化及法治化为价值取向》，载《破产法论坛》（第十八辑）。

[3] 王欣新：《破产法挽救困境企业的成功范例——东北特钢重整计划顺利通过并获批》，载《辽宁日报》2017年8月14日，第A05版。

理的政府部门，如税务、人行、海关等部门。比如，有时地方税务部门针对一项破产涉税事务可能无法独立出具意见，需要向上级税务机关进行请示、汇报，由上级税务机关作出相应处理意见，但目前由于"府院联动"工作主要集中于地方政府部门之间的横向协作，对于上下级政府之间的纵向协作问题，包括向上级主管部门请示的事项范围、上级部门作出答复的形式和期限、答复的效力范围等问题的研究则较为有限，无法适应日益复杂的破产案件审判工作。

五、大连地区"府院联动"机制的改善与健全

针对上文提及的我国"府院联动"工作开展过程中存在的问题与不足，结合大连地区的破产审判实践，我们曾对大连地区"府院联动"机制的改善与健全提出以下几点意见：

（1）仿照浙江温州、绍兴等先进地区的经验，加快构建系统化、常态化、规范化的"府院联动"机制。具体包括：

①推动高等法院会同主要政府部门对破产案件中需要府院协同处理的事项提前展开沟通、调研，并形成对下级法院具有普遍约束力的会议纪要或指导意见；

②推动大连市政府建立常态化的破产工作联动机制，构建政府牵头、部门联动、法院主导的企业破产协调领导小组，并力争做到所有破产案件全覆盖，充分发挥政府在会商帮扶、风险研控、职工安置、维稳、打击逃废债、寻找战略投资人、企业信用恢复、制定优惠政策等各方面的优势作用；

③推动大连地区出台和破产法律实施过程中"府院联动"工作相关的地方性法规、地方政府规章及其他规范性文件，就《企业破产法》与税收、海关、劳动、社会保险等法律法规如何实现有效接洽、政府在破产案件中的事权范围、法院和政府如何针对破产审判实践中的法律问题进行有效沟通等问题作出具体规定；

④建立健全适用"垂直管理模式"的上下级政府及政府部门之间的汇报、请示制度，完善上级政府或上级主管机关对下级政府机关就破产案件所涉法律问题的业务指导工作；

⑤建立人民法院与政府部门在破产案件审理过程中不作为等不当行为的

相互制约、监督工作机制，确保政府正当行使权力，避免其以开展"府院联动"工作之名义干预司法重整工作。针对前述行为，人民法院在必要时可以向有关政府部门作出纠正通知书及司法建议书，拒不改正的，还可向其上级主管部门进行通报，由上级主管部门纠正其行为并对相关责任人员进行处罚。

我们特别注意到，在调研期间，经国务院同意，国家发展与改革委员会联合最高人民法院、国家税务总局、中国人民银行等十三部门共同发布了《加快完善市场主体退出制度改革方案》（发改财金〔2019〕1104号），其中明确指出要"鼓励地方各级人民政府建立常态化的司法与行政协调机制，依法发挥政府在企业破产程序中的作用，协调解决破产过程中维护社会稳定、经费保障、信用修复、企业注销等问题，同时避免对破产司法事务的不当干预。（各地方人民政府负责）"。上述改革方案不仅完全印证了我们在本调研报告中的立场和意见，更重要的是，该方案表明，在中央决策层面，对建立常态化、规范化的破产案件府院协调机制，进而完善我国市场主体退出机制已经达成初步共识，并已就此问题形成了具有普遍约束力和指导意义的规范性文件。正如王欣新教授对上述改革方案的解读"在司法实践中已有的司法与行政协调机制如府院联动机制的实施中，要逐步用制度和法律去约束人，要推动目前从联席会议、人际协商方式向以制度和法律解决问题发展转化。"[1]

2021年4月，大连市政府印发了《关于做好企业破产处置府院联动工作的意见》（以下简称"《工作意见》"）为进一步推动大连地区破产项目的府院联动工作机制创造了有利条件。《工作意见》一方面对破产企业财产查控机制、企业职工合法权益、配合解除强制措施、落实税收政策等11个具体的工作任务提出明确要求，另一方面强调建立大连市破产处置府院联动机制领导小组、建立破产处置府院联动机制联席会议[2]。《工作意见》的出台对于大连地区"府院联动"工作机制的有效开展及水平提升起到了重要的推动作用，"府院联动"工作机制下仅靠法院单方难以推动的，如解除强制措施、税收政

---

[1] 王欣新：《健全破产相关法制 完善市场退出机制》，载改革网，http：//www.cfgw.net.cn/2019-07/16/content_24877605.htm，最后访问日期：2023年4月25日。

[2] 大连市人民政府：《市政府与市法院联动规范我市企业破产处置工作》，载大连市人民政府官网，https：//www.dl.gov.cn/art/2021/4/11/art_257_553947.html，最后访问日期：2023年4月25日。

策等行政问题,在政府部门的支持配合下,将得到更好地解决。建立常态化的"府院联动"机制领导小组,也使得政府部门在"府院联动"工作机制下参与破产企业的退出工作职责更明晰、专业化程度更高。《工作意见》是大连地区吸取先进地区经验、落实改革方案、与自身破产案件审理实际相结合的阶段性成果,对于大连地区企业破产案件审理过程中,完善企业市场化救治和退出机制,积极稳妥推进企业破产处置工作发挥着重要作用。

未来,大连地区在该等改革方案的指引下,可以继续稳步推进"府院联动"机制的常态化、规范化建设,继续深化《工作意见》中的机制改革,在成立大连市破产处置"府院联动"机制领导小组的基础之上,由领导小组履行专业的行政管理职能,一方面对内部分工更加明确,配合人民法院推动破产案件的进展,另一方面承担管理、惩戒等行政职责,发挥政府行政职能的主动性优势,强化监督管理,更早介入危困企业运营、惩戒危困企业或破产企业责任人员违法行为,弥补人民法院在此项权能上的缺失。

(2)推动建立无差别适用的"府院联动"工作体制,加大政府对非公有制企业破产案件审理工作的支持力度,并改革非公有制企业破产管理人的选任制度。大连地区各级人民法院应当将审理大型国有企业破产案件中"府院联动"工作开展的成功经验无差别适用于非公有制企业破产案件中,建立健全非公有制企业破产风险预警机制、危困企业帮扶机制、管理人报酬基金机制、企业信用修复机制。同时,应当改革非公有制企业破产管理人选任制度,探索在非公有制企业破产案件中由地方国资委吸纳地方金融监管部门、经信部门在内的政府部门及社会中介机构共同担任破产管理人,共同对破产企业实施管理并推动破产案件审理工作,以实现政府对非公有制企业破产审理工作的协助与支持。

(3)完善预重整制度的理论研究并开展相关司法实践,充分发挥预重整制度的程序价值,提高破产案件审判效率与重整成功率。目前,浙江、四川、重庆等地法院已经开展了一系列预重整实践,并充分利用预重整制度灵活、简便、高效等优势实现了破产案件审判资源节省、审判效率及重整成功率提高。大连地区也应当充分借鉴上述地区法院在开展预重整实践中积累的成功经验,构建一套与大连地区破产审判实践相适应的预重整制度,包括以审判工作纪要的方式确定预重整的适用条件、期限与效力,确定政府与法院在预重整阶段的工作范围，确保各方在预重整制度框架下有序开展各项工作。

结 语

作为一项破产法"市场化实施"程度不足而产生的临时性、过渡性措施，"府院联动"制度有其历史必然性，也确实在我国破产案件审判工作的制度化、规范化进程中发挥了不可替代的作用。实践中，各地法院通过开展不同形式的"府院联动"工作，已经积累了相当丰富的经验，但也仍然存在着诸多问题与不足，亟待后续理论研究与司法实践予以完善。构建一套系统化、常态化、规范化及无差别适用的"府院联动"机制并在实践中遵照执行，可以为大连地区破产案件审判工作贡献新的力量，并为我国破产法的"市场化实施"及相关法律法规的进一步完善提供新的思路，并且通过府院联动机制的有益实践，争取早日以国家法律制定与建设全国统一制度的方式彻底解决市场化实施破产程序的配套法律制度问题。

海事特别程序与破产程序的兼容与协调

近年来造船以及航运企业的破产案件数量呈增加的趋势，其中不乏上市公司舜天船舶，以及太平洋海工、大洋造船、东重工、明德重工等大中型造船企业。司法实践中，造船及航运企业的破产程序与海事特别程序时常发生冲突，主要反映为管辖冲突、审判程序冲突、保全和执行冲突、清偿制度冲突、跨境程序冲突等方面。对于相关冲突的兼容与协调，我们结合司法裁判案例进行了相关调研分析。

一、管辖冲突以及协调

（一）破产案件管辖

根据《中华人民共和国企业破产法》（以下简称"《企业破产法》"）第3条规定，破产案件由债务人住所地人民法院管辖。因此地方法院管辖造船以及航运企业的破产案件自不待言。而海事法院对于造船以及航运企业的破产案件是否具有管辖权，法律并无明确规定。根据《中华人民共和国海事诉讼特别程序法》《最高人民法院关于海事法院受理案件范围的规定》（法释〔2016〕4号）等海商法规定，海事法院受理案件（即专属管辖权）的范围主要包括海事侵权纠纷、海商合同纠纷、海洋及通海可航水域开发利用与环境保护相关纠纷、海事行政案件、海事特别程序案件以及其他海事海商纠纷案件（如船舶优先权、扣押或拍卖船舶等）。

有观点认为，应当由海事法院受理造船及航运企业的破产案件。其理由主要是造船及航运企业的核心资产是船舶，围绕船舶产生的一系列争议甚至诉讼，例如船舶的扣押申请、船舶优先权的认定、船舶的拍卖变价等，无论是从专属管辖权角度还是实体审判经验角度，由海事法院统一审理更为合适[1]。司法实践中也不乏海事法院受理破产案件的案例。2021年1月7日，宁波海事法院依照《企业破产法》裁定受理东方造船集团有限公司破产清算申请［（2020）浙72破申1号《民事裁定书》］。2022年11月23日，宁波海事法院宣告东方造船集团有限公司破产［（2021）浙72破1号《民事裁定书》］。

另有观点认为，造船及航运企业破产案件的主体程序是破产法程序而不是海事法程序，仅适用海事法律无法完全解决企业破产中的实际问题。在运用重整或和解制度挽救企业、对包括船舶在内的债务人财产进行整体处置、对众多利益相互冲突的债权人进行公平清偿等方面，仍需要适用《企业破产法》[2]。此外，优先适用《企业破产法》的原则也并不完全排斥海事程序。由于破产法通常不创设民商事实体权利，包括船舶优先权、船舶抵押权、船舶留置权等实体法律关系仍适用《中华人民共和国海商法》（以下简称"《海商法》"）。受理破产的地方法院可以将与债务人有关的海事纠纷通过指定管辖程序交由海事法院审理。

由于《企业破产法》确定由债务人住所地人民法院管辖破产法院，而海事法院并未在全国普遍设立，因此海事法院受理破产案件缺乏明确依据。司法实践中造船及航运企业的破产案件，截至目前绝大多数均由地方法院管辖。

（二）破产衍生诉讼管辖

造船及航运企业破产后，可能产生与海事程序以及《海商法》有关的破产衍生诉讼，例如船舶优先权、船舶留置权、船舶抵押权、海事侵权纠纷、海事合同纠纷、共同海损、申请设立海事赔偿责任限制基金等。根据《企业破产法》规定的集中管辖原则[3]，该等破产衍生诉讼原则上只能向破产受理法院提起。然而根据《中华人民共和国海事诉讼特别程序法》以及《最高人民法院关于海事法院受理案件范围的规定》，该等海事纠纷应当由海事法院专属管辖。因此，实践中对于破产衍生诉讼的管辖问题，受理破产的地方法院

---

[1] 申晗：《海事诉讼程序与破产诉讼程序的冲突与协调——兼论海事法院审理破产程序案件可能性分析》，载中华人民共和国广州海事法院，https://www.gzhsfy.gov.cn/hsmh/web/content?gid=89693&lmdm=1110#_ftn1，最后访问日期：2022年12月12日。

[2] 王欣新：《谈航运企业破产时的法律适用》，载《法律适用》2018年第21期。

[3] 《企业破产法》第21条规定："人民法院受理破产申请后，有关债务人的民事诉讼，只能向受理破产申请的人民法院提起。"

与海事法院可能产生分歧。

案例一：泉州安通物流有限公司与万丰国际货运代理（广州）有限公司非法留置船载货物责任纠纷案[1]

2019年12月27日，福建省泉州市丰泽区人民法院作出（2019）闽0503破2号民事裁定，受理广州东海运输有限公司对泉州安通物流有限公司（以下简称"安通物流公司"）的重整申请。2020年1月19日，广州海事法院受理安通物流公司与万丰国际货运代理（广州）有限公司（以下简称"万丰国际公司"）非法留置船载货物责任纠纷一案。广州海事法院依据《最高人民法院关于审理企业破产案件若干问题的规定》第19条规定[2]，将该案移送破产受理法院管辖。然而福建省高级人民法院认为，该案系海事海商纠纷，属于海事法院专属管辖，不应由丰泽区法院管辖，故报请最高人民法院指定管辖。最高人民法院认为，为便于受理破产申请的人民法院统一处理债务人的债权债务，本案可以由福建省泉州市丰泽区人民法院审理。

根据上述案例的裁判观点，如受理破产的地方法院与海事法院就破产衍生诉讼的管辖产生争议，则可以根据《最高人民法院关于适用〈中华人民共和国企业破产法〉若干问题的规定（二）》第47条第3款[3]以及《民事诉讼法》第37条的规定进行协调，并由上级法院指定管辖。

二、海事扣船程序与破产程序冲突及衔接

如船舶优先权人向海事法院请求扣押船舶并就船舶拍卖款优先受偿，而

---

[1] 参见最高人民法院（2020）最高法民辖88号《民事裁定书》。

[2] 《最高人民法院关于审理企业破产案件若干问题的规定》第19条规定："人民法院受理企业破产案件后，以债务人为原告的其他民事纠纷案件尚在一审程序的，受诉人民法院应当将案件移送受理破产案件的人民法院；案件已进行到二审程序的，受诉人民法院应当继续审理。"

[3] 《最高人民法院关于适用〈中华人民共和国企业破产法〉若干问题的规定（二）》第47条规定："人民法院受理破产申请后，当事人提起的有关债务人的民事诉讼案件，应当依据企业破产法第21条的规定，由受理破产申请的人民法院管辖。受理破产申请的人民法院管辖的有关债务人的第一审民事案件，可以依据民事诉讼法第38条的规定，由上级人民法院提审，或者报请上级人民法院批准后交下级人民法院审理。受理破产申请的人民法院，如对有关债务人的海事纠纷、专利纠纷、证券市场因虚假陈述引发的民事赔偿纠纷等案件不能行使管辖权的，可以依据民事诉讼法第37条的规定，由上级人民法院指定管辖。"

后船舶所有权人申请破产，则船舶扣押以及拍卖程序是否应当中止？根据《企业破产法》第19条规定，人民法院受理破产申请后，有关债务人财产的保全措施应当解除，执行程序应当中止。此外，最高人民法院《全国法院涉外商事海事审判工作座谈会会议纪要》第88条第1款规定，"海事法院无论基于海事请求保全还是执行生效裁判文书等原因扣押、拍卖船舶，均应当在知悉针对船舶所有人的破产申请被受理后及时解除扣押、中止拍卖程序。"因此，有观点认为，海事法院应当无条件解除相关船舶扣押及保全措施，将船舶作为债务人财产移交破产案件管理人统一处置。

然而，另有观点认为，应当维持船舶扣押程序并尽快完成船舶的拍卖变价，并将拍卖变价款在优先清偿船舶优先权后的剩余价值移交破产管理人。一方面原因在于扣船程序专业性高，必须及时与被扣船舶所在地的港口或码头管理人、船舶所有人、船舶管理人以及在船船员、海事管理部门、渔业渔船部门（适用于渔船扣押）、外事机构（适用于涉外船舶）等各方主体进行沟通和联系，管理人后续如需维持船舶扣押或开展拍卖也很难在脱离海事法院参与的情况下独立完成[1]。另一方面原因在于船舶看护的成本高，如不及时变卖船舶，坐视这些开支和费用不断增加，将明显减损可分配予债权人的船舶拍卖价款[2]。最高人民法院2013年11月29日公布的《关于扣押与拍卖船舶相关问题的规定（征求意见稿）》第25条也体现了这一观点，"海事法院接受委托，拍卖破产企业所有的船舶，应按照海事诉讼特别程序法的规定，对享有船舶优先权、留置权、抵押权等优先受偿的债权完成债权登记与受偿程序后，将剩余船舶价款移交受理企业破产案件的人民法院。"

案例二：钦州市桂钦海运集团有限公司"盛安达68"轮处置案[3]

2014年7月11日宁波海事法院根据船员申请扣押钦州市桂钦海运集团有

---

[1] 郝志鹏、周江：《破产程序中扣押船舶费用的优先清偿问题研究》，载《中国海商法研究》2021年第4期。

[2] 罗伯特·A. 马戈利斯、克里斯托弗·J. 克斯克、王璐：《海事案件中的优先权利和破产》，载《国际经济法学刊》2005年第1期。

[3] 参见宁波海事法院（2014）甬海法温保字第9号、（2014）甬海法温商初字第55、57-61、72-74、92-101号、（2014）甬海法温执字第113号、93-110号；宁波海事法院（2014）甬海法事初字第63号、浙江省高级人民法院（2015）浙海终字第169号；宁波海事法院（2015）甬海法执异字第23号、浙江省高级人民法院（2015）浙执复字第45号等裁判文书。

限公司（以下简称"桂钦海运"）名下"盛安达68"轮，并准备启动船舶拍卖程序。此后广西省钦州市中级人民法院（以下简称"钦州中院"）受理了桂钦海运的重整申请，管理人申请宁波海事法院根据《企业破产法》第19条无条件解除对于"盛安达68"轮的扣押。

宁波海事法院认为：《企业破产法》第75条规定，"在重整期间，对债务人的特定财产享有的担保权暂停行使。但是，担保物有损坏或者价值明显减少的可能，足以危害担保权人权利的，担保权人可以向人民法院请求恢复行使担保权。"一方面船舶看管期间每月产生15万元左右的费用，该等费用属于共益债务应当由破产财产随时清偿，而管理人始终未清偿该等费用，故不能向其移交船舶控制权；另一方面，船舶扣押期间的费用导致担保物的净值明显减少，故享有该船船舶优先权的担保权人可以恢复行使担保权，并要求法院继续拍卖该船。

经过钦州中院（含管理人）与宁波海事法院长达两年左右的协调，2016年7月27日在宁波海事法院的主持下，"盛安达68"轮以589万元的价格拍卖成交，拍卖变价款在优先清偿船舶扣押、保管、评估、拍卖等费用200万元后，剩余价款约389万元移交钦州中院按照破产程序统一分配。

在上述案例中，海事法院与破产受理法院未能就扣押船舶的处置问题达成一致，致使船舶被迫长期处于看护状态，由此产生的费用超过船舶最终拍卖价值的三分之一，包括船舶优先权人以及破产程序债权人在内的全体债权人的清偿率均受到严重影响。

管理人与海事法院对于船舶扣押费用分担长期未达成一致的原因可能与司法解释的理解与适用有关。根据《最高人民法院关于适用〈中华人民共和国企业破产法〉若干问题的规定（三）》第1条[1]规定，似乎不能将船舶扣押费用全部认定为破产费用优先清偿。船舶扣押费用大致可以分为三类[2]：

---

[1] 《最高人民法院关于适用〈中华人民共和国企业破产法〉若干问题的规定（三）》第1条规定："人民法院裁定受理破产申请的，此前债务人尚未支付的公司强制清算费用、未终结的执行程序中产生的评估费、公告费、保管费等执行费用，可以参照企业破产法关于破产费用的规定，由债务人财产随时清偿。此前债务人尚未支付的案件受理费、执行申请费，可以作为破产债权清偿。"

[2] 郝志鹏、周江：《破产程序中扣押船舶费用的优先清偿问题研究》，载《中国海商法研究》2021年第4期。

（1）船舶扣押及执行案件申请费，由海事法院直接收取，属于法定诉讼费用，按照前述司法解释可以作为破产债权清偿（而非必须认定为破产费用随时清偿）；（2）扣押船舶管理过程中产生的公告、勘验、评估、变卖、船舶看管、船舶维持费用，该等费用依照前述司法解释应当作为破产费用随时清偿；（3）为启动船舶扣押程序支出的保险费、律师费、非必要的船舶管理劳务费以及物资费等，依法应当作为普通债权申报。

为减少因扣船费用分担引发的破产程序与海事程序冲突，最高人民法院2022年1月24日公布的《全国法院涉外商事海事审判工作座谈会会议纪要》第88条第3款进一步明确："因扣押、拍卖船舶产生的评估、看管费用等支出，根据法发［2017］2号《最高人民法院关于执行案件移送破产审查若干问题的指导意见》第15条的规定，可以从债务人财产中随时清偿。"

因此，如在重整程序中船舶系维系债务人企业经营的核心资产，则管理人应尽快协调海事法院，清偿船舶扣押费用，以尽快解除船舶扣押程序，恢复船舶正常运营。

案例三：南京市广润科技小额贷款有限公司、南京连润运输贸易有限公司与谭权斌执行异议案[1]

上海海事法院根据船员谭权斌申请于2015年10月9日作出（2015）沪海法海保字第166号民事裁定，扣押连润公司所有的"连润6"轮，并于次日登船实施了扣押。2015年12月18日，上海海事法院作出（2015）沪海法商初字第2938号民事判决，判令连润公司向谭权斌支付工资报酬，并确认谭权斌就连润公司的上述给付义务对"连润6"轮享有船舶优先权。由于连润公司未履行生效判决确定的义务，谭权斌向上海海事法院申请强制执行。连润公司对"连润6"轮被扣押后所产生的看管、移泊、维持等费用未进行清偿或提供担保，上海海事法院决定拍卖"连润6"轮。2016年5月，江苏省南京市六合区人民法院（以下简称"六合法院"）受理连润公司破产清算案，并请求上海海事法院中止对连润公司"连润6"轮的执行程序，而申请执行人谭权斌请求继续对该轮予以拍卖以维护其合法权益。

上海海事法院认为不应当中止"连润6"的拍卖程序，主要理由是：及

---

[1] 参见上海市高级人民法院（2016）沪执复8号、（2016）沪执复10号《民事裁定书》。

时拍卖船舶能够避免"连润6轮"净值持续减少,更有利于实现全体债权人的债权,同时也符合债务人连润公司的利益。自2015年10月"连润6"轮被扣押以来,看船船员的工资、停/移泊费、燃油物料费、修理费等看管、维持费用不断产生并持续增加,数额已十分可观,连润公司及破产管理人却未能清偿或提供担保。如不及时拍卖船舶,继续本案执行程序,该等费用必将日积月累,更加繁重,且该船的船况也将进一步恶化,船舶净值将显著减少,最终损害全体债权人债权受偿的比例和机会。

在二审程序中,上海高级人民法院认为:(1)船舶拍卖程序具有双重属性,既是民事强制执行程序,也是船舶优先权的行使程序。虽然《企业破产法》第19条规定破产受理后执行程序应当中止,但并未明确规定船舶优先权行使程序是否应当中止。(2)行使船舶优先权的程序依法属于海事法院专属管辖,船舶优先权也有别于《企业破产法》第109条规定的担保权,是《海商法》下的一项特殊权利。根据《海商法》第28条规定,船舶优先权应当通过法院扣押产生优先权的船舶行使。船舶所有人被裁定进入破产程序后,对于海事法院扣押、拍卖中且附有优先权的船舶是否也应当纳入破产清算程序处理,法律并无明确规定。因此,上海高级人民法院最终裁定维持上海海事法院的执行裁定。

上述案例反映出,在破产清算程序中,由在先实施扣船程序的海事法院维持船舶扣押并推进拍卖程序具有一定的合理性。因为最终总会有一家法院下达船舶评估和拍卖的指令,如维持船舶扣押的费用较高且在持续增加,则在先采取执行措施的海事法院应当有权及时拍卖被扣船舶,而没有必要再移交破产案件管辖法院,造成被执行船舶的处置程序无谓拖延。而船舶拍卖变价款清偿船舶优先权债权后的剩余部分,应当移交予破产受理法院或破产管理人,在破产程序中进行统一分配。

三、船舶优先权与破产程序的冲突与衔接

(一)船舶优先权的范围

根据《海商法》第21条规定,船舶优先权是指海事请求人依照本法第22条的规定,向船舶所有人、光船承租人、船舶经营人提出海事请求,对产生该海事请求的船舶具有优先受偿的权利。船舶优先权旨在促进航运交易以及

国家航运发展而对部分海事债权人予以特殊保护。《海商法》第 22 条规定的船舶优先权范围包括：

（1）船长、船员和在船上工作的其他在编人员根据劳动法律、行政法规或者劳动合同所产生的工资、其他劳动报酬、船员遣返费用和社会保险费用的给付请求。（注：航海属于高风险行业，该项优先权旨在保护处于特殊工作环境中普通船员的利益）

（2）在船舶营运中发生的人身伤亡的赔偿请求。

（3）船舶吨税、引航费、港务费和其他港口规费的缴付请求。（注：该项优先权旨在维护港口、航道的正常运转）

（4）海难救助的救助款项的给付请求。（注：该项优先权旨在鼓励救助行为，保障和促进航行安全）

（5）船舶在营运中因侵权行为产生的财产赔偿请求。（注：该项优先权旨在保护没有与船舶所有人订立合同的侵权行为受害人的利益。他们无法预计到航运中的风险，因此出于公平正义的考虑，对于侵权行为导致的损失应给予比合同当事人更多的保护。）〔1〕

（二）船舶优先权与破产程序的冲突与协调

1. 船舶优先权、船舶留置权、船舶抵押权的清偿顺位

一方面，《企业破产法》第 109 条规定，对破产人的特定财产享有担保权（包括抵押权、质权、留置权等）的权利人，对该特定财产享有优先受偿的权利。另一方面，《海商法》第 25 条第 1 款明确规定，船舶优先权先于船舶留置权〔2〕受偿，船舶抵押权后于船舶留置权受偿。

因此，根据特别法优于一般法的原则，当破产财产上同时存在船舶优先权、船舶留置权、船舶抵押权时，优先清偿顺序依次为：船舶优先权、船舶留置权、船舶抵押权、其他破产债权。

2. 船员享有的船舶优先权与造船/航运企业职工享有的职工债权的清偿顺位

根据《企业破产法》第 113 条规定，破产财产在优先清偿破产费用和共

---

〔1〕 张可心：《跨国海事破产程序的法律救济问题研究》，载《中国海商法研究》2018 年第 2 期。

〔2〕 船舶留置权，是指造船人、修船人在合同另一方未履行合同时，可以留置所占有的船舶，以保证造船费用或者修船费用得以偿还的权利。船舶留置权在造船人、修船人不再占有所造或者所修的船舶时消灭。

益债务后,应当优先清偿破产人所欠职工的工资和医疗、伤残补助、抚恤费用,所欠的应当划入职工个人账户的基本养老保险、基本医疗保险费用,以及法律、行政法规规定应当支付给职工的补偿金。

然而根据《海商法》第 22 条规定,船员工资属于船舶优先权(即有权以船舶变价款优先受偿),具有比职工债权更优先的清偿顺序。如果破产的造船或航运企业既存在岸上职工也存在船员职工,则船上职工的清偿顺序较岸上职工更为优先。

3. 船舶优先权除斥期限与破产程序的衔接

根据《海商法》第 29 条规定,具有船舶优先权的海事请求,自优先权产生之日起满一年不行使将消灭。该一年期限,不得中止或者中断。此外,《海商法》第 28 条规定,船舶优先权必须通过法院扣押产生优先权的船舶行使。有观点认为,在船企破产的情形下,船舶优先权人依据《企业破产法》第 19 条规定无法申请扣押船舶,进而无法主张船舶优先权。如破产程序持续时间较长,将可能直接导致船舶优先权因除斥期间经过而彻底消灭。为解决前述法律规定之间的冲突,最高人民法院先后公布了多项规定。

2020 年 9 月 27 日《最高人民法院关于审理涉船员纠纷案件若干问题的规定》(法释〔2020〕11 号)规定放宽了船员行使船舶优先权的条件。其中,第 6 条规定,"具有船舶优先权的海事请求,船员未依照《海商法》第 28 条的规定请求扣押产生船舶优先权的船舶,仅请求确认其在一定期限内对该产生船舶优先权的船舶享有优先权的,应予支持。前款规定的期限自优先权产生之日起以一年为限。"

2022 年 1 月 24 日《全国法院涉外商事海事审判工作座谈会会议纪要》第 88 条第 2 款进一步明确:"破产程序之前当事人已经申请扣押船舶,后又基于破产程序而解除扣押的,有关船舶优先权已经行使的法律效果不受影响。船舶所有人进入破产程序后,当事人不能申请扣押船舶,属于法定不能通过扣押行使船舶优先权的情形,该类期间可以不计入法定行使船舶优先权的一年期间内。船舶优先权人在船舶所有人进入破产程序后直接申报要求从产生优先权船舶的拍卖价款中优先受偿,且该申报没有超过法定行使船舶优先权一年期间的,该船舶优先权所担保的债权应当在一般破产债权之前优先清偿。"

4. 光船承租人与船舶所有人分别单独破产时的程序衔接

根据《企业破产法》第 30 条规定，债务人财产是指破产申请受理时属于债务人的全部财产，以及破产申请受理后至破产程序终结前债务人取得的财产。因此，当光船承租人破产时，其承租的船舶并不属于债务人财产。然而根据《海商法》第 21 条之规定，船舶优先权人有权向光船承租人提出海事请求，对产生该海事请求的船舶具有优先受偿的权利。在此情形下，船舶优先权人是否应当通过破产程序抑或海事程序就光船进行受偿？

为厘清争议，2022 年 1 月 24 日最高人民法院《全国法院涉外商事海事审判工作座谈会会议纪要》第 87 条第 1 款规定，"因光船承租人而非船舶所有人应负责任的海事请求，对光租船舶申请扣押、拍卖，如果光船承租人进入破产程序，虽然该海事请求属于破产债权，但光租船舶并非光船承租人的财产，不属于破产财产，债权人可以通过海事诉讼程序而非破产程序清偿债务。"

此外，第 87 条第 2 款规定，"因光船承租人应负责任的海事请求而对光租船舶申请扣押、拍卖，且该海事请求具有船舶优先权、抵押权、留置权时，如果船舶所有人进入破产程序，请求人在破产程序开始后可直接向破产管理人请求从船舶价款中行使优先受偿权，并在无担保的破产债权人按照破产财产方案受偿之前进行清偿。"

四、跨境海事破产程序中的冲突与协调

由于海商法具有显著的国际性特征，且造船与航运业与国际贸易联系密切，因此近年来造船及航运企业跨境破产案件也呈增加趋势，跨境海事程序与破产程序之间的冲突亦愈发突出。

（一）典型案例解析

案例四：韩进海运破产案——境外破产程序与境内海事程序的冲突与协调

2016 年 8 月 31 日，世界排名第七、韩国排名第一的集装箱班轮公司韩国韩进海运株式会社（以下简称"韩进海运"）向首尔中央地方法院申请破产保护，世界各地的债权人纷纷在相关法院申请扣押韩进海运的船舶，引发了韩国破产程序与世界其他国家海事扣船程序的冲突。韩进航运向日本、美国、

英国、加拿大、比利时等多个国家申请承认韩国法院破产程序，得到了采用联合国国际贸易法委员会《跨境破产示范法》相关国家的法院的回应，即禁止或限制对韩进航运船舶的扣押和拍卖。[1]

由于韩进航运自有或承租的部分船舶位于中国境内，中国海事法院也处理了众多申请扣押韩进海运船舶的申请。但是由于韩进海运的破产管理人并未向中国法院提交破产保护申请，因此中国法院对于韩进海运的破产程序并没有承认与协助的机会。另有观点认为，即使韩进海运向中国法院申请破产保护也很难获得承认及执行[2]。因为根据《企业破产法》第5条之规定[3]，中国并未采纳联合国国际贸易法委员会《跨境破产示范法》，韩国法院也未曾作出给予中国司法互惠的承诺或先例。因此涉及韩进海运在中国境内的海事案件最终均通过个案方式解决，期间产生了境外破产程序与境内海事扣船程序的并行问题。

例如，佛罗伦资产管理（新加坡）私人有限公司向宁波海事法院提出财产保全申请。宁波海事法院于2017年5月2日作出（2016）浙72民初605号民事裁定，准予其财产保全申请，并于2017年5月4日冻结韩进海运所有的浙江东邦修造有限公司34%股份（对应注册金额3706万美元）的股权和投资权益。在案件审理过程中，宁波海事法院查明：英国高等法院于2016年9月6日作出裁定，禁止任何人或公司在英国对韩进海运采取包括仲裁、诉讼、执行等法律措施。对此，宁波海事法院认为：双方虽在涉案协议中订有仲裁条款，但因英国法院裁定，原告不能就涉案纠纷按照仲裁条款约定在伦敦提起仲裁，该仲裁协议已无法履行，对双方不再具有约束力，原告有权就本案纠

---

[1] 章恒筑：《"一带一路"倡议推进背景下国际海事司法中心建设与海事破产法制的完善》，载《法律适用》2018年第23期。

[2] 石静霞、黄圆圆：《跨界破产中的承认与救济制度——基于"韩进破产案"的观察与分析》，载《中国人民大学学报》2017年第2期；李珠、胡正良：《中国应否采纳〈跨境破产示范法〉之研究——韩进海运破产引发的思考》，载《中国海商法研究》2019年第2期。

[3]《企业破产法》第5条规定："依照本法开始的破产程序，对债务人在中华人民共和国领域外的财产发生效力。对外国法院作出的发生法律效力的破产案件的判决、裁定，涉及债务人在中华人民共和国领域内的财产，申请或者请求人民法院承认和执行的，人民法院依照中华人民共和国缔结或者参加的国际条约，或者按照互惠原则进行审查，认为不违反中华人民共和国法律的基本原则，不损害国家主权、安全和社会公共利益，不损害中华人民共和国领域内债权人的合法权益的，裁定承认和执行。"

纷向有管辖权的海事法院提起诉讼。在执行阶段，宁波海事法院将诉讼中保全的韩进海运持有的浙江东邦修造船有限公司34%的股份进行了拍卖，得款人民币17,100万元。东方国际资产管理有限公司、中远海运发展股份有限公司、赤湾集装箱码头有限公司、海洋环球有限公司等七个相关债权人向法院申请参与上述股份拍卖款的分配，法院根据债权人会议通过的分配方案进行了执行款分配。[1]

在上述案例中，由于中国法院并未承认韩进海运在韩国的破产程序，因此并未对韩进海运在中国境内的财产提供破产保护。在中国境内提起强制执行申请的债权人因而得到了比破产程序更有利的清偿。个案处理的方式似乎符合"承认跨境破产程序不应使得国内债权人利益受损"的原则，但也为国内破产企业在境外寻求破产保护增加了难度。

案例五："夏之远6"轮境外解冻——境内破产程序与境外海事程序的冲突与协调

2015年浙江省舟山市普陀区人民法院受理浙江夏之远船舶经营有限公司（以下简称"夏之远公司"）重整案。夏之远公司的国内债权人向新加坡高等法院申请扣押在新加坡加油的"夏之远6"轮并提起诉讼。因新加坡法院不承认中国破产程序的域外效力，"夏之远6"轮无法在新加坡获得破产保护。夏之远公司管理人在国内提起针对该债权人提起损害债务人利益赔偿诉讼[2]，然后新加坡法院解除了对"夏之远6"的扣押，管理人完成了对于"夏之远6"轮的接管。后在宁波海事法院组织的拍卖程序中，"夏之远6"轮以2亿元价格拍卖成交。[3]

在上述案例中，由于新加坡法院未承认中国境内的破产程序，部分债权人得以有机会通过新加坡法院的海事程序获得比破产程序更有利的清偿，从而规避了中国《企业破产法》。

---

〔1〕参见宁波海事法院（2017）浙72民初605号《民事判决书》、（2017）浙72民初720号《民事判决书》、（2017）浙72执1489号之二《执行裁定书》。

〔2〕参见浙江省舟山市中级人民法院（2015）浙舟辖终字第25号《民事裁定书》。

〔3〕参见宁波海事法院（2017）浙72执1240号之一《执行裁定书》。

以上两案折射出在缺乏跨境破产统一制度的情况下，避免多个程序同时进行和个别清偿存在的障碍。原则上，只有各国当局和法院加强跨境海事及破产法律程序的相互承认和司法协助，才可能解决相关问题。而这也给中国法院和中国破产案件管理人的国际化专业能力与视野提出了更高的要求和挑战。

（二）各国法律项下船舶优先权认定标准及范围的差异及解决

各国对于船舶优先权的范围和认定标准规定不一，如外国债权在该国为船舶优先权担保，而在承认国则船舶优先权并不成立，该外国债权能否被承认国认定为船舶优先权？根据中国海商法协会向国际海事委员会（CMI）的答复观点，《中华人民共和国涉外民事关系法律适用法》第37条规定："当事人可以协议选择动产物权适用的法律。当事人没有选择的，适用法律事实发生时动产所在地法律。"同时《海商法》第272条规定："船舶优先权，适用受理案件的法院所在地法律。"根据特别法优于一般法的原则，船舶优先权的认定应当根据中国国际私法的相关指引找到合适的准据法，而非直接适用外国海事或破产程序的法院地法。[1]

在司法实践中，海事法院通常直接以中国法律作为认定具有涉外因素的船舶优先权的准据法。例如，广州海事法院（2021）粤72民初956号杰森·帕奎阿、天使动力投资公司劳动合同纠纷，上海海事法院（2019）沪72民初613号梁峰与钻石国际邮轮公司船员劳务合同纠纷，宁波海事法院（2018）浙72民初580号科瓦尔·麦克塞姆与阿若艾尼亚海运公司、奥维乐蒙娜斯航运公司船员劳务合同纠纷，大连海事法院（2022）辽72民初890号斯旺·伊卡与香港裕丰船务有限公司、上海迥源船舶管理有限公司船员劳务合同纠纷等案件中，中国海事法院均依据中国《海商法》以及相关司法解释审查涉外船舶优先权是否成立。

---

[1] 张可心：《跨国海事破产程序的法律救济问题研究》，载《中国海商法研究》2018年第2期。

刑事程序与破产程序的冲突与协调

引 言

近年来,随着中央深入推进供给侧结构性改革,推动落后企业兼并重组与破产清算已成为各级政府的工作重心。在此背景下,我国企业破产案件数量急剧上升。根据最高人民法院工作报告,2021 年全国法院审结破产案件 1.3 万件,涉及债权 2.3 万亿元。审结破产重整案件 732 件,盘活资产 1.5 万亿元。[1]随着破产案件数量的增多和破产企业所涉类型的多样,破产企业本身可能存在违反刑事法规情形,直接导致各类刑民交叉问题在破产程序适用过程中不断涌现,尤其在集资诈骗犯罪、非法吸收公众存款犯罪等涉众犯罪中尤为明显。对此,《中华人民共和国企业破产法》(以下简称"《企业破产法》")及相关司法解释对于刑事程序与破产程序的协调缺乏明确清晰的规定,使得司法实践中处理该类案件时缺乏统一的标准。为此,我们拟就办理破产案件过程中可能产生的刑事程序与破产程序的冲突及协调问题进行讨论,以为合理处理此类案件的程序问题提供一些有价值的借鉴和参考。

一、刑事程序与破产受理程序的冲突与协调

在破产程序与刑事受理程序相交叉的情形中,司法实践中面临最主要的问题即为刑事程序和破产程序何者先行,具体是指"先刑后民(破)",还是"民(破)刑并行"乃至"先民(破)后刑"。

在大连市中级人民法院(以下简称"大连中院")受理的大连机床集团

---

[1] 周强:《最高人民法院工作报告——二〇二二年三月八日在第十三届全国人民代表大会第五次会议上》,载《人民日报》2022 年 3 月 16 日,第 06 版。

有限责任公司（简称"大连机床"）重整案中，即涉及刑事程序与破产受理程序的冲突问题。2016年9月至11月间，大连机床公司通过虚构应收账款、伪造合同和公章等方式，涉嫌骗取贷款6亿元。2017年5月被害单位中江国际信托股份有限公司（以下简称"中江信托"）向江西省公安厅报案，江西省公安厅于2017年9月对大连机床涉嫌骗取贷款立案侦查。

同时，大连机床引发的严重债务危机，已令其无法清偿到期债务，并且资产不足以清偿全部债务或明显缺乏清偿能力，大连机床也已触发多起债券违约事项。2017年11月，大连中院裁定大连机床及其关联5家企业正式进入重整程序，并指定了重整管理人。2018年1月19日，被害单位向大连中院、大连机床等企业重整管理人发送的公函中认为，大连机床通过诈骗方式从中江信托取得的贷款并非大连机床等公司财产，系中江信托作为刑事受害人所有的财产。按照先刑后民的原则，大连机床等企业的重整案件，依法不应受理，已经受理的应当驳回，至少该案件重整程序应当中止，并要求大连机床及重整管理人立即退还从被害单位获取的犯罪财产。至此，大连机床重整案产生刑民交叉的程序问题。

（一）"先刑后民（破）"模式带来的程序适用冲突

所谓"先刑后民（破）"，指的是刑民交叉案件的一个基本规则，即刑事案件与民事案件涉及"同一事实"的，原则上应通过刑事诉讼方式解决。这种处理方式起源于早期司法解释中关于经济纠纷和经济犯罪审理方式的规定。1985年《最高人民法院、最高人民检察院、公安部关于及时查处在经济纠纷案件中发现的经济犯罪的通知》规定："各级人民法院在审理经济纠纷案件中，如发现有经济犯罪……将经济犯罪的有关材料分别移送给有管辖权的公安机关或检察机关侦查、起诉……"。1987年《最高人民法院、最高人民检察院、公安部关于在审理经济纠纷案件中发现经济犯罪必须及时移送的通知》第3条进一步规定："人民法院在审理经济纠纷案件中，发现经济犯罪时，一般应将经济犯罪与经济纠纷全案移送……如果经济纠纷与经济犯罪必须分案审理的，或者是经济纠纷经审结后又发现有经济犯罪的，可只移送经济犯罪部分……"。

2019年《全国法院民商事审判工作会议纪要》（以下简称"《九民会议纪要》"）关于"涉众型经济犯罪与民商事案件的程序处理"的部分亦规定，

对于此类人数众多、当事人分布地域广、标的额特别巨大、影响范围广，严重影响社会稳定，对于受害人就同一事实提起的以犯罪嫌疑人或者刑事被告人为被告的民事诉讼，人民法院应当裁定不予受理，并将有关材料移送侦查机关、检察机关或者正在审理该刑事案件的人民法院。受害人的民事权利保护应当通过刑事追赃、退赔的方式解决。正在审理民商事案件的人民法院发现有上述涉众型经济犯罪线索的，应当及时将犯罪线索和有关材料移送侦查机关。侦查机关作出立案决定前，人民法院应当中止审理；作出立案决定后，应当裁定驳回起诉；侦查机关未及时立案的，人民法院必要时可以将案件报请党委政法委协调处理。

实践中，对于非法吸收公众存款等涉众型经济犯罪，部分法院更倾向于沿用"先刑后民（破）"的处理方式。有学者梳理了2014年以来与非法集资犯罪交叉的破产申请案例，截至《九民会议纪要》发布前的23起案件中，有17例案件[1]的法官在面临破产程序与刑事程序的顺序选择时，采纳了"先刑后民（破）"的做法，即先以刑事程序处理犯罪案件，之后进行破产受理。可见，对于涉众类犯罪，"先刑后民（破）"是较为普遍的司法实务选择。

但是，机械地照搬涉众型犯罪的处理模式以"先刑后民（破）"模式处理刑事程序与破产程序，没有注重到作为特殊民事执行程序的破产程序的特点，不利于发挥破产程序的独特优势。具体而言：

1. 不利于发挥破产程序公平价值

破产程序追求的基本价值目标即为：一方面，是让债务人资产在清偿的程序内以公平和有序的方式对债权进行清偿。另一方面，是受到企业破产的消极影响的所有利害关系主体遭受的损失在破产程序中合理分摊。如果机械地以"先刑后民"的原则套用至破产程序，无疑将对刑事被害人利益保护过度倾斜，赋予刑事被害人先于其他债权人受偿的地位，将不同程序中的债权人设置了不公平的地位，不利于整体上社会关系的修复，甚至可能导致新的矛盾出现。

2. 不利于发挥破产程序效率价值

破产程序作为市场经济重要的基本法律制度，实现社会资源的优化配置

---

[1] 马更新：《界限与协同：破产程序与刑事程序适用顺位辨析》，载《北京联合大学学报（人文社会科学版）》2020年第1期。

是破产法立法和运行的主要目标之一。由此决定了《企业破产法》设置了管理人制度、债权申报制度、统一清偿制度等保障快速公平了解全部债权债务关系，一方面将诚实的债务人从繁杂的债务负担中解脱出来，另一方面使债务人资产以市场化的形式向高效的领域流动。正如英国学者 D·拉斐尔（D·Raphael）所说："效益是一个普遍承认的价值，依据效益标准分配是值得的。"

反观刑事程序，由于涉及对人身自由甚至声明的剥夺，刑事程序从开始侦查至刑事判决执行完毕，一般情况下需历经数月，部分复杂案件甚至可能长达几年，机械适用"先刑后民（破）"的做法将会让破产受理完全受制于刑事程序的进程，让债权人权利的实现难以快速地进行，实际上有违破产法追求效率的价值目标，使合法债权人丧失了时间效益。破产程序设计的初衷是通过破产分配统一的清偿安排，及时保障债权人利益。如果简单地适用"先刑后民（破）"的做法，实际上使得债权人被动地等待刑事程序终结，显著地增加了其他债权人时间成本和机会成本。

3. 不符合刑法中的责任原则

刑事追缴、退赔非刑罚，侧重物的追回，与刑事责任无关而与财物性质有关[1]。若刑事判项先于破产程序执行，则不仅行为人受到惩罚，无过错的债权人也因债务人财产减损而导致清偿资源减少、清偿率下降。对此问题，《关于依法审理和执行被风险处置证券公司相关案件的通知》作出了正确的平衡，证券公司进入破产程序后，人民法院作出的刑事附带民事赔偿或者涉及追缴赃款赃物的判决应当中止执行，由相关权利人在破产程序中以申报债权等方式行使权利；刑事判决中罚金、没收财产等处罚，应当在破产程序债权人获得全额清偿后的剩余财产中执行。

（二）以"民（破）刑并行"模式作为补充对程序适用进行协调

对于"民（破）并行"，《九民会议纪要》原则性地指出，同一当事人因不同事实分别发生民商事纠纷和涉嫌刑事犯罪，民商事案件与刑事案件应当分别审理。

各地法院在破产审判实践中对此原则进行了进一步细化，如2013年浙江省高级人民法院民事审判第二庭曾在《关于在审理企业破产案件中处理涉集

---

[1] 尹振国、方明：《我国刑事特别没收手段的反思与重构——兼论〈刑法〉第64条的完善》，载《法律适用》2019年第5期。

资类犯罪刑民交叉若干问题的讨论纪要》中指出,如存在以下情况,法院可以在驳回破产申请后重新审查对债务人企业的企业破产申请:(1)犯罪行为经过侦查,公安机关撤销案件、公诉机关决定不予起诉或法院宣告被告人无罪的;(2)负责涉嫌犯罪行为侦查、检察和审判机关认为刑事诉讼程序对法院审理企业破产案件不构成实质性影响,且刑事涉案财产与债务人企业的其他财产可以区分的;(3)对涉嫌犯罪行为查处的刑事诉讼程序终结,债务人企业的相关财产未作为赃款赃物依法追缴的,或者债务人企业控制或名下的相关财产可以在企业破产程序中变价、分配的。这意味着,在涉案财产和债务人企业的其他财产能够区分的情况下,等待刑事诉讼程序终结法院亦可以受理破产程序。

具体在实践中,破产受理应当采取以"民(破)刑并行"为原则,"先刑后民(破)"为补充的模式处理刑事程序与破产受理之间的关系,既充分发挥刑事程序查清事实、打击犯罪的优势,又兼顾破产程序公平、效率的制度价值。

(1)刑事程序和破产程序原则上相互独立的,破产程序的受理无需等待刑事程序结束后才能继续。从目前最高人民法院的司法判例、会议纪要以及讲话内容来看,最高人民法院和各级人民法院正在逐步打破"先刑后民(破)"的司法惯性,严格适用驳回起诉、中止审理,尽量降低刑事案件对民事程序的影响。

(2)对于刑事程序所涉事实和破产程序所涉法律关系和事实一致的案件,尤其是涉众型经济犯罪案件和相关企业破产的,比如:单纯从事非法吸收公众存款或者集资诈骗的平台企业所涉破产案件,由于没有其他经营等债务,其资产负债清理,与刑事裁决的执行(抑或是行政清理程序)所涉及的事实完全相同,故仍应当例外适用"先刑后民(破)"的规则。

(3)涉及刑事案件的财产与债务人企业的其他部分财产混同的情况。如果债务人企业所涉财产能够与破产财产明确区分,则破产程序可以不受刑事程序的影响进行,破产债权人的债权也可以根据破产程序的进展情况进行偿还。如果案件所涉财产与破产财产高度混淆,不能相互分离,虽然破产程序需要等待刑事程序的进一步发展,但仍应受理债务人企业的破产程序。因为从民事法律关系角度看,刑事被害人也是民事被侵害人,在民法上具有债权人的地位。刑事被害人与破产债权人应当向破产管理人申报债权,共同参与债务人财产的分配。

上述大连机床重整案中,仅仅涉嫌贷款诈骗罪的刑事指控事实与破产案件事实存在着"刑民交叉"的关系,而作为破产受理的大部分法律事实(即其他债权人与大连机床的债权债务事实)并没有产生"刑民交叉"。并且,涉及贷款诈骗罪的6亿元也仅占破产财产的一部分,涉刑事部分资产并未与全部破产资产发生混同。

经过深入的研究论证,大连中院采取了"民(破)刑并行"原则,一方面指导管理人指定债务清偿方案妥善处理包括刑事退赔在内的各类债权,研究重整程序中"刑民交叉"的特殊程序问题。另一方面,协调大连及外地法院依法解除资产查封,引入危困企业投资基金,完成东北首单"重整共益债务融资"。2019年4月19日,大连中院裁定批准大连机床集团系列企业重整计划,重组后的中国通用技术大连机床集团在大连市委、市政府大力支持下,迅速恢复生产经营,正在高速良性地发展。

至此,大连中院实现了大连机床集团重整的顺利推进,挽救了危难企业,有效维护了债权人、职工等多方权益,达到了法律效果和社会效果的统一。

二、刑事程序与破产债权审查程序的冲突与协调

(一)以损失金额认定债权金额带来的冲突

实践中,在"民(破)刑并行"路径中已经受理破产案件的前提下,部分地区参照《最高人民法院关于依法审理和执行被风险处置证券公司相关案件的通知》的规定允许受害人在破产程序中申报债权,其中,浙江省《关于在审理企业破产案件中处理涉集资类犯罪刑民交叉若干问题的讨论纪要》规定,在涉集资类案件刑事侦查终结后,未列入受害人范围的相关机构和个人可以以民间借贷债权人名义申报债权;列入集资犯罪受害人的,可作为破产债权人申报债权,同时给予受害人在破产程序中的临时表决权。《广东省高级人民法院关于审理企业破产案件若干问题的指引》《四川省高级人民法院关于审理破产案件若干问题的解答》亦均对此问题进行了指导。但目前没有明确的司法解释对受害人在破产程序中债权金额进行规定。

债权审核中,多数管理人及法院将刑事判决中确定的损失金额直接作为认定债权金额的依据，主要理由为：（1）认为刑事判决已经以确认损失金额的方式确认了债权金额，对于生效判决中的债权金额，应依据债权审查规则予以直接认定；（2）《最高人民法院、最高人民检察院、公安部关于办理非法集资刑事案件适用法律若干问题的意见》中关于非法集资刑事案件中关于犯罪数额的规定相对于《中华人民共和国民法典》属于特殊法，应优先适用。

对于此等破产清算案债权审核方法，即以刑事判决确定的损失确认债权，我们认为，该做法否认了破产程序的独立价值，不利于发挥破产法的作用，并且可能导致不公平清偿。理由在于：

（1）不利于发挥破产程序的独立程序价值。刑事视角下司法机关更侧重在保障人权的前提下打击犯罪，保障社会公共利益，追求修复因犯罪造成的社会关系。而在民法及破产法视角下，管理人及法院倾向于对债权债务的权利、义务进行更精准的判断，因此在判断涉及资产是否属于破产债务时不应当受到刑事判决的限制。[1]

（2）延缓破产程序进程，不利于发挥破产效率价值。而非法集资类等涉众刑事犯罪案件，事实繁杂、涉及人数众多，侦查及审判周期较长。若债权审核需等待刑事程序完成，则将直接影响破产程序的快速、有序推进。

（3）可能出现不同的债权审核标准，违反破产法的公平清偿原则。根据刑事判决所依据的相关规范，集资诈骗、贷款诈骗类犯罪数额（即损失数额）应当以行为人实际骗取的数额确定，若行为人收到借款后依约支付了部分的利息，其实际骗取的数额应当是本金扣除已经支付的利息的剩余部分。而若依据破产法及民间借贷相关司法解释申报债权，则此部分利息也应属于债权申报范围。

（二）参照同类债权审查标准调整涉刑债权金额

浙江省高级人民法院在《关于在审理企业破产案件中处理涉集资类犯罪刑民交叉若干问题的讨论纪要》认为"在申报债权时，应综合民间借贷与集资的本金、利息支付等情况，综合平衡破产程序中民间借贷债权与涉集资类犯罪被害人申报债权的数额，由管理人拟定申报方案，并经债权人会议表决通过。前款情形，在拟定债务人企业民间借贷（涉集资类犯罪被害人）本息

---

[1] 刘毅：《破产债权审核中民刑交叉问题的思考：以合同诈骗罪为例》，载《现代商业》2015年第24期。

清偿标准时，可以征询政府有关部门的意见。"江苏省高级人民法院民二庭庭长夏正芳也曾明确发言表态："我们认同第三种做法（即按民间借贷规则对受害人进行一定幅度的调整），因为它有利于实现同等权利同等受偿，同时目前对涉刑民事合同效力的判断标准是以合同法为依据的，故在合同有效场合，仍按照刑事裁判标准认定民间借贷债权的金额，逻辑上显然有问题。"

实践中，部分法院和管理人按照此原则调整了债权审查原则，取得了较为良好的实践效果。如在浙江纵横集团等六家公司合并重整案中，在法院、政府与管理人三方共同商讨下，非吸类债权确认金额根据非吸损失额来确定本金，从债务人房地产项目停工时依照月息1.2%计算至破产案件受理日。[1]

综上，对于涉刑债权，破产审理法院可以指导管理人在与相关法院、政府充分沟通的情况下，对涉刑债权和同类民事债权金额以民间借贷利息标准予以调整，并报债权人会议审查，进而解决不同程序中债权审查标准不统一的问题。

三、刑事程序与破产清偿程序的冲突与协调

(一) 刑事执行与破产清偿顺位的冲突

目前，对于受害人债权清偿顺位的主要争议在于，涉刑债权在破产程序中能否优先于普通民事债权清偿，由于现行的规定存在冲突，实践中的做法也不一致。

认为涉刑债权优先于普通民事债权的主要依据为：(1)《最高人民法院关于刑事裁判涉财产部分执行的若干规定》第13条规定，被执行人在执行中同时承担刑事责任、民事责任，其财产不足以支付的，按照下列顺序执行：①人身损害赔偿中的医疗费用；②退赔被害人的损失；③其他民事债务；④罚金；⑤没收财产。其中，刑事退赔优先于其他民事债务清偿。(2) 2019年1月30日发布的《最高人民法院、最高人民检察院、公安部关于办理非法集资刑事案件若干问题的意见》第9条规定，退赔集资参与人的损失一般优先于其他民事债务以及罚金、没收财产的执行。甚至还有观点认为，上述《规定》第13条针对的是刑事判决被执行财产的分配，而非追赃问题。因为赃款赃物本就不属于债务企业的财产，所以，该条中有优先受偿权的债权人的优先权限于

---

[1] 吴一波：《破产案件中刑民交叉问题研究》，载《运城学院学报》2018年第2期。

被执行财产。[1]

具体到各地的司法实践，《广东省高级人民法院关于审理企业破产案件若干问题的指引》第122条明确规定受害人可以赃款、赃物的价值向管理人申报债权并主张优先受偿。

然而，对于涉刑债权具有优先受偿性持反对意见的观点认为，刑事退赔的优先性在破产法体系中并无依据，退赔优先不具备正当性，刑事标准应不适用于破产程序。在《四川省高级人民法院关于审理破产案件若干问题的解答》关于债权申报与审查部分第13条问答中指出："刑事案件被害人作为非法金融活动的参与者，其往往本身也具有一定的过错，其享有的权利依法不能优于合法的普通民事债权人"。同样，杭州市中级人民法院在审判实践中认为，刑事受害人的债权具有优先性的认定不符合企业破产法对各类债权性质的分类，因此应当严格适用《企业破产法》的清偿顺序。

（二）刑事执行纳入破产程序统一受偿

我国破产法司法实践基本对刑事执行纳入破产程序统一受偿持肯定意见：破产程序作为概括执行程序，完全可以吸收刑事裁判涉财产部分的执行（即追赃和发还），即涉刑裁判的执行应当统一纳入破产程序，通过受害人申报取回权和债权等方式加以落实。

具体而言，根据《刑法》《刑事诉讼法》等相关规定，同时参照《企业破产法》第38条关于"取回权"条款的规定，当涉案赃款赃物能够特定化时，则受害人可以依刑事判决向管理人申报取回权，特定化的赃款赃物可以从破产财产中剥离，向受害人清偿；反之，如果无法使得赃款赃物特定化，或赃款赃物已经被犯罪企业挥霍，则刑事受害人只能和其他债权人一样通过债权申报予以救济。

地方实践中亦多采取此种做法，浙江省高级人民法院民事审判第二庭《关于在审理企业破产案件中处理涉集资类犯罪刑民交叉若干问题的讨论纪要》规定"在审理企业破产案件过程中，因债务人的犯罪行为而非法占有的不属于债务人的财产，可以在刑事判决生效后，依照《企业破产法》第38条之规定，由受害人以财产权利人的名义通过管理人取回。"

将赃款、赃物的分配纳入破产程序的适用范畴，具有诸多优势：

---

[1] 关峰、曹熙、戴书晖：《破产程序中刑民交叉的选择》，载《贸大法律评论》2016年第0期。

（1）最大程度保全资产价值。刑事程序可对涉案财产进行查封、扣押、冻结，但缺少处置资产的路径；而在破产变价程序中，可通过公开拍卖、变卖维护资产价值。另外，破产企业无财产清偿到期债务，但符合重整条件的，该企业可通过重整程序引入战略投资人、优化生产、资产结构，实现资产的增值保值。刑事程序中的被害人损失作为债权被确认后，可以通过重整程序提高其清偿比例。

（2）最广泛通知债权人。破产程序中管理人可以以信函、公告方式通知未知债权人申报债权，最大程度地推动了债权人申报债权，避免部分债权人既没有向刑事司法机关报案，又没有通过民事程序进行债权确认。

（3）最高效率节省物力。破产、刑事追缴退赔、民事执行三个程序都涉及对企业财产的调查、回收、保全、处置、分配。涉众型经济案件的追缴退赔呈现多线并行、多部门并行的局面，较难统筹规划。但在破产程序中，如果涉众型经济犯罪的总公司、分公司均具备破产条件的，完全可以进行实质合并破产，将债权、财产通盘考虑，节省物力，提高效率。[1]

（三）刑事退赔按照同类债权顺位清偿

而对于不能特定化的赃款赃物，则只能通过破产程序按照规定的债权顺位受偿，而不当然地具有优先性，主要理由在于：

（1）《最高人民法院关于刑事裁判涉财产部分执行的若干规定》规定的执行程序属于一般执行程序，而破产程序具有民事诉讼、执行程序、非讼事件等法律制度所没有的特点，其性质当属于特殊程序[2]。根据特殊法优于一般法的原则，应按照《企业破产法》的规定确定具体债权性质并按照顺位清偿。

（2）责令退赔是以债务人（刑事被告人）合法财产赔偿已被其挥霍、使用、变卖、损毁的违法所得，本质上属于债权。按照现行《企业破产法》的规定，破产财产在清偿有财产担保债权、破产费用与共益债务后，分配顺序的是：①职工债权；②社保费用及税款债权；③普通破产债权。而根据《最高人民法院关于刑事裁判涉财产部分执行的若干规定》第13条关于的执行顺

---

[1] 张泽华、崔军委：《涉众型经济犯罪刑事追缴、退赔与破产程序衔接路径研究——以破产程序统一受偿为视角》，载《司法体制综合配套改革与刑事审判问题研究——全国法院第30届学术讨论会获奖论文集（下）》，第1149页。

[2] 王欣新：《破产法》，中国人民大学出版社2017年版，第7页。

位的规定"退赔被害人损失"是优先于"其他民事债务"的,但是在目前的破产法体系中尚无相关依据,赋予涉刑财产以优先受偿权显然缺乏合法性与合理性。当然地认定责令退赔债权具有优先性不符合《企业破产法》对各类债权性质的分类,应当由管理人结合具体情况确定债权性质并按照规定的顺位清偿。[1]

四、刑事程序与破产程序主导机关之间的协调与配合

破产程序由法院主导,由管理人辅助,而刑事程序由侦查机关、检察机关和法院三个机关推进,破产程序审判法院与刑事程序法院也可能不同。在破产与刑事程序协同推进的过程中,两个程序不仅不能分离,还应当相互配合,这就需要加强两种程序中司法机关之间的沟通与协调,否则"民刑并行"将面临障碍。然而在实践中,由于协调不足导致的问题也时常发生。在我们办理的 STX(大连)集团系列企业破产清算案中,在资产公开拍卖的环节,管理人发现债务人资产中的部分房产被公安机关以涉黑犯罪赃款赃物为由进行了查封,导致拍卖资产无法过户,破产程序无法进行。至此,刑事和民事不同司法机关基于不同的案由和事实情况,对破产财产采取了不同处置措施。

我们认为,破产程序审判机关与刑事程序司法机关之间的沟通与协调至少包括以下内容:(1)在破产审判法院审查破产企业是否满足破产受理的条件时,可以请求刑事侦查机关提供保全的债务人公司财务账簿、印章等资料,以提高破产受理程序审查的效率;(2)侦查机关在针对企业财物采取查封、扣押、冻结等保全措施时,需及时同破产案件审理进行沟通,尽可能对破产财产与犯罪所得进行区分;(3)涉及刑事案件的破产财产被保全的情况,破产审判法院应及时同刑事司法机关沟通,采取保全措施的刑事司法机关应当依照《企业破产法》第19条的规定依法对该部分破产财产解除强制措施,由破产法院根据破产程序进行分配;(4)刑事司法机关追回的赃款赃物应当及时移交破产管理人,由破产管理人对受害人按照《企业破产法》规定的清偿顺位进行公平分配。[2]

---

[1] 吴一波:《破产案件中刑民交叉问题研究》,载《运城学院学报》2018年第2期。
[2] 马更新:《界限与协同:破产程序与刑事程序适用顺位辨析》,载《北京联合大学学报(人文社会科学版)》2020年第1期。

在上述案件中，在大连中院同公安机关充分沟通、讨论并上报大连市政法委协调后，公安机关同意解除房产上的查封，由此，消除了资产拍卖及过户过程中最后的障碍，闲置近十年的资产完成盘活，极大地推进了破产案件进程。

结　语

破产程序作为一种概括清偿的民事程序，有其独立的制度价值和制度设计。在破产程序与刑事程序存在交叉的情况下，如果破产事实与刑事事实不完全属于同一事实，而仅仅是存在部分"交叉"关系，破产程序就不应当然地被刑事程序中断，而应以"刑民（破）并行"为原则，"先刑后民（破）"为例外。在债权的审查过程中，应按照统一的标准，公平认定涉刑债权和其他民事债权。在财产分配中，对于能够特定化的赃款赃物，受害人应当以向管理人申报取回权的形式获得清偿。对于不能特定化的赃款赃物，受害人应当以《企业破产法》中规定的同类债权顺位获得受偿。破产程序审判机关与刑事程序司法机关应加强沟通与协调，推进两种程序协同并进。

破产程序与仲裁司法审查的兼容与协调

《中华人民共和国企业破产法》（以下简称"《企业破产法》"）实施十余年来，实务中出现大量案情相同处理结果却不同的困境。2019年最高人民法院颁布《最高人民法院关于适用〈中华人民共和国企业破产法〉若干问题的规定（三）》（以下简称"《企业破产法司法解释三》"）以来，对债权人行使债权确认异议权的期限、管理人处分债务人财产的权限和程序、重整期间企业再融资的优先清偿顺位、主债务人和保证人同时破产时如何确认债权等热点问题作出了明确回应，有效解答了破产案件审判中的难题，指导和完善了破产审判工作，具有重大的积极意义。

本文要分析讨论的是，《企业破产法司法解释三》中关于破产审判程序和仲裁司法审查程序之间如何协调的最新规定。《企业破产法司法解释三》第7条规定："已经生效法律文书确定的债权，管理人应当予以确认。管理人认为债权人据以申报债权的生效法律文书确定的债权错误，或者有证据证明债权人与债务人恶意通过诉讼、仲裁或者公证机关赋予强制执行力公证文书的形式虚构债权债务的，应当依法通过审判监督程序向作出该判决、裁定、调解书的人民法院或者上一级人民法院申请撤销生效法律文书，或者向受理破产申请的人民法院申请撤销或者不予执行仲裁裁决、不予执行公证债权文书后，重新确定债权。"该条款主要是针对债权人基于确有错误的生效法律文书申报债权，管理人应如何进行审查和救济作出的统一规定，因此涉及到在生效法律文书系仲裁文书的情况下，破产审判程序和仲裁司法审查程序如何兼容和协调的问题。

由于未能充分考虑破产程序与仲裁司法审查程序的性质、价值取向的不同，该条司法解释虽然努力尝试兼容和协调二者，但在实践中仍可能加剧破产审判实践和仲裁司法审查实践之间的紧张关系，故在司法实践中仍有赖于破产案件受理法院和管理人在个案中审慎、合理适用这一规定,以促成公平合理的案件处理结果,以期符合司法解释的出台本意,解决破产程序与仲裁司法审查程序上的冲突,保证仲裁司法审查程序的权威,并发挥破产制度在优化营商环境中的积极作用。

一、破产程序中仲裁司法审查的管辖问题

由于各地区的破产案件数量、案件难易程度、审判力量等情况有所不同,各地各级的人民法院考量这几方面的因素,会有意识地合理平衡分配破产审判任务。而仲裁法上秉持着对仲裁裁决审慎审查的态度,仲裁司法审查的管辖则统一由中级人民法院负责。故破产程序与仲裁司法审查在管辖问题上的出发点本就不同,使得《企业破产法司法解释三》第7条第2款中涉及的破产程序中仲裁司法审查的管辖问题成为本条司法解释最大的争议点。

《企业破产法司法解释三》第7条第2款明确规定:在破产程序中,受理申请撤销仲裁裁决和不予执行仲裁裁决的管辖法院均为受理破产案件的人民法院。但是,关于破产案件的级别管辖问题,现行《企业破产法》[1]并未作出明确规定,但根据《最高人民法院关于审理企业破产案件若干问题的规定》[2]和《最高人民法院关于执行案件移送破产审查若干问题的指导意见》[3]的规定和我国各地破产司法实践,大量的破产案件是由基层人民法院受理。这一现实导致《企业破产法司法解释(三)》第7条的规定与《中华人民共和国仲裁法》(以下简称"《仲裁法》")关于"当事人申请撤销仲裁裁决的管辖法院为仲裁委员会所在地的中级人民法院"的规定[4],以及《最高人民法院关于人民法院办理仲裁裁决执行案件若干问题的规定》关于"被执行人、案外人对仲裁裁决执行案件申请不予执行的,负责执行的中级人民法院应当另行立案审查处理"的规定[5]并不一致。

《企业破产法司法解释三》第7条的规定实际突破了《仲裁法》及其司法解释关于仲裁司法审查案件级别管辖问题的规定,事实上赋予了受理破产案

---

[1] 参见《企业破产法》第3条。
[2] 参见《最高人民法院关于审理企业破产案件若干问题的规定》第2条。
[3] 参见《最高人民法院关于执行案件移送破产审查若干问题的指导意见》第3条。
[4] 参见《仲裁法》第58条。
[5] 参见《最高人民法院关于人民法院办理仲裁裁决执行案件若干问题的规定》第2条。

件的基层人民法院对仲裁裁决的司法审查权。对此，部分法院认为，受理破产案件的人民法院基于《企业破产法司法解释三》第 7 条的规定对仲裁裁决进行司法审查是源于《企业破产法》第 21 条[1]的规定，针对破产衍生诉讼行使专属管辖权，故在破产程序中，相对《仲裁法》相关规定，其属于特别条款，应优先适用。[2]

但《企业破产法司法解释三》的规定不无问题，不仅在破产法司法解释体系内部与其他规定存在冲突，忽略了破产程序中的特殊规定；而且与仲裁法司法解释和实践存在矛盾，侵害了长期以来仲裁作为调和社会冲突、科学构建争议解决机制的衡平作用。

根据《最高人民法院关于适用〈中华人民共和国企业破产法〉若干问题的规定（二）》（以下简称"《企业破产法司法解释二》"）[3]的规定，对专业化程度较高的破产衍生案件（如海事纠纷、专利纠纷、证券市场因虚假陈述引发的民事赔偿纠纷等案件），可以由受理破产案件的法院的上级人民法院指定管辖。此条司法解释表明，对申请破产的债务人所涉民事诉讼实行集中管辖虽为原则，但并未排除法律关于专属管辖等民事诉讼特别规定的适用。

事实上，仲裁司法审查案件同样具有较高的专业化程度，在市场经济和改革开放的浪潮中，金融、期货、知识产权、国际贸易等特殊行业和领域，涉及复杂的知识和技术问题，新类型案件也层出不穷。仲裁员以其专业属性和特殊的工作性质，保障"专业的人做专业的事"，实现公正、中立、合理地解决争议。鉴于仲裁司法审查的高度专业性，其管辖问题亦应当特殊处理。因此，仲裁司法审查案件的管辖问题应考虑适用破产案件集中管辖例外规则，其实并不适宜由受理破产案件的法院（尤其是基层法院）集中管辖。并且，同样是在《企业破产法司法解释三》中，针对债权确认纠纷还明确规定了"仲裁管辖优先，排除破产衍生诉讼集中管辖"的规则[4]。可见，最高人民法院在制定该条司法解释的时候并非没有意识到仲裁程序的专业性和独立性。

在《企业破产法司法解释三》正式施行后，亦有法院仍然坚持认为，申

---

[1] 参见《企业破产法》第 21 条。
[2] 参见贵州省高级人民法院（2020）黔民辖终 16 号《民事裁定书》、北京市第一中级人民法院（2020）京 01 民特 57 号《民事裁定书》。
[3] 参见《企业破产法司法解释二》第 47 条。
[4] 参见《企业破产法司法解释三》第 8 条。

请撤销仲裁裁决案件的管辖问题应优先适用《仲裁法》的相关规定，并援引《企业破产法司法解释二》第47条认定该类案件应当由仲裁机构所在地人民法院管辖受理。[1]例如，在上诉人亿阳集团股份有限公司因与被上诉人纳斯特投资管理有限公司、原审申请人亿阳信通股份有限公司申请撤销仲裁裁决一案中（案号：（2019）粤民辖终324号），广东省高级人民法院认为："对申请破产的债务人所涉民事诉讼实行集中管辖虽为原则，但并未排除法律关于专门管辖等民事诉讼特别规定的适用……在上级法院未指定管辖的情况下，应由仲裁委员会所在地的中级人民法院受理当事人申请撤销仲裁裁决案件。"该案例中的裁判立场在司法实践中不失其积极的参考和指导价值。

更为重要的是，针对仲裁司法审查，包括相应的案件管辖，最高人民法院一向较为慎重，并对各地人民法院支持撤销或不予执行仲裁裁决的做法从严把握。根据2017年12月26日颁布的《最高人民法院关于仲裁司法审查案件报核问题的有关规定》（以下简称"《报核问题规定》"），最高人民法院再次明确了仲裁司法审查案件（包括请求确认仲裁协议无效、申请撤销仲裁裁决和申请不予执行仲裁裁决案件等）的逐级报核制度[2]，即：（1）拟撤销或者不予执行涉外仲裁裁决，以及当事人住所地不在同一省级行政区内或者以违反公共利益为由的国内仲裁裁决的案件，应当遵守"中级人民法院—高级人民法院—最高人民法院"的三级报核程序；（2）拟撤销或者不予执行当事人住所地不在同一省级行政区内的国内仲裁裁决的案件，应当遵守"中级人民法院—高级人民法院"的两级报核程序。

最高人民法院上述关于仲裁司法审查案件报核制度的规定，是在仲裁法多年司法实践的有益经验基础上作出的，其不仅有利于统一仲裁司法审查案件的裁量标准，更体现出司法审查权的审慎和谦抑，其对于维护仲裁裁决的终局性、权威性，维系仲裁制度的良性健康发展，均有重大意义。

因此，《企业破产法司法解释三》第7条在级别管辖问题上突破《仲裁法》及其司法解释的相关规定，导致基层人民法院可能获得对仲裁裁决（包括涉外仲裁裁决）的司法审查权，在当前破产案件审理受到较为严重的地方保护主义影响的情况下，进而可能导致架空逐级报核制度的结果，损害仲裁

---

[1] 参见广东省高级人民法院（2019）粤民辖终324号《民事裁定书》。
[2] 参见《最高人民法院关于仲裁司法审查案件报核问题的有关规定》第2条、第3条。

司法审查案件相对统一的裁量标准，以及损害有关当事人（破产债权人）的利益。

事实上，就破产程序与仲裁司法审查在管辖问题上该如何衔接，也可以参考域外立法经验。以美国为例，其设立有专门的破产法院，并且在如何判断有关事项是否应由破产法院专属管辖时，区分为"核心"与"非核心"事项。[1]其中，"核心"事项包含破产财产的管理、债权确认、担保权的成立及范围、债权的优先顺位以及破产撤销权的纠纷等，该等核心事项由破产法官专属管辖；而与破产程序相连的非核心程序事项，原则上由《美国联邦宪法》第3条规定的法官审理。[2]此种划分方式避免了破产程序衍生案件"一刀切"式地由破产法院管辖，可以在一定程度上兼顾仲裁司法审查等专业性程度较高的案件的专属管辖需要。就仲裁司法审查案件究竟涉及"核心"还是"非核心"事项，判断的标准在于其审查的范围和内容究竟是实体性问题（债权的承认或者否认）还是程序性问题（仲裁程序的合规性），并据此来判断应当由破产法院还是联邦普通法院或者州法院管辖。但是，由于我国尚未设立破产法院，也不涉及美国法律制度中联邦法院系统和州法院系统的分类，故与美国破产法上针对破产案件"核心"与"非核心"事项加以精细划分的做法还有相当的差异，但这种精细化的法律识别技术，对于我国破产程序中针对专业案件和专业事项实施有区别的专属管辖制度的构建还是有一定的参考价值。[3]

二、破产程序中申请仲裁司法审查的适格主体

（一）管理人

在破产程序中，基于管理人的法定职责和性质，使得管理人在破产程序中处于核心位置，各项事务的顺利进行也主要依赖管理人。因此，一般认为，破产案件中的管理人具有独立性、中立性、专业化、职业化的特点，即法律

---

[1] Leventhal A, Elias R A, *Competing Efficiencies*: *The Problem of Whether and When to Refer Disputers to Arbitration in Bankruptcy Cases*, American Bankruptcy Institute Law Review, 2016, Vol. 24: 133, pp. 135-138.

[2] 金春：《破产法视角下的仲裁：实体与程序》，载《当代法学》2018年第5期。

[3] 丁燕、孟燕：《仲裁裁决既判力视角下管理人对破产债权的认定》，载《河南财经政法大学学报》2020年第4期。

地位的独立性、代表利益的多重性、处理破产事务的专业性。[1]在学理上，关于管理人的法律地位也存在不同的学说，如"债权人代表说""债务人代表说""财团代表说""受托人说""法定机构说"等。我国《企业破产法》主要采纳"法定机构说"为主、兼具"债务人代表说"的意见，即管理人是法律为实现破产程序的目的而设定的履行法定职能的机构。[2]

从体系和文意上看，《企业破产法司法解释三》第7条所面对和要解决的问题是，在管理人依法履行"审查认定债权"这一法定职责的过程中，针对确有错误的生效文书或通过虚假诉讼、仲裁伪造的生效法律文书，应当如何救济，以此实现公平合理地审查认定申报债权，维护全体债权人利益。这就隐含一个问题，如果管理人并非在履行审查债权这一职责，而是其他法定职责，比如针对已经履行或执行完毕的生效仲裁文书，管理人发现确有错误而应申请仲裁司法审查，甚至应当依法行使破产撤销权的，那么《企业破产法司法解释三》第7条，尤其是其中关于案件专属管辖问题的规定，还能否同样适用？这进而涉及更为深层的管理人法律地位和诉讼主体适格性问题，即管理人究竟是以债务人代表的身份，还是以自己独立身份提起有关仲裁司法审查程序？

根据《企业破产法司法解释三》第7条规定，债务人的管理人有权申请撤销或不予执行仲裁裁决。这符合《企业破产法》上关于管理人应当勤勉忠实履行法定职责的规定，满足了保护债务人和全体债权人合法权益的现实需要。但是，管理人究竟是以自身名义独立提起仲裁司法审查申请，还是以债务人的名义提起，该司法解释并未给出明确的答案，其在逻辑体系上又可能存在一定解释困境，并且可能导致其在司法适用过程中出现一些困扰，与现行仲裁司法实践产生分歧。

如果认为，管理人是依据《企业破产法》第25条[3]"代表债务人参加诉讼、仲裁或者其他法律程序"之规定，代表债务人申请仲裁司法审查，则

---

[1] 孙创前：《破产管理人实务操作指引》，法律出版社2017年版，第9~13页；黄锡生：《破产管理人的法律地位及其职业化研究——以破产法律制度的目标价值为基础》，载《浙江学刊》2004年第5期；廖焰迪：《我国破产管理人的法律地位之探析》，载《福建商贸协会2019年座谈会论文集》2019年7月，第461~464页。

[2] 王卫国：《破产法精义》，法律出版社2020年版，第54页。

[3] 参见《企业破产法》第25条。

意味着管理人的地位是债务人的诉讼代表人，其申请应当视为债务人自身的申请，即应当受制于《仲裁法》《中华人民共和国民事诉讼法》（以下简称"《民事诉讼法》"）及相关司法解释就债务人作为仲裁当事人申请仲裁司法审查所规定的程序和限制（如案件管辖问题的冲突、申请期限的限制等，详见后文论述）。

而如果参照《企业破产法》及其司法解释中关于管理人独立行使破产撤销权等权利的明确规定[1]，认为管理人是基于"法定机构说"以自身名义独立申请仲裁司法审查的，则意味着管理人在该等程序中具有独立的诉讼当事人地位。但是，这种观点缺乏《企业破产法》中明确规定的支持（即"本法对管理人的职责另有规定的，适用其规定"）。而且，根据《民事诉讼法》及其司法解释的规定，仅有案件当事人可以提起再审申请，案外人仅能提起第三人撤销之诉等救济。[2] 如果认为管理人提起民事审判监督程序具有独立的诉讼主体地位，即管理人是以自身名义而非债务人名义提起民事审判监督申请，与现行我国的民事诉讼理论和实践也存在一定的逻辑矛盾。

因此，通说认为，在没有明确的法律和司法解释规定的情况下，管理人都是以债务人的代表的身份，而非以自身独立身份从事诉讼、仲裁和其他司法程序，《企业破产法司法解释三》的规定亦不例外。

（二）其他主体

除管理人以外，《企业破产法司法解释三》并未明确规定其他主体是否有资格在破产程序中提起仲裁司法审查。对此，有如下解读：

（1）《企业破产法司法解释三》并不限制人民法院依职权启动撤销或不予执行仲裁裁决的司法审查程序。《仲裁法》和《民事诉讼法》均规定了在仲裁裁决违背社会公共利益情况下，人民法院可以主动裁定撤销或不予执行仲裁裁决。因此，如果"债权人与债务人恶意通过仲裁的形式虚构债权债务"已经触及"违背社会公共利益"这一底线的，那么受理仲裁司法审查案件的人民法院就可以主动依职权裁定撤销或不予执行仲裁裁决。

（2）关于仲裁当事人尤其是债权人，亦可在破产程序中申请撤销或不予执行仲裁裁决。《企业破产法司法解释三》主要解决的是在破产案件的债权审

---

[1] 参见《企业破产法》第31条、第32条，《企业破产法司法解释二》第9条。
[2] 参见《民事诉讼法》第56条、第199条。

查过程中管理人（无论是以自身名义独立提起还是以债务人名义提起）提起仲裁司法审查程序的适格性问题，但其并不否认债权人根据《仲裁法》和《民事诉讼法》及其相应司法解释的规定向有管辖权的人民法院申请撤销或不予执行仲裁裁决的权利。但是，这里所述的"有管辖权的人民法院"应当根据《仲裁法》和《民事诉讼法》及其相应司法解释，而非《企业破产法司法解释三》第7条的规则确定（即不应受破产衍生诉讼集中管辖规则的约束）。

（3）关于案外人提起仲裁司法审查程序的权利，在《企业破产法司法解释三》没有明确规定的情况下，同样也应当根据现行《仲裁法》和《民事诉讼法》及其相应司法解释的规定来确定。目前，现行法律未赋予案外人提起仲裁司法审查程序的权利，但《最高人民法院关于人民法院办理仲裁裁决执行案件若干问题的规定》（以下简称《仲裁裁决执行规定》）第9条[1]则规定了案外人申请不予执行仲裁裁决的程序条件和实体审查的标准。因此，如果符合相关程序条件和实体审查标准的，案外人同样可以在破产程序中提起有关申请不予执行仲裁裁决的程序，管理人也可以根据有关司法审查的裁定结果来审查认定相关债权。

三、破产程序中仲裁司法审查事项的范围

正如本文的前述意见，仲裁的权威性与公信力相当程度上源自其独立性、专业性，在尊重当事人的意思自治情况下，迅速、快捷地解决纠纷。仲裁裁决的司法审查制度设计初衷是为仲裁及其裁决行"底线救济"之举，在"一裁终局"制度背景下为案件裁决的正义补偿而建立起来的机制，但为确保案件裁决的必要正义，应该有选择地对裁决进行适度审查。[2]而过度的司法审查势必会影响仲裁的时效性，破坏仲裁的权威性，导致当事人拖延履行仲裁裁决。因此，避免法院在仲裁司法审查中进行全面实体审查，避免仲裁司法审查变相成为"仲裁的上诉程序"，遵循一裁终局的仲裁基本制度是仲裁制度赖以存在和健康发展的基础。[3]

---

[1] 参见《仲裁裁决执行规定》第9条。
[2] 张春良、毛杰：《论违背"一裁终局"原则的仲裁裁决之撤销》，载《西南政法大学学报》2020年第6期。
[3] 张卫平：《现行仲裁执行司法监督制度结构的反思与调整——兼论仲裁裁决不予执行制度》，载《现代法学》2020年第1期。

关于在申请撤销或者不予执行仲裁裁决的司法审查案件中人民法院的审查事项范围，《仲裁法》以及《民事诉讼法》[1]分别以列举的立法方式作出了明确规定。从这些规定可以看出，为了维护仲裁程序独立性，提高仲裁裁决公信力，我国法律对仲裁司法审查的规定极为谨慎。人民法院进行仲裁司法审查的范围受到严格限定，可进行仲裁司法审查的法定事由以程序性问题为主，以实体问题为辅。而且，该等实体问题必须是可能严重导致仲裁裁决缺乏公正性和合法性的问题（违背社会公共利益、徇私舞弊、枉法裁决、伪造证据等）。未经法律和司法解释的明确规定，人民法院不应在上述规定事项范围之外进行仲裁司法审查。

破产程序作为一种公平清理债务的程序，其由人民法院受理，由管理人负责具体工作，在程序法层面既具有公法性质又具有私法性质。这就要求程序本身既具有严肃性、规范性，又要求审理破产案件的人民法院及破产案件中的管理人注重债务清理时的实质公平。因此，破产法律制度的根本目的是实现集体清偿和公平分配，而仲裁追求的是仲裁庭在仲裁活动中保持中立，平等对待双方当事人，依据事实公平合理地作出裁决。这就不难解释，为什么《企业破产法司法解释三》第7条使用了与《仲裁法》和《民事诉讼法》明显不同的立法语言，规定了两种可以申请撤销或不予执行仲裁裁决的情形：（1）据以申报债权的生效法律文书确定的债权错误；（2）债权人与债务人恶意通过仲裁虚构债权债务。显然，这两种情形均指向仲裁裁决涉及的实体问题，也就是说，在破产程序中进行仲裁司法审查，主要涉及仲裁裁决实体问题的审查。

如果说《企业破产法司法解释三》第7条规定的"债权人与债务人恶意通过仲裁虚构债权债务"这一情形可基本纳入《仲裁法》《民事诉讼法》中规定的"伪造证据""违背社会公共利益"这类审查范围，勉强具有仲裁司法审查的适格性，那么"据以申报债权的生效法律文书确定的债权错误"这一情形则存在不当扩大仲裁司法审查事项范围的可能，尤其是显著扩大了实体审查的深度和广度，这与《仲裁法》《民事诉讼法》的规定和仲裁司法实践存在较为明显的冲突。

"生效文书确有错误"本身对应的是一类较为宽泛的法定情形。根据《民

---

[1] 参见《民事诉讼法》第237条、第274条。

事诉讼法》的相关规定[1],"生效文书确有错误"其中既有事实认定错误,也有法律适用错误,程序适用错误等,还包括程序违法、徇私枉法等情形。将此类极为广泛的事项,统一纳入"生效文书确有错误"这一情形下,并交由受理破产案件的法院统一进行司法审查,这不仅可能造成法院负担过重,难保司法审查取得公正结果,而且明显可以预见的是,这将导致法院对仲裁裁决进行全面实体审查,从而使仲裁司法审查变相成为"仲裁的上诉程序",架空"一裁终局"原则,侵蚀仲裁制度赖以存在和健康发展的基础。

避免法院对仲裁裁决进行全面实体审查,并不意味着一律反对在破产程序中对仲裁裁决进行实体司法审查,关键是如何确定审查范围,把握好度,以求破产程序与仲裁司法审查的平衡。即使考虑到破产程序涉及众多债权人甚至公共利益,仲裁司法审查也应当恪守边界。按目的性限缩解释方法,将"生效仲裁裁决文书确有错误"限缩解释为仅限于《仲裁法》《民事诉讼法》规定列举的法定情形,以该等法定的审查事项范围为限进行仲裁司法审查,避免逾越审查界限、否定仲裁对司法解决纠纷的替代作用。这是多年以来仲裁司法实践经验的有益提炼,也是有效协调破产程序与仲裁司法审查程序的关键。

四、破产程序中申请仲裁司法审查的期限

《企业破产法司法解释三》第 7 条在司法实践中可能面临的另一争议问题是,管理人申请撤销或不予执行仲裁裁决的期限是应当受到《仲裁法》《民事诉讼法》及其司法解释有关规定的约束,还是仅受破产程序存续期间的限制?如果认为是严格受仲裁法律关于程序期限的约束,那么一旦管理人在破产程序中提起申请时已经超过期限的,该如何救济?

关于申请撤销仲裁裁决的期限,《仲裁法》明确规定为当事人收到裁决书之日起六个月内[2]。正如上文的分析,实践中如何认定《企业破产法司法解释三》中规定的管理人申请仲裁司法审查时的主体身份,对管理人申请是否受六个月期限的约束将产生不同的影响。如果认为管理人是以"债务人"的名义(即"仲裁当事人")提起申请,则应受到上述期限约束;而如果认为

---

[1] 参见《民事诉讼法》第199条、第200条。
[2] 参见《仲裁法》第59条。

管理人是以自身名义独立申请，则不受该等期限约束。对此，由于缺乏明确的《仲裁法》和《企业破产法》上的依据，还是应当将管理人的申请视为债务人（即仲裁当事人）自身的申请，并受到《仲裁法》上相关申请期限的约束。

但在实践中，如果法院受理案件、管理人接管债务人之时早已超过仲裁裁决送达之日六个月期限，确实存在"生效仲裁文书确有错误"，尤其是"伪造证据虚构债权债务"等严重情形，为防止债务人和个别债权人在破产前的有关仲裁程序中恶意逃废债务，损害全体债权人的利益，管理人又应当如何救济呢？为防范此种风险，确保管理人依法履职，落实《企业破产法》和《企业破产法司法解释三》第7条有关制度设计的立法本意，可从以下两个方面考虑：

（1）在虚构债权债务证据确凿、当事人主观恶意明显、仲裁裁决的债权金额巨大、对债务人资产负债和偿债能力影响严重，涉及众多债权人（尤其是职工债权人）利益的情况下，管理人可以援引《仲裁法》第58条第3款的规定请求人民法院依法处理，即人民法院可以依职权主动审查并裁定撤销违反社会公共利益的有关仲裁裁决，而不受《仲裁法》第59条所规定的六个月期限限制。

（2）管理人还可以选择申请不予执行仲裁裁决的法律程序依法处理。根据有关司法解释的规定[1]，当事人请求不予执行仲裁裁决或者公证债权文书的，应当在执行终结前向执行法院提出。在破产程序中，与仲裁裁决有关的执行程序依法应当中止[2]，即：破产程序系作为面向全体债权人而非单个债权人的概括的执行程序而存在，因此，在破产程序终结前，管理人理应有权向人民法院提出不予执行撤销仲裁裁决的申请。

结　语

无论是仲裁司法审查，还是破产程序，作为法律制度手段，其最终希望

---

[1] 参见《最高人民法院关于适用〈中华人民共和国民事诉讼法〉的解释》（2020修正）第481条。

[2] 参见《企业破产法》第19条。

实现的都是司法的公平和正义，维护利害关系人，尤其是债权人的合法权益。在破产程序和仲裁司法审查之间如何进行兼容和协调，《企业破产法司法解释三》第 7 条进行了有益的探索和尝试。尽管对其中的具体适用存在不同理解，但在面临二者可能存在的矛盾和冲突时，一方面，针对仲裁裁决，应当坚持司法有限监督原则、保持一定程度的谦抑性，尊重当事人真实合法的意思自治及仲裁庭的自由裁量权。而另一方面，也应准确把握破产程序所具有的公共性特点，确保管理人依法履职和全体债权人公平清偿。无论是仲裁程序，还是仲裁司法审查，对其在社会治理中扮演的角色定位都应有明晰的认识，如此才有可能建立起多元共享、协同共建的社会治理体系，仲裁制度和企业破产制度也才能得以在新的时代发挥新的活力。[1]希望在未来更加丰富的破产法和仲裁法司法实践中，建构起更加完善合理的互动与协调机制，更好地实现立法和司法的职能和目的。

---

[1] 吴如巧、王睿：《试论我国仲裁裁决的司法审查及其规范》，载《探求》2020 年第 5 期。

大型船舶生产制造企业破产案件中
破产财产管理和处置的路径探索

引 言

　　破产清算程序,其核心功能在于《中华人民共和国企业破产法》(以下简称"《企业破产法》")第1条规定的"公平清理债权债务,保护债权人和债务人的合法权益"。而围绕这一核心功能的实现,准确、安全、高效地管理和处置企业破产财产至关重要。企业破产财产的管理和处置,对于通过破产程序实现存量资产盘活、出清落后产能,实现法律效果和社会效果的平衡、经济效率价值和社会安全价值的统一而言,也同样具有重要价值。

　　在我国破产法司法实践中,由于涉及诸多法律困境和实践操作障碍,大型工业生产企业破产案件中破产财产管理、维护和处置一直是各级法院审判破产案件的难点和痛点。事实上,在实践中,相当一部分工业生产企业在进入破产程序时,已经处于停产停工状态,因此,这类企业往往只能通过破产清算的方式推进程序,这决定了其破产财产的维护和处置工作还在相当程度上不同于在法律上处于重整程序、在事实上处于持续经营状态下(即可以采取"债务人企业自行管理财产和营业事务"的管理模式)的破产企业。故而此类企业破产财产维护和处置又成为诸多破产审判难题中的重中之重、难中之难。

　　围绕解决我国破产审判实践中船舶生产制造企业这类特殊工业生产企业的破产财产管理和处置难题,大连市中级人民法院(以下简称"大连中院")作出了诸多积极的尝试和探索,本文拟以大连中院受理的 STX(大连)造船有限公司(以下简称"STX造船")等十三家企业系列破产清算案件为主要样本[1]，就相关实践问题进行简单的总结和分析，并期待以其中所积累的经验为我国破产立法和司法实践提供更多有价值的参考。

一、船舶生产制造类企业破产案件中破产财产的特点和管理、处置难点

如果说债权债务的公平处置是破产制度的终极目标，那么破产财产的顺利处置则是实现这一终极目标的最关键手段，而实现破产财产处置的前提则是破产财产的安全、完整和有效管理。而了解这些破产财产的基本特点和难点是实现这些目标、掌握这些手段的基础。

（一）财产规模巨大、资产类型复杂

显而易见，在大型船舶生产制造类企业破产案件中，破产财产的规模往

---

[1]【案件背景介绍】STX（大连）造船有限公司等十三家企业成立于2006年前后，是当时世界第四大造船企业、韩国STX株式会社在中国投资设立的大型船舶、发动机制造及配套基地。成立初期，一度取得不错的营业业绩，但受企业自身管理不善以及韩国母公司财务困境的影响，同时叠加2008年全球金融危机冲击，最终包括STX（大连）造船有限公司在内的十三家关联企业逐渐陷入经营困境，自2013年上半年起陆续停工停产。为摆脱困境，挽救经营困难的各家企业，2014年6月，其中六家生产型主体企业：STX（大连）造船有限公司、STX（大连）重工有限公司、STX（大连）海洋重工有限公司、STX（大连）发动机有限公司、STX（大连）重型装备有限公司、STX（大连）金属有限公司向大连中院申请破产重整。大连中院受理重整案件后，经公开竞争遴选指定了北京某律师事务所担任管理人。在六家生产型主体企业重整前期，有部分潜在投资人对其表现出了较强的投资兴趣，但因为企业停产时间长、债务负担过重，且已经丧失自我造血功能和重整价值。因此，直至重整最后期限，始终无重整投资人明确投资意愿并提交重整投资方案，鉴于此大连中院不得不于2015年3月宣告上述六家生产型主体企业破产。尽管破产企业重整再生无望，大连中院仍坚持积极预判破产案的审理走向以及全部企业的处置方案，着眼于维护生产经营布局上的完整性和协作性，全力保护生产要素整体上的经营价值，进一步研判部署整体工作方案。经工作协调和充分释明破产的条件和现实必要性，另外七家非生产型企业，即STX建设（大连）有限公司、STX（大连）商务有限公司、STX（大连）信息技术有限公司、STX（大连）投资有限公司、大连思特斯建筑工程设计有限公司、大升精工（大连）有限公司、大升（大连）物流有限公司决定申请进入破产清算。2015年12月，大连中院受理该七家企业破产申请，并指定北京某律师事务所大连分所担任管理人。至此，形成了STX（大连）造船有限公司等十三家企业系列破产案件协调审理的办案格局。自2015年6月起，管理人开始启动处置破产财产处置工作，2015年至2021年期间，虽多家潜在买受人表达过收购意向，大连中院也指导管理人进行了准备工作，其间历经十余次公开整体拍卖，但除部分非生产运营类破产财产外，作为主体部分的生产运营类破产财产最终均以流拍告终。2022年初，行业复苏给案件推进带来重大契机，为此，大连中院快速反应，积极作为，紧紧依靠大连市委领导，进一步加强与大连市政府的联动配合，坚持以法治化、市场化的方式，努力为案件取得突破进展创造有利条件。最终，2022年7月实现生产运营类破产财产拍卖成交，并于9月实现财产交割。2023年3月，管理人基本完成破产财产分配。至此，历时长达九年之久，历经十余轮破产财产处置的STX（大连）造船有限公司等十三家企业系列破产清算案顺利办结。

往都极为巨大。而更具挑战的是，在可归于破产财产范围的各类资产中，各种资产类型极为复杂，包括但不限于动产和不动产、有形资产和无形资产、生产运营类资产和非生产运营类资产、账面资产和账外资产等各种类型。

在STX造船等十三家企业系列破产清算案件中，其账面资产高达百亿元，并且分布在占地面积多达5.6平方公里的巨大厂区范围内，包括数十宗工业用地、上百栋厂房、办公楼等建筑物和变电站、油气站、船坞、岸壁等构筑物、上千套（台）大型生产设备、数百例商标、专利技术、商业秘密、信息技术分布图等知识产权、上亿元应收账款、难以详述精准数量的生产原料、辅料、存货、产成品、半成品和办公设备等等。

需要指出的是，在破产案件中（尤其是企业所有制性质为民营或者外资等非国有企业的破产案件中），担任管理人的往往是人民法院指定的律师事务所等专业中介机构；同时，在管理人牵头主导下，审计、评估、拍卖等其他专业中介机构，以及破产企业的原管理人员和专业技术人员，均参与到破产财产的管理和维护等工作过程中来。这导致在破产清算工作过程中存在着一种困难和挑战：无论从法律、财务还是生产经营角度，均对各类破产财产存在既定的不同专业下的归口分类标准，而这些分类标准又存在一定的交叉重叠。比如，在建船舶这类资产，在法律专业下可能归入"特殊的动产"或者"普通动产"类别；而在评估专业下，则可能归入"半成品"或者"产成品"类别；而在生产运营标准下，则归入到"非生产运营类财产"类别；到了财务专业，则可能归入"存货"或者"在建工程"类别。

那么，围绕"高效、完整、安全地管理破产财产"这一工作目标，如何建立一套可以在不同专业人员之间沟通交流的破产财产分类标准，以提高工作效率、减少沟通成本，就显得较为必要。

（二）专业程度高、精、尖

除了财产规模巨大、资产类型复杂以外，船舶生产制造类企业的破产财产往往还具有专业化程度高的特点。

一方面，这种专业化程度体现为设备特种化。大型船舶生产制造类企业拥有大量的特种设备，根据有关行业管理方面规范性文件的规定，此类特种设备往往都应当具备相应的认证文件，而操作使用这一类特种设备也要求具备相应的资质。比如，大型龙门吊、履带吊、多轮式/履带式平板车、重型叉车、特种钢铁高炉、化工触媒催化装置、存储设备等等。而且，很多设备是为了特定的专业使用场景而定制的，本身并非通用化设备。这就决定了，这类专业或者特种设备的价值巨大，其采购和维护成本都往往非常高昂，而其一旦丧失了相应的特殊使用场景（比如某一类特殊工艺流程），则无法随意拆卸、转移和安装在其他场景下或者被其他企业正常使用，变现处置难度极大，进而导致其清算价值相较于其账面价值发生急剧贬损，给其价值评估工作和处置工作都带来不小难度。

另一方面，这种专业化体现在智能化和信息集成化。现代化的大型船舶生产制造类企业所拥有的各类资产，并不完全以物理实物的形式体现，而是具有高度智能化的特点，除了物理实体的硬件外，相关的特种设备、厂房、声光电油气传输及存储装置还需要各类信息化技术等软件加以集成化操作、控制，以确保其正常运转。而且，还有大量的企业资产本身就完全以计算机系统软件等知识产权形式、而非物理实体形式体现，比如OA办公系统、人事管理系统、设备管理系统和财务管理系统等。一旦脱离了特定专业人员的安装、启动、解密、操作和维护，此类智能化和信息集成化软件本身的使用价值就完全丧失。

而作为船舶高端装备制造企业，STX造船等十三家企业的资产的特种化、专业化以及信息化、智能化、集成化特点非常突出。而这些特点恰恰给管理人履行接管债务人财产等法定职责、破产企业的资产管理和维护、资产价值评估工作都带来了令人难以预料的巨大挑战。

（三）法律争议繁、多、杂

除了上述事实上和技术上的管理难度以外，对于破产案件中管理人依法履行管理破产财产职责而言，还面临一类重大困难：相关破产财产涉及重大的法律争议，导致相关资产处置受限或无法处置。具体而言包括但不限于如下情形：（1）处于查封冻结等司法保全措施下处置受限的资产；（2）处于行政监管措施下处置受限的资产，比如海关监管下的保税料件，公安机关、税务机关查扣下的资金；（3）设定了抵押质押等担保措施的处置受限的资产；（4）破产企业实际占有使用但因各类原因导致未能及时办理有效权属证明的不动产（如厂房等建筑物）和特殊动产（如船舶等）；（5）被其他人占有的属于破产企业的资产，如供货商已备货但尚未交付的标的物等；（6）破产企业实际占有但不属于破产财产范围的资产，如所有权保留买卖的标的物、融资租赁中的租赁物、其他特殊取回权标的物（如在途物资）等。

（四）管理、处置难度高

正是因为大型船舶生产制造类生产企业破产财产的上述（事实上、技术上和法律上等各方面的）特点，决定了其管理和处置难度极大，具体表现为：

（1）资产维护难度较大。停产停业和专业人员严重缺失以及管理维护成本巨大，是破产企业资产管理、维护面临的最常见的困难；而且，即使在停产停业状态下，船舶生产制造类生产企业资产的静态管理和维护，往往仍涉及安全生产责任问题，这对管理人依法履职是一个巨大的挑战。

（2）资产处置难度巨大。大型船舶生产制造类企业破产财产的特点决定了此类破产企业的投资人范围相对狭窄，除了少数特定资产，基本属于买方市场，而且投资人的投资意愿往往与当地营商环境、政商关系等密切相关，投资决策周期长，这就加大了破产财产处理难度，导致破产财产处置周期也被迫延长，进而导致破产财产贬值损失风险大。

（3）管理人履职风险极大。在破产程序中，接受人民法院指定担任破产企业管理人的往往是律师事务所、会计师事务所、清算事务所等专业人员，其本身缺乏相应的船舶生产制造类企业资产管理、维护的专业技能。而且，由于破产企业普通工作人员对破产程序的不了解，甚至存在担心承担责任等心理，导致其和管理人之间缺乏信任，甚至产生抵触心理。在这种情况下，为了避免管理人履职责任和风险，在管理和处置破产财产工作中，可能会催生出事事请示、处处留痕、不主动担当、不积极作为等形式主义的工作作风，导致无法实现甚至损害债权人利益。另一方面，由于资产债务规模巨大，管理人的履职行为对各方利益影响也同样巨大，也催生出巨大的执业道德风险。故有关破产财产的管理和处置工作对管理人的专业操守也提出了非常高的要求。

二、船舶生产制造类生产企业破产案中破产财产管理的路径

由于船舶生产制造类企业破产财产的上述特点和管理、处置难点，那么在破产司法审判实践中有针对性地破解这些难题，就是以实际行动践行"司法为民"理念的应有之义。在STX造船等十三家企业系列破产清算案件中，

围绕"最大限度维护全体债权人利益，公平公正清理债务"这一根本目标，大连中院指导管理人，依照"依法合规、合理高效、安全完整"的原则开展破产管理和处置工作，形成了一套有效的工作路径与模式，这是值得总结讨论的宝贵经验。

（一）财产接管

《企业破产法》第25条明确规定了管理人履行"接管债务人的财产、印章和账簿、文书等资料"之法定职责。为了有效实现接管工作目标，在实践中，管理人一般应当在破产法院指导下完成如下事项：

（1）事前制定好完备周密的接管工作方案，并报破产法院备案；而在接管工作方案中较为重要的内容有：①接管人员的配置，包括担任管理人的中介机构能否在法律、财务等专业领域外抽调具有人力资源、信息技术等方面企业管理经验的人员参与接管工作；②接管财产的分类化处理：一般而言，印鉴证照、银行账户及现金存款、不动产和特殊动产的权利证书等应当实现实际占有控制形式的接管，而财务资料、诉讼仲裁案件卷宗及大宗固定资产等则可以按照完成法律移交后再指定破产企业工作人员专人负责管理的方式实现接管；③破产企业占有或者管理的不属于破产财产的资产的接管方式，一般参照破产财产由管理人一并接管；④破产企业不配合接管或者因其他原因导致无法接管财产等情况下的工作预案，报请破产法院直接追究破产企业和相关人员法律责任、向破产法院提起排除接管妨害等法律诉讼等等。

（2）提前通知破产企业负责人及有关人员在指定时间、指定地点并按照指定方式配合做好接管工作，并明确告知其在破产程序中应当承担的法律义务和相应法律责任。在接管工作启动后，针对接管过程和结果进行记录，包括进行清点、制作及签署交接文书和清单、交接笔录等。针对破产企业有关人员离职或无人办理的，可以直接接管。完成接管后，管理人应制作并向破产法院提交财产接管报告，说明交接工作完成情况并附相关交接资料。

（3）除按照接管工作方案推进接管工作外，接管过程中或者完成后，管理人应当尽快制定在企业破产清算工作中适用的各项管理人工作和企业管理制度，包括印鉴证照管理、主要财产管理、财务收支管理、收发文管理、档案资料管理、突发工作预案、保密制度等，并向破产企业工作人员公布，有针对性地宣讲相关制度和违反相关制度的法律责任等。由于大型船舶生产制造类企业一般拥有相对完善的内部治理机制，为了避免形式主义，实现合理高效的工作，管理人在制作相关管理制度时，可以参考企业原有工作制度。

除了可供一般适用的内容外，在 STX 造船等十三家企业系列破产清算案件中，针对船舶制造企业和外商投资企业的特殊性，大连中院还指导并支持管理人在接管工作中开展了如下一些行动：

（1）配备可以以韩语、英语作为工作语言的专业人员参与接管工作，避免在工作过程中因与韩籍和其他外籍管理人员口头和书面信息沟通有误而给接管工作造成障碍。

（2）在了解到企业原管理层对接管工作存在的不理解和抵触情绪后，及时沟通和宣讲中国法律规定和程序要求，争取多数中基层员工支持，建立信任关系，并重新调整企业内部管理架构及管理人员，减少内部汇报层级，确保管理人工作指令上传下达渠道畅通，包括管理人与企业中、基层员工直接对接、快速调查了解企业信息的渠道不受干扰。

（3）为防范企业及高级管理人员不配合接管和其他工作，依据《企业破产法》《中华人民共和国出境入境管理法》等相关法律规定，向大连中院提前申请针对企业法定代表人和财务负责人等外籍人员采取限制出境措施，针对在接管和后续工作中明确发现的相关工作人员的不配合行为和损害企业利益的行为，向大连中院申请对其采取罚款等措施。为此，大连中院充分保障了相关责任人陈述和申辩等程序权利，经听证后对有关责任人作出了罚款决定。

（4）在企业各银行账户内资金被大量冻结，管理人进场接管后面临无法支付水、电、气、网络、通信等维持企业运营基本费用的严峻局面下，实现管理人银行账户的快速开立；针对无法实现接管的企业银行账户内资金，经管理人向大连中院报告并经大连中院审查后，以大连中院向相关开户行直接出具协助执行通知的方式实现有关银行资金向管理人账户的快速归集划转，确保了资金安全，确保厂区的基本运营。

（5）为落实保密工作制度，防范信息泄露，管理人在企业原有信息通讯系统基础上，委托通讯运营商另行搭建备用网络及通讯环境，确保信息和通讯安全；针对企业原管理层存在预先审查中基层员工向管理人提交的文件资料并有意设置文档密码的行为，责令其改正相关工作流程，并要求企业全部文档向管理人统一解密及公开。

(二) 财产管理

《企业破产法》第 25 条明确规定了管理人履行"调查债务人财产状况，制作财产状况报告""管理和处分债务人的财产"之法定职责。在破产程序中，广义的破产财产管理包括财产调查、维护和追索等。

首先，关于财产调查，管理人应当依照全面调查的原则开展工作。一般而言，管理人可以向受理破产案件的人民法院通过"总对总"网络执行查控系统查询破产企业的银行账户、保险、证券、网络资金、车辆及不动产等财产信息。此外，管理人还应当对破产企业有关负责人员（法定代表人、财务负责人和其他经营管理人员等）进行财产状况调查，并制作调查笔录或者工作记录。针对怠于或者妨害调查的情况和人员，管理人应当向破产法院报告并提出处理建议。

在财产调查过程中，专业中介机构，尤其是资产评估机构的参与和协助具有重要作用。尽管财产调查是管理人而非评估机构的法定职责，但是，按照资产评估工作的行业准则要求，清理和盘点是资产评估的必要工作流程，在这一过程中，评估机构事实上可以协助管理人完成大量的资产调查基础工作。因此，在财产调查工作中，管理人应当协调并有效利用中介机构在资产调查和盘点方面的专业人员及技能，并在相关业务委托合同中约定适当协助义务，包括协助制作财产调查报告等。

财产调查结束后，管理人应当根据调查情况制作破产企业财产状况报告，向人民法院报备并提交债权人会议审议。

其次，除财产调查以外，管理人一般需要制作破产企业财产管理方案并提交债权人会议审议，并严格按照债权人会议表决结果或者破产法院裁定确认的财产管理方案执行。

而关于财产追索，在广义上主要涉及以下几类工作：（1）针对第三人占有控制的破产财产的追索，包括排除妨害、消除危险、返还原物、交付替代物或者赔偿损失等；（2）针对破产企业应收账款的追索，包括但不限于以催收、诉讼、申请执行等方式，但应当遵循追收成本合理的原则开展工作；（3）针对破产企业对外股权投资以及收益的追索，包括依法代表破产企业行使出资人的各项权利（表决权、经营决策管理权、收益分配请求权等）；（4）针对破产企业股东到期或者加速到期的缴纳出资义务的追索，等等。

除了以上内容外，在 STX 造船等十三家企业系列破产清算案件中，在大连中院指导并支持下，管理人在破产财产管理工作中开展了如下一些行动，有效拓宽了破产企业财产的管理路径，力争实现企业资产价值最大化，最大限度地维护了全体债权人的利益。

（1）在大连中院通过公开竞争遴选方式指定律师事务所担任管理人，而非由政府部门牵头组织的清算组担任管理人（而且也不适用破产企业自行管理模式）的情况下，管理人作为不具有政府管理职能的社会中介机构，高度重视和积极寻求"府院联动"机制的帮助，并通过大连中院协调政府相关部门（包括公安、海关、消防、税务、国土、港口、外汇管理、市场监督、环保等）为厂区安保、财产权证补办、保税料件和在建船舶进出境、外债担保登记、过期抵押登记信息涤除、企业涉刑事案件资产的管理及处置等工作提供大力协助和支持。

（2）考虑到"保留价值、盘活资产、恢复生产"为导向的后续资产处置原则，在资产调查阶段，经反复研究探讨，管理人建立了"以生产经营分类标准为主导，以法律属性分类标准为辅助"的破产财产分类标准，并将这一分类标准贯彻于资产调查、评估、管理和拍卖变价等处置工作中，用于各专业人员之间日常沟通交流和工作协调，并以相对统一的术语起草、制备相关工作文件，最终取得了良好的效果。

（3）为确保财产完全、完整，经管理人报请大连中院同意后，在厂区内建立"内外联保、相互制约"的安保巡查制度，维持总计约 300 人的安保人员队伍；并与属地公安机关建立常态化联系机制，及时通报安保工作情况，取得其对厂区安全保卫工作的大力支持。

（4）为确保主要厂房和重大设备等核心资产价值，在破产费用极为紧张的状态下，经报请大连法院同意采取了几项重要的管理措施：①坚持留用（尤其是船用发动机制造板块）技术专家团队，确保对核心资产的定期巡检和维持最低限度的设备维护工作；②积极利用财产保险制度，对上述核心资产进行投保，避免重大损失；③针对历史遗留的工业废水废渣、工业垃圾等有特殊处理要求和涉及消防、环保、安全责任的无价值资产，向政府有关主管部门及时报告并由专业机构进场及时处理，避免其对资产安全造成损害或其他负面影响。

（5）在非运营类资产基本处理完毕，其余资产主要以不动产和不可移动大型设备为主，厂区基本处于静默管理状态后，本着"节约但高效"的原则进一步采取以下几项管理措施：①及时解除与外保单位的聘用合同，减少大额安保费用支出；②在保持留用最小规模的必要专业技术人员团队基础上，进一步缩减部分企业留守职工人数，压减留守职工薪酬费用支出，并适当增加继续留守职工的工作职责和工作强度；③利用信息化技术加装智能监控设备，加装物理隔离设施，增加消防和安保设备，同时组织留守职工充实厂区内安全巡查队伍，确保外保单位撤场后安保措施强度不降低。

（6）在必要情况下，积极并坚决通过破产衍生诉讼方式最大限度维护债务人企业财产权利的完整性。为此，大连中院通过破产案件合议庭与破产衍生诉讼案件合议庭之间联席工作会议机制依法协调处理了破产程序和数宗与破产财产密切相关的衍生诉讼案件，包括 STX（大连）造船有限公司与韩国船东之间关于两艘巨型在建船舶取回权纠纷、STX（大连）造船有限公司、STX（大连）重工有限公司与韩国产业银行等之间关于抵押债权确认纠纷、STX（大连）商务有限公司与中国农业银行之间关于抵押债权确认纠纷等。根据破产法关于破产衍生案件集中管辖的规定，大连中院积极行使管辖权，严格依法审理，组织破产案件合议庭与破产衍生案件合议庭进行充分研讨论证，并提交审判委员会集体讨论通过，最终作出公平公正的判决，最大限度保护了 STX 造船等十三家企业财产的完整性和清偿价值，实现了司法效果与社会效果的统一。

三、船舶生产制造类企业破产案件中破产财产处置的路径

在实现破产财产依法、完整、妥善保管的基础上，进一步实现破产财产处置目标，即破产财产价值最大化，对于最大限度维护全体债权人权益至关重要。在已经完全停产停业的 STX 造船等十三家企业系列破产清算破产案件中，在破产财产处置的路径方面，有如下几点可供总结的经验：

（一）处置原则

破产财产处置主要应当遵循合法合规性原则和合理必要性原则。

在合法合规性上，主要涉及法律程序的合法合规，包括：（1）管理人依法制定破产财产变价方案和破产财产分配方案，以及债权人会议表决和人民

法院裁定认可等程序上的合法合规性；（2）处置过程（包括评估、拍卖、变卖、分配等）的合法合规性（是否接受外部监督、能否保障权利人和其他利害关系人的参与权和知情权等）；（3）处置结果的合法合规性（能否保障权利人和其他利害关系的救济权利途径等）。

而合理必要性原则主要是指，针对企业自身以及破产财产的特点等有针对性地制定合理、高效的处置方案，避免因为处置工作本身的瑕疵导致破产财产价值的不当贬损。

首先，在STX造船等十三家企业系列破产清算案中，管理人了解到，十三家企业按照大型船舶制造产业的生产流程而设立并投产，各家企业之间相互依赖、分工负责完成船舶、船用发动机、海工重型装备和其他海上构筑物的各个建造流程。部分企业并没有独立的钢材切割厂、平分段工厂、曲分段工厂、涂装工厂等加工工厂，需完全依赖关联企业完成该等生产流程后，最终在关联企业的码头、船坞搭载建造成船舶。十三家企业在业务上相互协同、相互补充，假若按照破产企业法人财产归属而分别处置，导致最终分属不同产权人所有，则现有厂区将难以发挥作为船舶建造基地的生产经营效用。而且，极有可能造成各公司或各类别财产处置进度不一致。如个别公司或某种类别的财产优先变价成功，剩余财产很可能面临低价处置甚至无人购买的局面。如此一来，则不仅破产财产变价工作将久拖不决，更为严重的是，整体来看，破产财产的变现价值将大幅贬损，部分财产价值甚至因无人购买而减值为零。

此外，在企业厂区内，不仅水、电、气等设施和地下管道已形成一体化体系，而且多家公司共用道路、厂区大门、围墙等其他构筑物等辅助设施，该些配套设施系厂区不可分割的一部分，但并不完全属于任何一家公司单独所有。如果将此类财产分别处置，鉴于配套设施作为构筑物的属性，该些财产的变现价值几近为零。

其次，针对非生产运营类财产，在物理上，其本身可以与生产运营类财产分开而单独进行处置。虽然对其进行单独处置需要整体处置的破产财产总量将减少，处置价格亦会相应降低，但是可以在一定程度上减轻潜在买方购买十三家企业全部破产财产的资金压力。而且，STX造船等十三家企业的大部分非生产运营类资产是存货或半成品，其属于相对优质的资产，和"将其与生产运营类资产捆绑整体处置"的方式相比，单独处置预期可获得的变现价值更大，而且处置难度相对较小。但是，单独处置存货等非生产运营类资产，因为涉及切割、运输、装卸等动态生产活动和安全责任等问题，也可能拖延生产运营类资产的处置进度，进而导致破产财产整体处置价格降低。

最终，经管理人反复比较、权衡利弊和深入调研，提出破产财产处置采取"生产经营类资产整体打包处置，非生产经营类资产单独灵活处置"的处置原则，并最终获得大连中院裁定认可。

（二）处置过程

在处置过程中，管理人严格依据《企业破产法》的相关规定以及大连中院裁定确认的破产财产变价方案，公开选聘了国内知名的拍卖机构和拍卖辅助平台，参照民事诉讼执行程序和司法拍卖相关法律及司法解释的规定开展有关破产财产处置工作。具体包括：

（1）针对非生产运营类财产，按照财产类别依不同方式进行分类处置：①针对船用钢板、船用发动机零配件、完工程度较低的在建船舶等财产，因涉及到厂区内切割、运输、装卸等动态生产活动和安全责任问题（尤其是在建船舶的拆卸作业，是全世界公认的最危险行业之一），通过设定竞买人提交安全生产资质和处置工作可行性方案等方式进行竞争性谈判；②针对完工度较高的在建船舶、船用发动机等不涉及生产活动和安全责任问题的资产，坚持采取公开拍卖方式；③针对已经拍卖成交的在建船舶相关船用零配件等，因相关零配件多属特殊定制物，其买受人范围极为有限、单独处置难度大、价值低，但对在建船舶买受人的价值和作用很大，处置价格相对较高，故采取向在建船舶买受人直接变卖的方式处置；④针对少量价值较低、处置难度较大的工业垃圾（如船用钢板切割废渣、船用工业废油漆、船用发动机废油）等，则采取向有相关经营资质的买受人定向询价方式处置。

（2）针对生产运营类财产，坚持按照"整体拍卖"方式加以处置。除通过拍卖机构加大线上线下宣传力度外，积极配合当地政府的招商引资工作，与国内外大型船舶、船用发动机、海上石油装备等高端制造业行业集团接触，充分利用大型央企整体搬迁规划、大型民企进军高端装备制造业规划、新冠疫情导致国际物流和航运业行业恢复发展等各种有利时机开展资产处置和拍卖工作。

（三）处置过程中各类风险的防范

在大型船舶生产制造企业破产财产处置过程中，仍然面临管理人执业履职、安全生产责任、信息保密、税务/海关等行政监管等各类重大风险隐患。为此，采取必要措施加强对相关风险的防范具有重要意义。

首先，总体上，在STX造船等十三家企业破产财产处置过程中，大连法院高度重视对管理人履职行为的监督，并要求管理人接受债权人会议和债权人代表的全过程监督，并定期对管理人履职情况，包括破产财产变价处置过程和最后分配结果进行全面审计。

其次，针对涉及厂区内切割、运输、装卸等动态生产活动和安全责任问题的资产处置，通过设定竞买人提交安全生产资质和处置工作可行性方案等方式进行竞争性谈判，并且外聘中国拆船业协会等行业专家对相关资质和工作方案进行评审，确定中标买受人，避免在"拍卖处置模式"下简单采取"价高者得"的机制而难以考察买受人安全生产资质和处置工作方案可行性的弊端；同时，在竞争性谈判中提出相关安全生产作业责任和行政监管报批义务等均由中标买受人承担，并在相关成交合同中明确约定该等条款。

再次，为防范资产处置过程中的执业道德风险，针对从厂区内向厂区外装卸、运输已成交资产这一工作环节，建立起"针对运输工具进出厂区三次过磅记录，由管理人、买受人、外保单位、破产企业负责人四方联合签字确认备查"的四方监管工作机制，确保相互监督和制约。

最后，除了以上执业履职风险外，关于处置过程中可能遇到的一些特定的专业业务风险，管理人在大连中院的支持和协助下也都做了相应的妥善安排：

①关于税务稽查风险：在破产财产成交价格以外，能否向买受人转嫁全部税费成本（包括破产企业作为纳税义务人并应当以破产企业名义缴纳的各类税费，以及在破产财产处置环节发生的交易税费和与处置行为本身无关而在破产财产持有环节发生的历史欠税，如工业企业的房土税等），买受人实际承担的破产企业转嫁税费成本能否作为资产成交价格并由破产企业为其开具相关税务发票的问题等，为了避免发生争议和税务稽查风险，均应在相关拍卖公告或其他法律文件中作出明确规定。关于这一主题的讨论，还可以参见本文集收录的《破产财产处置工作中的税款处理》一文。

②关于非生产运营类资产处置中海关监管物资的处置风险,包括破产程序中处置处于海关监管措施下的破产财产的合规性以及是否须对海关环节历史欠税作出特殊清偿安排,均涉及到司法破产程序和行政监管程序的协调等。关于这一问题的讨论,可以参见本文集收录的《破产程序中海关监管货物处置问题刍议》一文。

③关于生产运营类资产交割和风险转移:除了相关拍卖公告或其他法律文件中针对资产交割和风险转移作出明确规定和约定外,针对不属于破产财产的一类特殊资产(如巨型龙门吊等融资租赁物或者成批量船用钢板等所有权保留买卖标的物等大型设备和资产)在厂区整体交割后的处置方案和风险转移专门作出明确安排,即:对于船舶生产活动所必需的不可移动物,原则上由买受人和权利人自行协商解决(或者由权利人与破产财产买受人协商买卖,或者由权利人在破产财产买受人许可条件下予以拆卸),破产企业和债务人企业不再承担相应保管和安全赔偿责任;对于可移动物,原则上由管理人拍卖处理,并由买受人自行与厂区买受人协商取回标的物的时间和方式,管理人负责将拍卖价款提存,作为权利人行使破产取回权的替代标的物,如无法拍卖的,则由管理人负责移出厂区另行保管,装运和保管费用由权利人承担。

(四)分配原则

同样,在破产财产变价后的最后分配环节,主要应当遵循合法合规性和公平合理等原则。根据大连中院裁定认可的STX造船等十三家企业破产财产分配方案的规定,在分配环节有几点问题需要特别处理:

1. 生产运营类破产财产的整体变价款项须以评估价值为准,按比例在各破产企业之间及破产企业内部的两大类债权人之间明确划分

根据破产财产变价方案的规定,STX造船等十三家企业生产运营类破产财产通过整体拍卖方式处置。故在拍卖成交后,在上述破产企业的破产财产分配方案中统一明确规定:按照各企业的生产运营类破产财产评估价值占整体拍卖的全部生产运营类破产财产评估价值的比例划分整体拍卖变价款,用于向各企业全体债权人进行清偿。其次,在各企业可以分得的生产运营类破产财产整体拍卖变价款中,继续根据各家破产企业生产运营类资产中有担保财产和无担保财产的相互比例,进一步划分可以向有担保财产债权人和其他

无担保财产债权人分配的金额。

2. 由有财产担保的债权人和无财产担保债权人分担破产费用及共益债务

在相当部分破产案件司法实践中，破产法院和管理人根据《企业破产法》第113条规定和《最高人民法院关于适用〈中华人民共和国企业破产法〉》若干问题的规定（二）》（以下简称"《企业破产法司法解释二》"）第3条关于"对债务人的特定财产在担保物权消灭或者实现担保物权后的剩余部分，在破产程序中可用以清偿破产费用、共益债务和其他破产债权"的规定，按照"破产费用和共益债务均由无担保财产"承担的方式处理相关资产分配事务。

但是，因STX造船等十三家企业破产程序持续时间较长，在此期间，为维系破产财产安全及价值，管理人支付了高昂的管理成本及处置费用，包括但不限于厂区安保费用、聘用留守职工的费用、通讯维护费、电费、资产处置税费等，且部分破产企业的破产财产担保率极高，上述费用的支出实际上是维系了担保财产的变现价值，担保债权人因此而获益。若上述费用均由无担保财产承担，一方面将使得担保债权人享受资产管理维护的收益，另一方面却使无担保债权人承担资产管理维护的成本，将导致绝大部分职工债权人清偿率极低乃至无法获得清偿。针对上述情况，管理人在大连中院的指导下，对《企业破产法》和《企业破产法司法解释二》的立法本意进行了充分的研读和论证，最终确立了"谁受益、谁承担"的原则，由担保债权人与无担保债权人共同承担部分破产费用与共益债务，实现了权责利的统一，有效提高了无担保债权人的清偿率，实现了良好的司法效果和社会效果。

关于这一主题的讨论，可以参考本文集收录的《关于担保债权人承担破产费用及共益债务的合理性及路径辨析》一文。

3. 对职工债权清偿作出特别处理和专门提存安排

在STX造船等十三家企业系列破产案件中，一个突出的问题是职工债权人数量巨大（超过两万人）、涉外因素明显（韩国籍员工超过一千人），债权金额高（超过人民币六亿元）。因此，相关破产企业的无担保财产的变价款项，基本主要是用于对职工债权的清偿分配。因此，对职工职权的清偿分配安排显得格外重要，不仅涉及法律程序的合规合法，并且与当地重大社会稳定问题密切相关，乃至涉及外交领事事务（韩国驻沈阳领事馆大连领事办事室对此高度关注)。对此,为了充分保障职工债权人的利益,管理人针对相关工作,尤其是针对死亡员工清偿款继承、外籍员工委托境内收款等细节问题均作出了周密安排。

而且,为了便于部分暂时失联职工、死亡职工的继承人和外籍职工等特殊职工群体在破产程序终结后继续有效领受分配款,大连中院专门指示管理人做好相关职工债权分配款提存工作。同时,为了避免机械适用《企业破产法》第118条[1]关于最后分配公告之后两个月提存期限的规定,大连中院经研究后指示管理人和提存机构,根据破产法优先保护职工债权人利益的立法宗旨,拓展适用《中华人民共和国民法典》(以下简称"《民法典》")第574条[2]关于更长提存期限的规定。

关于提存机构的确定,现行《民法典》中仅规定了"提存部门",但并无任何关于何种机构可以作为"提存部门"的规定[3]。根据1995年6月2日司法部发布的《提存公证规则》,公证处具有提存公证的职能。但该规则属于部门规章,迄今尚未被司法解释确认为破产程序中的使用规范。而且在实践中,公证机关基本很少接触破产程序中的提存事务,客观上存在经验不足、勤勉尽职程度有限等无法准确、高效、尽职处理破产提存事务的困境,可能导致债权人利益受损。因此,在破产清算程序中,根据实际情况需要,除公证机关以外,管理人可以申请人民法院另行指定提存机构办理提存事务。为此,在STX造船等十三家企业系列破产案件中,大连中院在破产程序终结后继续指定在管理人名册中的中介机构担任未受领的职工债权分配款的提存机构,继续完成有关提存清偿事务,包括对职工债权人的提存受领申请文件进行实质审查等,以保证有关资产分配工作的有效接续,最大限度维护职工债

---

[1]《企业破产法》第118条规定:"债权人未受领的破产财产分配额,管理人应当提存。债权人自最后分配公告之日起满2个月仍不领取的,视为放弃受领分配的权利,管理人或者人民法院应当将提存的分配额分配给其他债权人。"

[2]《民法典》第574条规定:"债权人可以随时领取提存物。但是,债权人对债务人负有到期债务的,在债权人未履行债务或者提供担保之前,提存部门根据债务人的要求应当拒绝其领取提存物。债权人领取提存物的权利,自提存之日起5年内不行使而消灭,提存物扣除提存费用后归国家所有。但是,债权人未履行对债务人的到期债务,或者债权人向提存部门书面表示放弃领取提存物权利的,债务人负担提存费用后有权取回提存物。"

[3]《民法典》第571条规定:"债务人将标的物或者将标的物依法拍卖、变卖所得价款交付提存部门时,提存成立。提存成立的,视为债务人在其提存范围内已经交付标的物。"

权人的权利。

结　语

　　本文以大连中院受理的 STX 造船等十三家企业系列破产清算案件为主要样本，围绕大连中院在积极探索办理我国破产审判实践中大型船舶生产制造类企业破产案件过程中所做出的尝试和努力，进行了简单的总结和分析。在实践中，除船舶生产制造类企业以外，其他大型工业生产企业的类型繁多、差异巨大，破产财产的情况也千差万别，各地法院在审理过程、管理人在履职过程中积累的经验也日趋丰富和完善。我们相信，对这一主题的研究和探索必将为我国破产立法和司法实践提供更多有价值的参考。

第二部分

管理人履职篇

破产程序中对经生效法律文书确认债权之审查问题辨析[1]

引 论

作为市场经济的基本法律之一,企业破产制度的核心功能是,通过破产程序这一概括的执行程序,公平清理债权债务,保障全体债权人和债务人的合法权益。为确保债权人通过参与破产程序而获得相应的权利救济与保障,各国破产法中无一例外均设计了债权申报和审查制度。《中华人民共和国企业破产法》(以下简称"《企业破产法》")第六章"债权申报"也明确体现了这一制度设计。申报债权的审查、核查和确认,是破产案件最主要的程序之一。只有经过管理人审查、债权人会议核查以及破产法院裁定确认的申报债权,才能成为破产债权,从而满足债权人实现权利的前提条件。

关于破产案件中债权申报的具体流程和审查标准(包括在破产债权确认诉讼中对破产债权审查的裁判标准),《企业破产法》并未作出明确规定。通过《企业破产法》颁行十年以来我国破产案件的司法实践,各地破产案件的管理人和破产法院已经摸索出了一套行之有效并且日渐统一的操作惯例[2]。但是,针对"债权人申报的经生效法律文书确认的债权,尤其是对存在错误的生效法律文书所确认的债权,管理人能否在破产程序中直接予以调整或者

---

[1] 本文成稿于《最高人民法院关于适用〈中华人民共和国企业破产法〉若干问题的规定(三)》施行之前,所述意见已基本被《最高人民法院关于适用〈中华人民共和国企业破产法〉若干问题的规定(三)》采纳。

[2] 参见《北京市高级人民法院企业破产案件审理规程》第五章"债权申报";《深圳市中级人民法院破产案件债权审核认定指引》等。

不予确认"这一问题,仍然存在一定争议,并在实务中存在不同的处理方式。我们就这一问题作初步的梳理和探讨。

一、经生效法律文书确认债权的形式审查和认定

生效法律文书确认债权,也称有名义债权,是指具有强制执行力的债权或者经生效裁判确定的债权。[1]实践中,这类债权通常包括经人民法院生效的裁判文书、调解书、支付令等确认的债权,经仲裁机构作出的仲裁裁决书、仲裁调解书确认的债权,以及经公证债权文书确认的债权。

按照我国破产案件司法实践,针对这类债权,因其真实性和合法性均已有生效法律文书的背书,管理人通常重点进行如下的形式审查:(1)生效法律文书本身的真实性;(2)是否已经超过申请执行时效。但在实践中,关于如何认定"经公证债权文书确认的债权"的形式要件,还存在一定的争论。

《中华人民共和国公证法》第37条第1款规定:"对经公证的以给付为内容并载明债务人愿意接受强制执行承诺的债权文书,债务人不履行或者履行不适当的,债权人可以依法向有管辖权的人民法院申请执行。"但根据《最高人民法院、司法部关于公证机关赋予强制执行效力的债权文书执行有关问题的联合通知》第7条关于"债权人凭原公证书及执行证书可以向有管辖权的人民法院申请执行"之规定以及最高人民法院法院在相关案例中的裁判观点[2]可知,债权文书虽已经公证,但双方当事人的履约情况尚待核实,且债权人尚未取得执行证书,无法申请强制执行,故该等债权文书仍具可诉性。由此,公证机关就债权文书所出具的公证书本身,并不能单独成为启动民事执行程序的执行依据;债权人只有同时取得公证机关就债权文书所出具的公证书和执行证书两套文书后,才能获得相应的执行依据,具有强制执行效力。

因此,在破产程序中,如果债权人仅向管理人提交公证机关就债权文书所出具的公证书,而未提交公证机关出具的执行证书的,则管理人不应认定此类债权系经生效法律文书确认债权,并应当作为未经生效法律文书确认的债权进行实质审查,并结合债权人所提交的关于债权文书所涉履约情况的相关证据,对债权金额(是否超过诉讼时效等)和性质(是否存在财产担保

---

[1] 吴庆宝、王建平主编:《破产案件裁判标准规范》,人民法院出版社2009年版,第215页。
[2] 参见最高人民法院(2016)最高法民申473号《民事裁定书》。

等）等作出具体认定。

据我们所了解，在实践中，除公证书和执行证书外，还有部分管理人要求债权人进一步提交执行立案裁定等法律文书，并据以认定相关债权系经生效法律文书确认。我们认为，这一认定标准过于严苛，显属不当。管理人应当对"生效法律文书"的内涵做准确把握，即：具有强制执行力、从而可以作为启动民事执行程序的执行依据。在这一点上，人民法院作出的判决、裁定和调解书，仲裁机构作出的仲裁裁决和调解书，与公证机关作出的"执行证书"并无二致。执行裁定（包括立案裁定、保全裁定、拍卖/变价/抵债裁定）等法律文书本身证明的是民事执行程序的启动，应当作为中断执行时效的证据，而并不是认定有关债权经生效法律文书确认的充分条件。

二、经生效法律文书确认债权的实质审查与认定

尽管生效法律文书所确定债权的真实性和合法性已有生效法律文书的背书，鉴于管理人须代表全体债权人和债务人利益勤勉尽职地履行职权，故管理人仍需就该等债权作实质审查，这业已成为破产实践中的共识，尤其是：（1）管理人认为据以申报债权的生效法律文书所确定债权确有错误的；（2）有证据证明债权人与债务人恶意通过虚假诉讼、仲裁、公证等方式虚构债权债务的。只有通过了管理人实质审查的债权，管理人方得按照生效法律文书确定的数额或者生效法律文书确定的计算方法予以认定。

但是，针对确有错误的生效法律文书所确认的债权，管理人能否在破产程序中直接予以调整或者不予确认，管理人是否必须通过诉讼方式和/或其他法律程序进行调整？对此，实践中存在不同做法。据我们了解，在部分破产案件中，尤其是针对债权人基于经公证的债权文书（包括公证书和执行证书）所申报的金融债权，管理人自行认定有关生效法律文书存在错误（比如，金融机构对外发放贷款的约定罚息利率不符合合同法以及中国人民银行关于人民币贷款利率有关规定等，但公证机关对此仍予以认可并出具相应的公证书和执行证书），并直接根据其债权审查意见对债权人所申报债权进行直接调整。此类操作方式引发了较大的争议。对此，我们也存在不同意见。

首先，破产程序作为一类概括的执行程序，法院、仲裁机构和公证机关

作出的生效法律文书理应在破产程序中得到承认和执行。若仅因为债务人进入破产程序，管理人就可以凭其审查意见对生效法律文书确定的债权自行调整，这无疑将在根本上动摇生效法律文书的既判力，甚至导致更高审级法院的生效判决被较低审级法院受理破产案件管理人直接调整，严重损害司法权威。

其次，可作类比的是我国破产法上明确规定的关于权利人申报经生效法律文书确认的取回权的审查标准。《最高人民法院关于适用〈中华人民共和国企业破产法〉若干问题的规定（二）》（以下简称"《企业破产法司法解释二》"）第27条第2款明确规定："权利人依据人民法院或者仲裁机关的相关生效法律文书向管理人主张取回所涉争议财产，管理人以生效法律文书错误为由拒绝其行使取回权的，人民法院不予支持。"事实上，取回权之法律基础系所有权（物权），相比于破产债权而言，取回权标的物对于扩大破产财产范围、实现破产财产价值最大化、提高债务人清偿能力更加重要。对此，法律（司法解释）尚不允许管理人以"生效法律文书错误"为由直接否认其既判力，"举重以明轻"，更不应认为现行法律允许管理人直接调整或者否认生效法律文书确认之债权。

再次，在司法实践中，已经出现这样一类案件[1]：管理人在破产程序中直接调整已经生效法律文书确认的债权，债权人对此存有异议而向破产法院提起破产债权确认诉讼，破产法院以违反民事诉讼"一事不再理"的原则而驳回债权人的起诉。鉴于部分法院在这类案件中的上述裁判立场，若允许管理人对经生效法律文书确认债权自行调整，将导致《企业破产法》对债权人提供的"破产债权确认诉讼"的制度保护失效，对管理人的监督失灵，甚至可能一定程度催生管理人的道德风险，故实不可取。

最后，针对生效法律文书所确认的债权，管理人无权直接否认或者自行调整，并不意味着针对确有错误法律文书确认的债权没有其他救济途径。事实上，按照破产实务中的主流观点[2]，管理人发现生效法律文书所确定的债

---

[1] 参见贵州省遵义市播州区人民法院（2016）黔0321民初3801号《民事裁定书》；江苏省海门市人民法院（2015）门商初字第00542号《民事裁定书》；江苏省连云港市中级人民法院（2016）苏07民初159号《民事裁定书》。

[2] 沈志先主编：《破产案件审理实务》，法律出版社2013年版，第190页。

权确有错误（包括事实认定错误和法律适用错误），或者有证据证实债权人与债务人恶意通过诉讼、仲裁或者公证机关赋予强制执行力公证文书等形式虚构债权债务的，管理人可以依法申请再审，或者提起第三人撤销之诉，或者申请人民法院撤销仲裁裁决或不予执行[1]，即：管理人必须通过主动行使诉权的方式否决生效法律文书的既判力，而不应自行直接调整或者否认生效法律文书确认的债权。这一操作方式既尊重了生效法律文书的司法裁判权威，亦在民事诉讼法体系下平衡和兼顾了债权人与债务人利益，目前已在我国破产案件审判经验最为丰富的北京、深圳等地法院得到承认和执行[2]，应予以肯定。

同样可作对比的是，在债权人债务人互负债务、债权人行使破产抵销权时，《企业破产法司法解释二》亦明确规定，管理人对债权人之破产抵销的异

---

[1]《最高人民法院关于公证债权文书执行若干问题的规定》第12条规定："有下列情形之一的，被执行人可以依照民事诉讼法第238条第2款规定申请不予执行公证债权文书：①被执行人未到场且未委托代理人到场办理公证的；②无民事行为能力人或者限制民事行为能力人没有监护人代为办理公证的；③公证员为本人、近亲属办理公证，或者办理与本人、近亲属有利害关系的公证的；④公证员办理该项公证有贪污受贿、徇私舞弊行为，已经由生效刑事法律文书等确认的；⑤其他严重违反法定公证程序的情形。被执行人以公证债权文书的内容与事实不符或者违反法律强制性规定等实体事由申请不予执行的，人民法院应当告知其依照本规定第22条第1款规定提起诉讼。"第22条规定："有下列情形之一的，债务人可以在执行程序终结前，以债权人为被告，向执行法院提起诉讼，请求不予执行公证债权文书：①公证债权文书载明的民事权利义务关系与事实不符；②经公证的债权文书具有法律规定的无效、可撤销等情形；③公证债权文书载明的债权因清偿、提存、抵销、免除等原因全部或者部分消灭。债务人提起诉讼，不影响人民法院对公证债权文书的执行。债务人提供充分、有效的担保，请求停止相应处分措施的，人民法院可以准许；债权人提供充分、有效的担保，请求继续执行的，应当继续执行。"

[2]《北京市高级人民法院企业破产案件审理规程》第171条规定："（对有名债权的审查）管理人应当将生效法律文书确定的债权记载于应予确认债权的债权表。但超过申请执行时效的债权除外。在债权审查中，管理人发现债权人据以申报债权的生效法律文书所确定的债权有错误，或者有证据证实债权人与债务人恶意通过诉讼、仲裁或者公证机关赋予强制执行力公证文书等形式虚构债权债务的，管理人应当依照相关法律规定申请再审，或者提起第三人撤销之诉，或者申请撤销仲裁裁决或不予执行。但在再审、撤销或者不予执行程序作出结论前，该债权人在破产程序中的权利不受影响。"《深圳市中级人民法院破产案件债权审核认定指引》第34条规定："债权人申报的债权已经人民法院生效判决书、裁定书、调解书，仲裁机构、劳动仲裁机关生效裁决书，或者公证机关公证债权文书确定的，管理人按照生效法律文书确定的数额或者生效法律文书确定的计算方法予以认定。"第35条规定："生效法律文书确有错误，符合申请再审条件或者符合第三人撤销之诉要件的，管理人可以在取得相应证据后申请再审或者提起第三人撤销之诉。管理人申请再审或者提起第三人撤销之诉的，应当报告本院，相应债权暂缓认定。"

议须以诉讼方式行使。[1]本质上,管理人对债权人抵销意思的异议亦是对债权人之债权实现方式的否认或限定。对此类债权的否认,无论其是否存在生效法律文书确认,司法解释仍采取较为审慎的态度,要求管理人须以诉讼方式行使抵销异议权;"举轻以明重",亦不应认为现行法律允许管理人未经行使诉权而直接调整或者否认生效法律文书确认之债权。

结　语

债权申报程序是债权人行使权利、获得救济的必要前提,为实现《企业破产法》公平清理债权债务,保护债权人和债务人的合法权益之核心目的,应当确保债权审查确认制度的合法合规合理。

为此,管理人在债权审查确认的过程中,既不可"无为",亦不可"无畏"。对于经生效法律文书确定的债权而言,管理人之"为"体现在管理人应对债权申报材料进行实质审查,不因为申报的债权已有生效法律文书的背书而懈怠。另一方面,管理人之"畏"则体现在,若生效法律文书确有错误,仍应尊重生效法律文书既判力和司法权威,对申报的债权进行调整应经过法定的程序,不可直接否认或自行调整。债权审查工作中准确掌握审慎理性的原则,方能有效实现企业破产程序的良性运作,实现法律运行的良好效果。

---

[1]《企业破产法司法解释二》第42条规定:"管理人收到债权人提出的主张债务抵销的通知后,经审查无异议的,抵销自管理人收到通知之日起生效。管理人对抵销主张有异议的,应当在约定的异议期限内或者自收到主张债务抵销的通知之日起3个月内向人民法院提起诉讼。无正当理由逾期提起的,人民法院不予支持。人民法院判决驳回管理人提起的抵销无效诉讼请求的,该抵销自管理人收到主张债务抵销的通知之日起生效。"

破产案件所有权保留买卖合同解除致损的债权性质认定之反思[1]

引 论

在企业破产案件，尤其是大型生产型企业破产案件中，常常涉及如何处理标的金额巨大的所有权保留买卖合同的问题。2013年9月5日生效的《最高人民法院关于适用〈中华人民共和国企业破产法〉若干问题的规定（二）》（法释〔2013〕22号，以下简称"《企业破产法司法解释二》"依据《中华人民共和国企业破产法》（以下简称"《企业破产法》"）第38条和第42条[2]关于"取回权"及"共益债务"的规定，同时借鉴《最高人民法院关于审理买卖合同纠纷案件适用法律问题的解释》（法释〔2012〕8号，以下简称"《买卖合同司法解释》"）关于"所有权保留买卖合同"规定的成功经验，对破产案件中所有权保留合同解除致损的债权性质认定和处理等相关问题做出了具体规定，一定程度上联通、同时也是丰富和完善了破产法上的共益债务制度和合同法上的所有权保留买卖制度。但是，《企业破产法司法解释二》有关规定之法理有待进一步厘清，其中尤其以第38条之规定的合理性有待反思。

---

〔1〕 本文成稿于《中华人民共和国民法典》正式施行之前。
〔2〕 《企业破产法》第38条规定："人民法院受理破产申请后，债务人占有的不属于债务人的财产，该财产的权利人可以通过管理人取回。但是，本法另有规定的除外。"第42条规定："人民法院受理破产申请后发生的下列债务，为共益债务：①因管理人或者债务人请求对方当事人履行双方均未履行完毕的合同所产生的债务；②债务人财产受无因管理所产生的债务；③因债务人不当得利所产生的债务；④为债务人继续营业而应支付的劳动报酬和社会保险费用以及由此产生的其他债务；⑤管理人或者相关人员执行职务致人损害所产生的债务；⑥债务人财产致人损害所产生的债务。"

破产审判实践中若干理论和实务问题文集
——STX（大连）集团等企业破产案件办案启示

一、问题的缘起

所有权保留，是指在买卖合同中，买受人虽先占有使用标的物，但在全部价款支付以前，出卖人对标的物仍然保留所有权。[1]所有权保留买卖制度为各国立法之通例[2]，亦为我国法律所承认。早在1988年，《最高人民法院关于贯彻执行〈中华人民共和国民法通则〉若干问题的意见（试行）》第84条就明确规定："财产已经交付，但当事人约定财产所有权转移附条件的，在所附条件成就时，财产所有权方为转移。"这一条款可以视为我国立法关于所有权保留买卖制度规定的雏形。此后，《中华人民共和国合同法》（以下简称"《合同法》"）第134条规定："当事人可以在买卖合同中约定买受人未履行支付价款或者其他义务的，标的物的所有权属于出卖人。"这一条款也被认为是我国现行立法关于所有权保留买卖制度的基石。在《合同法》颁布施行后，为了应对司法审判实践中日益增加的所有权保留买卖合同纠纷，最高人民法院于2012年5月10日发布了《最高人民法院关于审理买卖合同纠纷案件适用法律问题的解释》（以下简称"《买卖合同司法解释》"），以专节多条款（"六、所有权保留"、第34条至第37条）规定的方式对所有权保留买卖做了较为详细的规定，包括所有权保留制度的适用范围、出卖人的取回权、再次变价出卖的权利和损害求偿权等。[3]上述法律和司法解释的相关规定构

---

[1] 崔建远：《合同法》，法律出版社2010年版，第405~406页。

[2] 王利民：《所有权保留制度若干问题探讨——兼评〈买卖合同司法解释〉相关规定》，载《法学评论》2014年第1期。

[3] 《买卖合同司法解释》第34条规定："买卖合同当事人主张合同法第134条关于标的物所有权保留的规定适用于不动产的，人民法院不予支持。"第35条规定："当事人约定所有权保留，在标的物所有权转移前，买受人有下列情形之一，对出卖人造成损害，出卖人主张取回标的物的，人民法院应予支持：①未按约定支付价款的；②未按约定完成特定条件的；③将标的物出卖、出质或者作出其他不当处分的。取回的标的物价值显著减少，出卖人要求买受人赔偿损失的，人民法院应予支持。"第36条规定："买受人已经支付标的物总价款的75%以上，出卖人主张取回标的物的，人民法院不予支持。在本解释第35条第1款第3项情形下，第三人依据物权法第106条的规定已经善意取得标的物所有权或者其他物权，出卖人主张取回标的物的，人民法院不予支持。"第37条规定："出卖人取回标的物后，买受人在双方约定的或者出卖人指定的回赎期间内，消除出卖人取回标的物的事由，主张回赎标的物的，人民法院应予支持。买受人在回赎期间内没有回赎标的物的，出卖人可以另行出卖标的物。出卖人另行出卖标的物的，出卖所得价款依次扣除取回和保管费用、再交易费用、利息、未清偿的价金后仍有剩余的，应返还原买受人；如有不足，出卖人要求原买受人清偿的，人民法院应予支持，但原买受人有证据证明出卖人另行出卖的价格明显低于市场价格的除外。"

成了我国现行立法关于所有权保留买卖制度的主体。

根据《买卖合同司法解释》第 35 条的规定，在买受人未履行所有权保留买卖合同的情况或有其他根本违约行为的情况下，出卖人可以申请取回标的物；取回的标的物价值显著减少的，出卖人还可以要求买受人赔偿损失。《买卖合同司法解释》第 37 条则进一步规定，在出卖人取回标的物且买受人回赎期届满后，出卖人可以另行出卖标的物，出卖所得价款无法清偿原合同价款的，出卖人可以要求原买受人清偿。

由此可见，所有权保留买卖的本质是，在普通的买卖合同关系之中，为出卖人设置的一个具有物权属性的担保措施。所有权保留买卖作为一种不典型的担保方式，以标的物的所有权为担保基础，同时辅以出卖人对标的物价值损失的求偿权，兼具物权担保和信用担保的功能，为出卖人构建了较为安全的交易环境。可以说，在常态化的商业交往中，所有权买卖保留制度可以为出卖人权益提供更加强有力的保护，即相较于一般买卖合同的买受人在出卖人违约时仅有的债权请求权（继续履行请求权和损害赔偿请求权等）的救济手段以外，所有权保留买卖合同的买受人兼有物上请求权（标的物取回权与转卖权）和债权请求权的救济。因为所有权保留买卖制度的上述特点，可以有效地保护出卖人利益，对常态化的商品交易发挥了较大的促进作用，所以为现代社会大量商业活动所采用，尤其是在大型生产型企业的持续性、价款结算周期较长的大宗原材料采购中得到了广泛的适用。[1]

前述《买卖合同司法解释》的相关规定也正是《企业破产法司法解释二》中关于破产程序中对所有权保留买卖合同解除致损所生债权予以保护的法律基础，即在买受人不履行所有权保留买卖合同的情况下，除应当承担向其返还标的物的义务外，还应对标的物价值减损承担赔偿责任。《企业破产法司法解释二》第 38 条规定："买受人破产，其管理人决定解除所有权保留买卖合同，出卖人依据企业破产法第 38 条的规定主张取回买卖标的物的，人民法院应予支持。出卖人取回买卖标的物，买受人管理人主张出卖人返还已支付价款的，人民法院应予支持。取回的标的物价值明显减少给出卖人造成损失的，出卖人可从买受人已支付价款中优先予以抵扣后，将剩余部分返还给

---

[1] 梁慧星、陈华彬：《物权法》，法律出版社 2003 年版，第 366~367 页。

买受人；对买受人已支付价款不足以弥补出卖人标的物价值减损损失形成的债权，出卖人主张作为共益债务清偿的，人民法院应予支持。"

由此可见，《企业破产法司法解释二》第 38 条不仅维持了《买卖合同法司法解释》中对出卖人受损权益的全部救济，而且还进一步规定标的物价值损失可以作为共益债务清偿。可以说，在企业破产情况下，所有权保留买卖的出卖人获得了异常强大的权利保护和救济。但我们认为，《企业破产法司法解释二》第 38 条对出卖人权益过于强大保护之规定，是否完全符合《企业破产法》之立法宗旨，是否契合"共益债务"制度本意，是否合理平衡了破产企业利益与债权人利益、个别债权人权益和全体债权人权益，在司法实践中是否可以实际有效地发挥出维护出卖人权益的效果，均有进一步商榷和反思的必要。

二、对《企业破产法司法解释二》第 38 条规定合理性的反思

（一）破产程序中共益债务制度的价值追求

《企业破产法》作为市场经济的"宪法"[1]，其保护的首要法益是公平而非效率（但并非不保护效率），其立法目的在于维护全体债权人的整体利益，及时公平地清理债权债务，按照法律规定的清偿顺序了结债务人的各种负债，保护破产企业正常退出，维护正常市场经济秩序。[2]而这一立法目的的应有之义则包括，在破产程序中尽可能增加和扩大债务人破产财产，同时尽可能锁定债务人的负债总额，非经合理事由及正当程序，不应扩大债务人负债。为此，《企业破产法》采取了"未到期债权加速到期""继续履行合同选择权与法定解约权""破产债权停止计息""重整期间担保物权暂停行使""限制无偿转移财产""限制个别清偿""禁止债务人主动抵销""限制高管劳动债权""同等顺位债权同等同比例受偿"等众多的制度设计，而这些制度设计往往具有一种特点，即为全体债权人或债务人的利益，适当限制甚至剥夺单个债权人或利害关系人在企业正常存续状态下或者正常商业交易状态下可以享有的某种权利或利益。因此，企业破产作为正常的商业风险，单个债权

---

[1] 李曙光：《破产法：市场经济的"宪法"》，载《财经》2016 年第 11 期。
[2] 《企业破产法》第 1 条规定："为规范企业破产程序，公平清理债权债务，保护债权人和债务人的合法权益，维护社会主义市场经济秩序，制定本法。"

人不得不忍受自身个别权益因此受限的不利后果，并为此支付相应的制度成本和代价。

正是在这一制度背景下，就可以理解《企业破产法》第42条关于"共益债务"制度的规定。该条款以有限列举的方式规定了六种共益债务，主要是在破产程序中为全体债权人的共同利益而管理、变价和分配财产所负担的债务。在企业进入破产程序之后，企业已经处于资不抵债的状态且企业的资信已经降到最低，若是没有共益债务的规定，第三方则无法获得来自破产企业的足额、安全的回报，也就不可能产生任何与破产企业进行交易的意愿，破产企业很可能因此而错失诸多较好的能够增加债务人财产的交易机会。故为了尽可能地增加破产企业的债务人财产，《企业破产法》在规定了管理人选择权的基础上，将在法院受理破产申请后，为全体债权人利益而管理、变价和分配财产所负担的债务规定为共益债务，在破产费用之后由债务人财产随时清偿。[1]共益债务的产生与管理人履行职务的行为以及债务人在破产程序期间维持日常运营活动密切相关。正是由于共益债务的制度设计，使得管理人在接受破产企业后可以对企业进行继续经营，让增加债务人财产具有了现实可能性。共益债务的制度价值恰恰在于，通过必要且合理的负债，换取增加债务人破产财产的最大可能，以保障破产企业全体债权人的利益。[2]正是基于上述目的，债务人所负担的共益债务均是由破产程序本身所产生的、在时间上指向未来的并且可能继续发生的债务，而基本不指向破产程序启动以前即已经产生或者可能发生的债务。

（二）《企业破产法司法解释二》第38条的法理偏差

但是，因为共益债务是紧随破产费用之后由债务人财产随时清偿的债权种类，并且现实地增加了债务人的债务负担。所以，无论是立法还是司法实践上，对共益债务的认定都极为严格谨慎，否则，若是将本应属于普通债权的债权认定为共益债务，将对全体债权人的整体利益造成直接损害。也正是基于"共益债务"的"共益"的性质，《企业破产法》第42条才以有

---

[1] 《企业破产法》第43条规定："破产费用和共益债务由债务人财产随时清偿。债务人财产不足以清偿所有破产费用和共益债务的，先行清偿破产费用。债务人财产不足以清偿所有破产费用或者共益债务的，按照比例清偿。债务人财产不足以清偿破产费用的，管理人应当提请人民法院终结破产程序。人民法院应当自收到请求之日起15日内裁定终结破产程序，并予以公告。"

[2] 王卫国：《破产法精义》，法律出版社2007年版，第122页。

限列举（同时排除宽泛的兜底条款）的方式列明共益债务的类型。故从严格的立法论上讲，对于不属于《企业破产法》第42条规定范围的破产债权，不应认定为共益债务。因此，进一步而言，《企业破产法司法解释二》第38条之规定本质上是以司法解释的形式对《企业破产法》有关立法规定的突破。

对于司法解释上的这种突破性规定，该司法解释制定者亦承认，关于"所有权保留买卖合同解除后，买受人已支付价款不足以弥补出卖人标的物价值减损损失所形成的债权"究竟属于何种性质的债权，在理论上存在不同意见。一种意见认为，该债权属于普通债权，出卖人应当通过申报普通债权的方式请求清偿；另一种意见认为，该债权属于共益债权，买受人的管理人应当将其作为共益债务予以清偿。但《企业破产法司法解释二》第38条最终采纳"共益债务"说加以处理，其主张的法理基础在于：（1）买受人管理人之所以选择解除合同是因为不再支付余款更有益于债务人财产，因此将出卖人损失债权作为共益债务予以清偿与共益债务的法理基础吻合；（2）出卖人取回标的物，完全是买受人破产所致，出卖人无任何过错，因此，基于标的物减损所形成的债权，应当作为共益债务清偿；（3）所有权保留买卖合同解除后，双方应当恢复原状，买受人管理人占有标的物不再具有合法依据，应当予以返还。基于该占有所导致的标的物的价值减损亦属于不当得利，因此可以按照《企业破产法》第42条的规定予以清偿。[1]然而，我们认为，上述理由皆存在似是而非之感，而且与《企业破产法》上的其他制度设计也存在逻辑矛盾，其理据并不充分。

首先，债务人（即买受人）管理人选择解除所有权保留买卖合同的动因与选择解除其他类型合同的动因并无二致，均是因为不再继续履行合同更有益于债务人财产。而出卖人损失债权并不当然比其他类型合同的相对方的损失债权具有更加优越的地位，如果所有权保留买卖合同出卖人损失债权应当作为共益债务予以清偿，那么普通买卖合同出卖人等其他类型合同的相对方的损失债权也理应得到同等的对待。然而，《企业破产法》第42条规定只是将继续履行合同所生债权作为共益债务予以保护，而并没有将解除合同所生

---

[1] 最高人民法院民事审判第二庭编著：《最高人民法院关于企业破产法司法解释理解与适用》，人民法院出版社2017年版，第421页。

债权作为共益债务予以保护,可见,后者并非《企业破产法》关于共益债务制度的立法者所欲保护的法益。所以"将出卖人损失债权作为共益债务予以清偿与共益债务的法律基础相吻合"的说法并不充分。

其次,"买受人破产、出卖人无任何过错"与"标的物减损所致债权应当作为共益债权清偿"之间并无必然因果联系,前者也并非后者的充分条件。在法律上,债权人是否具有过错并不是确认和区分破产债权法律性质的标准。而事实上,企业破产作为正常的商业风险,单个债权人即使并无过错,亦不得不忍受个别权益因此受限的不利后果,并为此支付相应的制度成本和代价,这是《企业破产法》立法宗旨的应有之义。否则,对债务人破产并无过错的所有债权人的债权岂不都应当享受优先受偿的权益?诚如是,企业破产制度恐怕就难以正常运行了。

最后,"该占有所导致的标的物的价值减损亦属于不当得利"更是不能成立。事实上,标的物价值减损仅仅是出卖人单方权益的减损,并不会给债务人财产带来任何增益,不仅完全不符合"不当得利"的法律构成,更谈不上有任何清偿此类"不当得利的共益债务"的事实基础。

(三)《企业破产法司法解释二》第 38 条的价值偏差

除了司法解释制定者上述理据难言充分以外,根据我们办理破产案件的经验,《企业破产法司法解释二》第 38 条的规定在给破产企业合同相对人过于强大保护的同时,未能合理地平衡个别债权人和全体债权人的利益,不仅违背了《企业破产法》的立法宗旨,也偏离了"共益债务"的制度本意,更造成了所有权保留买卖制度与共益债务制度的尖锐冲突,在实践中不仅可能对破产企业造成严重不公的后果,恐怕也难以实现保护出卖人利益的预期目的和保护效果。理据如下:

无论是在合同法上还是破产法上,所有权保留买卖的出卖人已经获得了较为充分和强有力的保护,其相较于一般买卖合同买受人拥有更具优势的地位。而在破产案件中,这种优势显得更加明显和强大,这是因为:(1)取回权是物权行使的特殊方式,具有物权属性和优先效力,由于物权的绝对性,取回权不与其他破产债权相竞争,其获得救济和利益保障的顺位不仅优于普通债权人,甚至高于对破产财产享有担保物权的债权人(即别除权人)。(2)取回权不受清偿比例的限制,故所有权保留买卖的出卖人可以就标的物的全部价值受偿。(3) 在程序上，取回权人（即出卖人）除经管理人进行必要、审慎的审查和认定外，不必经过其他法定的特别程序即可直接取回财产，无需经过破产财产的变价、分配等程序。因此，无论是实体上还是程序上，破产案件中所有权保留买卖的出卖人利益已经获得了非常强有力的保护。那么基于《企业破产法》减少买受人负债、扩大买受人破产财产的立法宗旨，司法解释的正确立场应该是，将此种倾斜性保护的力度加以适当调整，合理平衡出卖人与买受人、个别债权人与整体债权人之间的利益，而不应该是进一步加强单方倾斜保护出卖人利益的倾向。因此，从价值论上而言，《企业破产法司法解释二》第 38 条的规定存在偏差。

（四）《企业破产法司法解释二》第 38 条的逻辑体系偏差

从破产法体系内外逻辑自洽的角度而言，所有权保留买卖出卖人的损害赔偿请求权也不宜作为共益债务优先受偿。一方面，在合同法上，并没有规定所有权保留买卖合同的出卖人损害赔偿请求权比其他类型合同当事人的债权请求权具有更加优越的地位。另一方面，在破产法上，与取回权人地位相似的别除权人（即对破产财产享有抵押权的债权人）的差价损失也并不享有优先受偿地位，即抵押财产变现后仍不能清偿的债权仅能继续作为普通债权受偿。[1]因此，如果把所有权保留买卖出卖人的损害赔偿请求权作为共益债务予以优先受偿，而不与其他普通债权（包括其他类型合同的相对人的赔偿请求权、有财产抵押的债权人未能完全受偿部分的债权等）处于平等受偿地位，不仅会造成可供破产企业偿还普通债权人的破产财产严重缩水，对破产企业、管理人及全体普通债权人而言均难谓公平，而且与合同法和破产法立法的内部结构和内在逻辑也并不协调。

不仅如此，《企业破产法司法解释二》第 38 条的规定也与"共益债务"的制度逻辑相悖。正如前所述，在形式上，共益债务是在破产程序中产生的、与管理人履行职责相关、在时间上指向未来的并且可能继续发生的债务，而不指向破产程序启动以前即已经产生或者可能发生的债务。这一原则在《企

---

[1]《企业破产法》第 109 条规定："对破产人的特定财产享有担保权的权利人，对该特定财产享有优先受偿的权利。"第 110 条规定："享有本法第 109 条规定权利的债权人行使优先受偿权利未能完全受偿的，其未受偿的债权作为普通债权；放弃优先受偿权利的，其债权作为普通债权。"

业破产法司法解释二》第 32 条[1]中得到了准确的体现,即取回权标的毁损、灭失发生在破产申请受理前的,相关损失的债权作为普通债权清偿;而取回权标的毁损、灭失发生在破产申请受理后、因为管理人或者相关人员执行职务致害产生的债务,作为共益债务清偿。由于所有权保留买卖合同解除所致的损失极有可能并非产生于破产程序启动之后,而是由于正常的市场价格波动所致,而且早在破产程序启动前即已经形成,与管理人的职务行为无关——管理人行使《企业破产法》项下的法定解约权也难以称得上对该等损失的发生具有"过错"——如果将这种差价损失一律作为共益债务予以优先清偿,实属不妥。

(五)《企业破产法司法解释二》第 38 条的法效偏差

除上述逻辑和理论上的分析以外,从破产案件的司法实践上看,《企业破产法司法解释二》第 38 条的实际保护效果亦难称上佳。该条款对出卖人权益过分保护极易导致巨大的道德风险。《企业破产法》第 38 条仅对破产程序中的取回权制度做了原则性规定,对取回权的审查标准、审查时限、确认方式、行使方式、行使时限、监督程序等均未作更细致的规定。在实践中,管理人通常参照债权申报、审查和确认的处理程序及认定标准受理取回权有关事宜。因此,在取回权问题的处理上,管理人一般都具有较大的自由裁量权。

在《企业破产法司法解释二》第 38 条这把高悬的"共益债务"利剑下,管理人面对所有权保留买卖合同中出卖人申报的取回权时,往往存在着极为强烈的回避心态甚至是免责、卸责动机:管理人常常会怠于甚至故意拖延确认出卖人申报的取回权,因为对出卖人的取回权不予认定,则意味着在出卖人没有提起标的物差价损失赔偿请求的基础,管理人甚至会有意等待大宗原材料商品的市场回暖、价格回升后再作确认,以便该等差价损失自然消弭,

---

[1]《企业破产法司法解释二》第 32 条规定:"债务人占有的他人财产毁损、灭失,因此获得的保险金、赔偿金、代偿物尚未交付给债务人,或者代偿物虽已交付给债务人但能与债务人财产予以区分的,权利人主张取回就此获得的保险金、赔偿金、代偿物的,人民法院应予支持。保险金、赔偿金已经交付给债务人,或者代偿物已经交付给债务人且不能与债务人财产予以区分的,人民法院应当按照以下规定处理:①财产毁损、灭失发生在破产申请受理前的,权利人因财产损失形成的债权,作为普通破产债权清偿;②财产毁损、灭失发生在破产申请受理后的,因管理人或者相关人员执行职务导致权利人损害产生的债务,作为共益债务清偿。债务人占有的他人财产毁损、灭失,没有获得相应的保险金、赔偿金、代偿物,或者保险金、赔偿物、代偿物不足以弥补其损失的部分,人民法院应当按照本条第 2 款的规定处理。"

使得管理人免责；而即使在管理人确认出卖人之取回权的情况下，往往也伴随着急于取回财产以便迅速止损的出卖人被迫向管理人做出不再主张差价损失的重大让步，从而使管理人免责，这也导致了《企业破产法司法解释二》第38条实际上被架空。因此，这种道德风险反而对出卖人的权益造成伤害，使得该司法解释条款在实践中难以发挥出其制定者原本期待的实际保护效果。事实上，过度的法律家父主义由于违背法律经济学基本原理，不能实现合理的利益平衡，导致作出不合乎正常的价值判断，迫使当事人作出看似非理性的行为以规避责任，反使其所欲保护的法益遭受损害，这曾经就是我国劳动合同法立法过程中的深刻教训[1]，由此观察《企业破产法司法解释二》第38条规定的实际法效，同样值得反思和商榷。

三、建议与结语

正如上述分析，由于《企业破产法司法解释二》第38条的规定值得反思和商榷，如果在破产案件的实践中，严格依据其字面规定予以适用，极易造成共益债务激增的情况，进而导致可供破产企业偿还普通债权人的破产财产严重缩水，对破产企业、管理人及全体普通债权人严重不公平[2]。在这种情况下，我们认为，在该司法解释颁布时间不长，短时间内作出修正的可能性不大的情况下，权宜之计是应当严格限制《企业破产法司法解释二》第38条的适用，降低其适用对破产企业可能造成的负面效果。

就具体的司法适用技术而言，由于第38条的文义清晰明确，仅从字面规定而言并无扩展或限缩的空间，无法采取文义限缩解释方法，故仅能采取目

---

[1] 董保华：《〈劳动合同法〉的十大失衡与修法建议》，载http://opinion.caixin.com/2016-03-09/100918124.html，最后访问日期：2016年3月9日。

[2] 在大连市中级人民法院受理的一宗船舶建造类企业破产案件中，曾处理过一起以船用钢板为标的财产的所有权保留买卖合同纠纷。在该纠纷中，管理人依职权确认了出卖人就4万余吨船用钢板的取回权，但由于当时船舶行业和钢铁行业已经陷入产能严重过剩、持续低迷，船用钢板的市场价格相较原合同约定价款下跌幅度已经超过一半。就在管理人确认出卖人取回权、出卖人实际行使取回权完毕后不久，出卖人即依据《企业破产法司法解释二》第38条之规定向管理人主张4万余吨船用钢板的差价损失，索赔金额高达数亿元。而该破产船舶企业当时可动用的全部现金不过数千万元。如果适用该司法解释的规定，就会出现在管理人履行职务并无任何过错的情况下，仅仅因为市场价格波动因素所致的差价损失就导致债务人共益债务剧增的局面，这不仅对该船舶建造类企业及其全体债权人极为不公，也势必造成该企业破产清算程序难以为继，进而损害当地经济秩序和社会稳定。

的性限缩解释方法[1]，将形式上符合该司法解释条款字面规定，但本质不符合《企业破产法》立法宗旨及"共益债务"制度价值的类型排除在该司法解释的适用之外。详言之，应当以管理人对损失的发生是否具有过错为标准来认定标的物价值减损所致损失是否系共益债务，即：

（1）管理人决定解除所有权保留买卖合同，出卖人依法取回的标的物价值明显减少，给出卖人造成损失的，仅限管理人对该等损失形成具有过错的，比如，管理人在合理期限内对出卖人对标的物的取回权未予确认或管理人无正当理由阻碍出卖人取回标的物造成标的物价值明显减少的，出卖人可以主张作为共益债务清偿；

（2）如果管理人对该等损失形成无过错的，如标的物价值减损早在管理人决定解除所有权保留买卖合同之前即已形成，或者是因为市场价格波动等客观因素造成的，出卖人损害赔偿请求权与别除权人损害赔偿请求权的性质应保持一致，即在出卖人就标的物的价值受偿之后，受偿金额不足以弥补损失的部分可以以普通债权的形式向管理人申报；

（3）如果该等损失的形成可能由多重因素导致，既有管理人过错所致，亦有非管理人过错所致，在可以明确区分的场合，应根据损失原因分别按共益债务及普通债权区别处理，而在客观上不可区分的场合，则应根据公平合理、有利于扩大债务人破产财产的原则处理，以合理平衡个别债权人与整体债权人利益。

以上按目的性限缩解释方法的处理，不仅忠实于共益债务制度的宗旨，有效疏解了《企业破产法司法解释二》第38条本身的法理和逻辑矛盾，确保破产法立法与司法解释各制度和条文之间的体系统一，也有利于维护司法解释的权威性，提升其现实的法律实效。

尽管如此，目的性限缩解释方法只能在一定程度上消解《企业破产法司

---

[1] 文义限缩解释，系指"法律规定之文义，过于广泛，限缩法文之意义，局限于核心，以期正确适用而言"。目的性限缩解释，系指"对法律文意所涵盖的某一类型，由于立法者之疏忽，未将之排除在外，为贯彻规范意旨，乃将该一类型排除在该法律适用范围外之漏洞补充方法而言，应作不同之处理，可将不符规范目的之部分排除在外，俾仅剩的法律意义更为精纯。"文义限缩解释，虽亦有目的上之考虑，但与目的性限缩不同，不能混为一谈。文义限缩解释，系消极地将文义局限于其核心部分，而目的性限缩则系积极地将不合规范意旨部分予以剔除，使之不在该法律适用范围之列，二者理由仍有所不同。参见杨仁寿：《法学方法论》，中国政法大学出版社1999年版，第112~154页。

法解释二》第 38 条可能的不利影响，因此仅仅是在维护现行司法解释权威性这一前提下的权宜之计。由于我国各地司法裁量尺度不统一，该司法解释条款在适用过程中仍有可能给破产案件办理带来消极作用，因此更根本的解决之道仍需留待未来破产法立法和新的司法解释（包括个案批复形式）的修正，以期《企业破产法》能更加合理地平衡与保护债务人与债权人、个别债权人与全体债权人的利益，忠实地发挥其法律功能，为促进社会经济发展、稳定社会经济秩序助力。

论破产程序中保证责任的衔接

引 言

保证作为典型的担保增信措施之一，与企业生产经营及信贷融资息息相关，在商业实践中往往还会形成企业及实控人间"互保联保"的状况。一旦这种"担保链"上有一家企业陷入债务危机，就很可能传导流动性风险并牵连"担保链"上的其他企业，甚至引发集体破产。《中华人民共和国企业破产法》（以下简称"《企业破产法》"）及相关司法解释虽对此有所回应，但相关规则仍呈碎片化状态。

鉴此，为妥善应对企业相互融资担保引发的债务风险交叉传导问题，同时基于《中华人民共和国民法典》（以下简称"《民法典》"）对保证合同相关规则进行体系性修缮的背景，我们认为有必要厘清破产程序中保证责任的衔接问题。具体而言，下文将分别从债务人破产、保证人破产、债务人及保证人均破产三个维度，逐一分析该等情形下债务人、保证人及债权人之间的权利义务关系。

一、债务人破产时保证责任的衔接

（一）债权人的行权路径

1. 债权人可同时向保证人主张责任

根据《企业破产法》第44条[1]，在债务人进入破产程序后，债权人只

---

[1]《企业破产法》第44条规定："人民法院受理破产申请时对债务人享有债权的债权人，依照本法规定的程序行使权利。"

能通过申报债权（包括抵销权、取回权）的方式向债务人主张权利。[1]问题在于，债权人此时能否以及如何向保证人主张权利？

（1）根据《民法典》第681条[2]，保证合同的目的是保障债权实现，保证人承担保证责任的前提是债务人不履行到期债务或者发生当事人约定的情形。而债务人进入破产程序不得进行个别清偿，且债务人往往已无法履行到期债务，保证人承担保证责任的前提已经具备。[3]

（2）人民法院受理对债务人的破产申请意味着，已有证据证明债务人不具备履行能力，故从实质效果及保障债权实现的目的来看，其不应再享有先诉抗辩权。根据《民法典》第687条第2款[4]之规定，债权人可直接向一般保证人主张责任，连带保证人自不待言。

（3）关于债权人能否同时向债务人申报债权并向保证人主张责任。《最高人民法院关于适用〈中华人民共和国担保法〉若干问题的解释》（以下简称"《担保法解释》"，现已失效）第44条规定，"保证期间，人民法院受理债务人破产案件的，债权人既可以向人民法院申报债权，也可以向保证人主张权利。债权人申报债权后在破产程序中未受清偿的部分，保证人仍应当承担保证责任。债权人要求保证人承担保证责任的，应当在破产程序终结后6个月内提出。"对此，实践中有争议观点认为，债权人仅可在向债务人申报债权及向保证人主张权利间择一。[5]但是，《最高人民法院关于适用〈中华人民共和国民法典〉有关担保制度的解释》（以下简称"《民法典担保制度解释》"）第23条第1款已明确规定，"人民法院受理债务人破产案件，债权人在破产程序中申报债权后又向人民法院提起诉讼，请求担保人承担担保责任的，人民法院依法予以支持。"作此规定的背后考量在于，如果将《担保法

---

[1] 王卫国：《破产法精义》，法律出版社2020年版，第165页。

[2] 《民法典》第681条规定："保证合同是为保障债权的实现，保证人和债权人约定，当债务人不履行到期债务或者发生当事人约定的情形时，保证人履行债务或者承担责任的合同。"

[3] 高圣平：《担保法论》，法律出版社2009年版，第89~91页。

[4] 《民法典》第687条第2款规定："一般保证的保证人在主合同纠纷未经审判或者仲裁，并就债务人财产依法强制执行仍不能履行债务前，有权拒绝向债权人承担保证责任，但是有下列情形之一的除外：①债务人下落不明，且无财产可供执行；②人民法院已经受理债务人破产案件；③债权人有证据证明债务人的财产不足以履行全部债务或者丧失履行债务能力；④保证人书面表示放弃本款规定的权利。"

[5] 参见河南省高级人民法院（2011）豫法民终字第19号《民事裁定书》。

解释》第 44 条解释为债权人只能于破产程序终结后六个月内才得以向担保人主张权利，或债权人只能择一行权，则与条文目的相悖，阻碍债权人合法权益及时、充分实现，[1]司法实践亦有支持案例。[2]此外，"本款在文字上采用了人民法院应予'支持'的表述，这意味着人民法院不仅仅只是受理保证责任诉讼，而是应对债权人的主张予以实体审理并作出相应判决，因此本款实际上采纳的是实体并行说的观点。"[3]

还需进一步说明的是，根据《担保法解释》第 125 条[4]，一般保证的债权人可将债务人和保证人一并起诉，法院应在判决书中明确在对债务人财产依法强制执行后仍不能履行债务时，由保证人承担保证责任。虽然《担保法解释》现已失效，但是其中与现行法律及司法解释没有冲突的条文并非无法适用，考虑到如果要求债权人先起诉债务人，则可能存在主债务人不参加诉讼导致无法查清主债务情况，甚至会催生在合同效力、债权数额、担保范围等方面矛盾判决的弊端，《担保法解释》第 125 条的内涵与精神仍可继续适用。[5]

2. 破产程序中保证期间的适用

（1）关于破产程序中保证期间的起算。根据《民法典》第 692 条[6]，若当事人就保证期间的起算存在约定则从其约定，若无约定则保证期间自主债务履行期限届满之日起算，若双方未约定主债务履行期限或者约定不明的，则自主债务宽限期届满之日起算。[7]在当事人未就保证期间的起算时点进行

---

[1] 郁琳、吴光荣：《与破产法有关的几个担保问题》，载《法律适用》2021 年第 9 期。

[2] 参见最高人民法院（2013）民二终字第 117 号《民事判决书》。

[3] 最高人民法院民事审判第二庭：《最高人民法院民法典担保制度司法解释理解与适用》，人民法院出版社 2021 年版，第 250 页。

[4] 《担保法解释》第 125 条规定："一般保证的债权人向债务人和保证人一并提起诉讼的，人民法院可以将债务人和保证人列为共同被告参加诉讼。但是，应当在判决书中明确在对债务人财产依法强制执行后仍不能履行债务时，由保证人承担保证责任。"

[5] 参见刘贵祥：《民法典关于担保的几个重大问题》，载《法律适用》2021 年第 1 期。

[6] 《民法典》第 692 条规定："保证期间是确定保证人承担保证责任的期间，不发生中止、中断和延长。债权人与保证人可以约定保证期间，但是约定的保证期间早于主债务履行期限或者与主债务履行期限同时届满的，视为没有约定；没有约定或者约定不明确的，保证期间为主债务履行期限届满之日起 6 个月。债权人与债务人对主债务履行期限没有约定或者约定不明确的，保证期间自债权人请求债务人履行债务的宽限期届满之日起计算。"

[7] 包晓丽、司伟：《民法典保证期间规定理解适用中的几个问题》，载《法律适用》2021 年第 1 期。

约定时，若主债务履行期限在人民法院受理对债务人的破产申请前届满，则保证期间自主债务履行期限届满之日起算；若主债务履行期限在人民法院受理对债务人的破产申请前尚未届满，此时根据《企业破产法》第46条第1款[1]，主债务履行期限于破产申请受理时届满，保证期间亦从该日起算。此外，如前所述，在债务人破产时，一般保证人不享有先诉抗辩权，故连带保证人与一般保证人的利益状况相似，二者在保证期间的起算时点上亦无不同。

（2）保证期间系保证人承担保证责任的期间，该期间不发生中止、中断和延长，[2]因此确定保证期间的起算时点后就可确定其届满时点。但问题在于，《民法典担保制度解释》第23条第3款规定"债权人在债务人破产程序中未获全部清偿，请求担保人继续承担担保责任的，人民法院应予支持"，即存在保证人在破产程序终结后仍需承担保证责任的可能，但可能由于破产期间较长导致保证期间在破产程序终结前发生届满，此时保证人是否承担保证责任？对此，最高人民法院《关于如何适用〈关于适用〈中华人民共和国担保法〉若干问题解释〉第44条及最高人民法院法函（2002）3号的答复》（[2002]民二他字第22号）规定"在债务人破产程序终结后，债权人对保证人的保证期间尚未届满的，适用保证期间，不适用担保法司法解释第44条第2款；债务人破产时保证期间尚未届满的，而在债权人申报债权参加破产程序期间保证期间届满的，为保护债权并考虑到司法实践中债权人在债务人破产期间对保证人行使权利不便，债权人在债务人破产程序终结后向保证人行使权利的期间，可以适用担保法司法解释第44条第2款的规定。"我们认为，虽然《担保法解释》现已失效，但如前所述其中部分不与现行法律及司法解释冲突的条文精神及内涵仍可继续适用。因此，在《民法典担保制度解释》第23条第3款对该问题不置可否时，为充分保障债权人的利益，应允许在破产受理时保证期间未届满但在破产期间届满的情形下，债权人可于破产程序终结后向保证人主张保证责任。《全国法院破产审判工作会议纪要》（以下简称"《破审会议纪要》"）第31条亦承继了该精神并规定"破产程序终

---

[1]《企业破产法》第46条规定："未到期的债权，在破产申请受理时视为到期。附利息的债权自破产申请受理时起停止计息。"

[2] 黄薇主编：《中华人民共和国民法典释义》（上），法律出版社2020年版，第500页。

结后，债权人就破产程序中未受清偿部分要求保证人承担保证责任的，应在破产程序终结后六个月内提出。"

3. 保证责任停止计息

理论和实践中对债务人破产时担保债务是否停止计息的争议已久，一方面最高人民法院层面仍有不同的裁判观点，[1]另一方面各地法院亦未形成共识，如《浙江省高级人民法院民事审判第五庭关于主债务人破产后保证人是否停止计息问题的解答》明确指出"按照《企业破产法》第46条规定，针对债务人的破产申请被人民法院裁定受理时，破产程序中针对债务人申报的附利息的债权自破产申请受理时停止计息，但该停止计息的效力不及于保证人。"

对此，我们认为，保证债权的从属性系其根本特征，从《民法典》《民法典担保制度解释》及相关法律法规的编纂修缮背景来看，目前的司法政策倾向于强化担保的从属性、纾解债务杠杆，[2]为兼顾债权人尽可能公平受偿和债务人企业依法妥善退出而维护交易秩序，保证责任停止计息更符合我国的司法实践，也更有利于实现个案的公平和正义。[3]正是因此，《民法典担保制度解释》第22条已正式明确规定"人民法院受理债务人破产案件后，债权人请求担保人承担担保责任，担保人主张担保债务自人民法院受理破产申请之日起停止计息的，人民法院对担保人的主张应予支持。"

（二）保证人的行权路径

（1）若债权人未向债务人申报全部债权，保证人可向债务人申报债权。《企业破产法》第51条第2款规定"债务人的保证人或者其他连带债务人尚未代替债务人清偿债务的，以其对债务人的将来求偿权申报债权。但是，债权人已经向管理人申报全部债权的除外。"据此，保证人拥有两种债权申报路径：其一，保证人在承担保证责任后，以求偿权向债务人申报债权；其二，保证人尚未承担保证责任时，以将来求偿权向债务人申报债权。此外，根据

---

[1] 如最高人民法院（2019）民申6453号《民事判决书》赞同担保债务停止计息，而最高人民法院（2020）最高法民申1054号《民事裁定书》则反对担保债务停止计息。

[2] 郁琳、吴光荣：《与破产法有关的几个担保问题》，载《法律适用》2021年第9期。

[3] 最高人民法院民事审判第二庭：《最高人民法院民法典担保制度司法解释理解与适用》，人民法院出版社2021年版，第242页。

《民法典担保制度解释》第24条[1]，债权人负有通知保证人债务人破产的义务，若其既不申报债权又不履行通知义务，导致保证人非因过错而不能预先行使追偿权，保证人就该债权在破产程序中可能受偿的部分免除保证责任。

（2）若债权人已向债务人申报全部债权，且债权人同时又向保证人主张保证责任并获得清偿，根据《破审会议纪要》第31条，"破产程序终结前，已向债权人承担了保证责任的保证人，可以要求债务人向其转付已申报债权的债权人在破产程序中应得清偿部分。"

二、保证人破产时保证责任的衔接

保证合同属于或有之债，在人民法院仅受理对保证人的破产申请而债务人尚未进入破产程序时，债权人仍有从债务人处获得部分甚至全部清偿的可能。换言之，保证人所需承担的保证责任在保证人破产时尚未确定，因此需平衡考虑债权人及保证人之债权人的合法权益。

（1）关于债权人是否有权向保证人申报债权。《最高人民法院关于适用〈中华人民共和国企业破产法〉若干问题的规定（三）》（以下简称"《企业破产法司法解释三》"）第4条第1款规定"保证人被裁定进入破产程序的，债权人有权申报其对保证人的保证债权。"其背后的考虑在于，保证人进入破产程序并不意味着其保证责任的免除，债权人仍有从保证人处获得部分清偿的可能，因此为最大程度保障债权人利益，应允许其向保证人申报债权。相应地，基于《企业破产法》关于"破产加速到期"的规定，《企业破产法司法解释三》第4条第2款亦规定"主债务未到期的，保证债权在保证人破产申请受理时视为到期。"[2]

（2）关于债权人如何从保证人处受偿。问题的关键在于一般保证人的先诉抗辩权，具体又包括两个层次：其一，在程序上，一般保证人能否主张先诉抗辩权？其二，在实体上，一般保证人受偿的方式？对于前者，若要求债

---

[1]《民法典担保制度解释》第24条规定："债权人知道或者应当知道债务人破产，既未申报债权也未通知担保人，致使担保人不能预先行使追偿权的，担保人就该债权在破产程序中可能受偿的范围内免除担保责任，但是担保人因自身过错未行使追偿权的除外。"

[2] 最高人民法院民事审判第二庭编：《最高人民法院关于企业破产法司法解释（三）理解与适用》，人民法院出版社2019年版，第86~89页。

权人必须先向债务人提起诉讼、仲裁,而追索程序耗时费力,则可能出现错过债权申报期而需补充申报并承担额外费用、甚至破产程序早已终结而无法获偿的风险,不利于保障债权人的合法权益,故应否定一般保证人的先诉抗辩权。对于后者,在非破产情况下债权人需先行向债务人追索,故存在部分乃至全部受偿的可能,则保证人实际承担的责任可能小于债权人债权总额,因此保证人不应因其进入破产程序而承受更不利的状况,保证人所需承担的责任并未因其进入破产程序而确定。换言之,实际保证人所需承担的保证责任属于补充责任,故存在调整空间。因此,一方面,在债务人在向债权人清偿后,需根据清偿结果相应调整保证债权金额;另一方面,在保证人破产分配阶段需对保证债权的清偿款暂予提存。鉴此,《企业破产法司法解释三》第4条第2款规定"主债务未到期的,保证债权在保证人破产申请受理时视为到期。一般保证的保证人主张行使先诉抗辩权的,人民法院不予支持,但债权人在一般保证人破产程序中的分配额应予提存,待一般保证人应承担的保证责任确定后再按照破产清偿比例予以分配。"由于连带保证人与债务人承担同一层次的责任,不享有先诉抗辩权,其申报债权额无需调整,破产分配时亦无需提存,但债权人的受偿额不得超出其债权总额。

(3)关于保证人的追偿权。《企业破产法司法解释三》第4条第3款规定"保证人被确定应当承担保证责任的,保证人的管理人可以就保证人实际承担的清偿额向主债务人或其他债务人行使求偿权"。其中,所谓"保证人被确定应当承担保证责任"的时点应当以保证人的债权人会议已经核查,法院对此裁定确认的时点为准。[1]

三、债务人及保证人均破产时保证责任的衔接

当债务人及保证人均进入破产程序后,债权人的行权方式仅为申报债权,故首先要解决的问题便是是否能同时向债务人及保证人申报债权?《企业破产法司法解释三》第5条第1款规定,"债务人、保证人均被裁定进入破产程序的,债权人有权向债务人、保证人分别申报债权",我们认为该规定具有合理性,理由在于:对于连带保证的情形,《企业破产法》第52条规定

---

[1] 最高人民法院民事审判第二庭编:《最高人民法院关于企业破产法司法解释(三)理解与适用》,人民法院出版社2019年版,第94页。

"连带债务人数人被裁定适用本法规定的程序的,其债权人有权就全部债权分别在各破产案件中申报债权",因此债权人可以同时向债务人及连带保证人申报债权。对于一般保证的情形,如前所述保证人已不再享有先诉抗辩权,故在利益格局上与连带保证具有一定相似性,[1]同时为保障债权人最大程度受偿,应允许债权人同时向一般保证人及债务人申报债权。进一步地,《企业破产法司法解释三》第5条第2款规定"从一方破产程序中获得清偿后,其对另一方的债权额不作调整,但债权人的受偿额不得超出其债权总额。"

值得注意的是,《企业破产法司法解释三》第5条第2款规定"保证人履行保证责任后不再享有求偿权",此种对保证人追偿权的限制是否具有合理性?我们认为,在债权人已经全额向债务人申报债权并获清偿的情形下,若允许保证人就其承担的保证责任继续向债务人进行追偿,将导致债务人就同一笔债权进行二次的清偿,债务人对该笔债权的清偿率将高于对其他债权的清偿率。最高人民法院《关于代为清偿的连带债务人是否有权向破产和解的债务人继续追偿问题请示的复函》([2010]民二他字第15号)亦指出"债权人如果已在主债务人的破产和解或者重整程序中全额申报了债权,其未得清偿的部分可以向保证人或者连带债务人主张。但保证人或连带债务人履行完剩余的清偿义务后,由于对于任何实质上源于同一债务的普通债权,在破产程序中只能得到与其他普通债权相同的受偿比率,而不能得到二次清偿,并因此得到高于其他普通债权人的清偿比率;因此,保证人或连带债务人承担清偿责任后不得向破产和解、破产重整的债务人追偿。"

问题还未结束,最高人民法院认为"保证人履行保证责任后不再享有求偿权,对此,应解读为既对进入破产程序的主债务人无求偿权,对本司法解释第4条规定的'其他债务人'亦无求偿权,可以尽快结案,防止破产程序无限拖延。"[2]对此,我们存有疑义,根据《民法典担保制度解释》第

---

[1] 郑伟华、刘琦:《民法典保证期间相关规定在破产程序中的适用》,载《人民司法》2022年第4期。

[2] 最高人民法院民事审判第二庭编:《最高人民法院关于企业破产法司法解释(三)理解与适用》,人民法院出版社2019年版,第117页。

13条[1]，共同保证人间在特殊情形下享有追偿权，而允许承担责任的保证人对其他共同保证人进行追偿，亦有助于扩大保证人的破产财产，且不会造成债务人二次清偿的发生，对其追偿权予以限制似不合理。我们认为，若保证人先承担了保证责任且占债权人债权总额的大部分，此时为防止在债务人和保证人间出现债务倒挂，应允许保证人要求债权人转付其在债务人破产程序中超过其本金的部分，此观点亦曾为《企业破产法司法解释三》征求意见稿所采纳。

结　语

担保融资是企业扩大生产规模的必经之路，而盘根错节的担保关系交织成一张复杂的信用网络，逐渐演变为现代经济社会的"连坐"机制。破产程序作为企业生死存亡的关键路口，更要妥善处理企业之间的担保关系。只有体系性梳理破产程序中保证责任的衔接，熟练掌握对担保链抽丝剥茧的技能，才能更好地为深陷债务危机的企业纾困，以期其减负后轻装上阵，最终维护交易秩序的稳定。

---

[1]《民法典担保制度解释》第13条规定："同一债务有两个以上第三人提供担保，担保人之间约定相互追偿及分担份额，承担了担保责任的担保人请求其他担保人按照约定分担份额的，人民法院应予支持；担保人之间约定承担连带共同担保，或者约定相互追偿但是未约定分担份额的，各担保人按照比例分担向债务人不能追偿的部分。同一债务有两个以上第三人提供担保，担保人之间未对相互追偿作出约定且未约定承担连带共同担保，但是各担保人在同一份合同书上签字、盖章或者按指印，承担了担保责任的担保人请求其他担保人按照比例分担向债务人不能追偿部分的，人民法院应予支持。除前两款规定的情形外，承担了担保责任的担保人请求其他担保人分担向债务人不能追偿部分的，人民法院不予支持。"

破产撤销权之适用

——以《中华人民共和国企业破产法》第31条第3项关于担保的撤销为视角

引 论

《中华人民共和国企业破产法》（以下简称"《企业破产法》"）第31条第3项规定，在人民法院受理破产申请前一年内，若债务人对没有财产担保的债务提供财产担保的，管理人有权请求人民法院予以撤销。实践中，关于该条款的具体适用范围存在着较大的争议。较为代表性的问题包括债务人为担保不足额债务追加担保的行为是否可撤销、债务人对外提供担保或保证的行为是否可撤销、债务人为借新还旧所生债务提供担保的行为是否可撤销等。我们拟根据对相关法律规定及司法案例的梳理及理解，对上述问题进行分析阐述。

一、破产撤销权概述

在债务人资不抵债或者即将陷入资不抵债的情况下，其债权人对于债务人的财产存在着公平清偿和债务人财产价值最大化的合理预期，由此产生法律对债务人财产加以保全和防止个别人抢先受偿的秩序要求。《企业破产法》针对破产程序开始之前债务人对财产的不当处分行为设置的破产撤销权正是应此要求而生。[1]

破产撤销权是指，债务人财产的管理人对于债务人在破产申请受理前的

---

〔1〕 王卫国：《破产法精义》，法律出版社2007年版，第86页。

法定期间内进行的对债务人财产或权利的不当处分而有损全体债权人公平清偿的行为,申请法院予以撤销并追回财产的权利[1]。破产撤销权源于《企业破产法》第 31 条[2]及 32 条[3]的规定,分别涵盖了破产受理申请前一年内债务人对财产权益的不当处分行为以及破产受理申请前六个月债务人的个别清偿行为。破产撤销权作为管理人有力的武器之一,在破产程序中发挥着保护债权人的重要功能。

更具体而言,破产撤销权具体行使方式之一是《企业破产法》第 31 条第 3 项规定的"担保的撤销",即人民法院受理破产申请前一年内,若债务人为没有财产担保的债务提供财产担保,其管理人可请求人民法院予以撤销,使被不当处分的债务人财产回归到无权利负担之状态。

这一规定的法理基础在于:在破产程序之中,担保权人和普通债权人的清偿地位完全不同。作为担保权人(亦称别除权人),根据《企业破产法》第 109 条"对破产人的特定财产享有担保权的权利人,对该特定财产享有优先受偿的权利"之规定,无需参与债务人破产财产的整体分配,可对特定的担保财产行使别除权,其权利具有优先性和排他性。若允许债务人为既有债务提供财产担保,则意味着本该参与整体分配的债权人仅因债务人相较于其他债权人具有了更为优越的权利,实际上使本应用于整体分配的财产被用于个别清偿,损害了破产程序中其他债权人的权益。在债务人为第三人债务提供财产担保的情形下,更是使得原本不应参与财产分配的第三人加入了债务人的财产分配程序之中,且能优先于其他债权人就担保物进行受偿,有违《企业破产法》之公平清偿原则。

此外,若赋予债务人为既有债务或第三人债务提供财产担保的行为以正当性,无疑为债务人与第三人串通以提供财产担保的形式转移财产的行为大开绿灯,难以对债务人利用破产程序逃避债务的行为形成有效预防和规制。

---

[1] 最高人民法院民事审判第二庭编著:《最高人民法院关于企业破产法司法解释理解与适用》,人民法院出版社 2017 年版,第 185 页。

[2] 《企业破产法》第 31 条规定:"人民法院受理破产申请前一年内,涉及债务人财产的下列行为,管理人有权请求人民法院予以撤销:①无偿转让财产的;②以明显不合理的价格进行交易的;③对没有财产担保的债务提供财产担保的;④对未到期的债务提前清偿的;⑤放弃债权的。"

[3] 《企业破产法》第 32 条规定:"人民法院受理破产申请前 6 个月内,债务人有本法第 2 条第 1 款规定的情形,仍对个别债权人进行清偿的,管理人有权请求人民法院予以撤销。但是,个别清偿使债务人财产受益的除外。"

由此，通过破产撤销权的制度设计对债务人为既有债务或第三人债务提供财产担保的行为予以规范确具有正当性及必要性。伴随着《企业破产法》第31条第3项从理论向实践的过渡，对于该条款的具体适用也产生了诸多争议，主要的问题包括：

(1) 债务人为担保不足额的自有债务追加财产担保是否应纳入破产撤销权的适用范围？

(2) 债务人为第三人债务提供财产担保的行为是否应纳入破产撤销权的适用范围？更进一步而言，债务人为第三人债务提供保证的行为是否应纳入破产撤销权的适用范围？

(3) 债务人对"借新还旧"所生债务提供财产担保的行为是否应当纳入破产撤销权的适用范围？

我们将在下文中就上述问题，结合法律规定及司法实践，进行详细的探讨和分析。

二、债务人为担保不足额的债务追加财产担保是否应当撤销

实践中，"为担保不足额的债务追加财产担保"通常表现为两种方式，第一种是，主债务金额过高，担保财产本身的价值不足额，应债权人要求，债务人追加新的财产担保；第二种情况则是，尽管担保财产本身的价值高于主债务金额，但仅为主债务的一部分而非全部提供担保，应债权人的要求，就无担保的部分债务追加提供财产担保。后者本质上是对"没有任何财产担保的债务"提供担保，属于《企业破产法》第31条第3项规定破产撤销权的适用范围，当无疑义，但前者是否可适用于破产撤销权，则当作进一步辨析。

对此，我们认为，破产撤销权的目的是对债务人在破产申请受理前的法定期限内不当处分财产或权利行为的纠正，以保证全体债权人公平受偿。对于财产担保不足额的债务，债权人在实现担保权时无法获得全额清偿，根据《企业破产法》110条[1]之规定，其未能完全受偿的部分本应作为普通债权参与整体分配。若是债务人为该笔财产担保不足额的债务追加财产担保，则其原本应参与整体分配的普通债权由于追加的担保又具有了优先的效力，本

---

[1] 《企业破产法》第110条规定："享有本法第109条规定权利的债权人行使优先受偿权利未能完全受偿的，其未受偿的债权作为普通债权；放弃优先受偿权利的，其债权作为普通债权。"

质上仍是对没有财产担保的债务提供了财产担保。因此，从法律效果出发，"没有财产担保的债务"应包括"没有足额财产担保的债务"。为担保不足额的债务追加财产担保亦属于"对没有财产担保的债务提供财产担保"的行为，该等行为对全体债权人公平受偿造成了损害，属于破产撤销权的适用对象。

司法实践中，部分法院对此问题亦持基本一致的裁判观点[1]，即对"没有财产担保的债务提供担保"的涵义不能理解为"只要该笔债务本身存在财产担保，无论财产担保是否足额都不符合该条规定"，而应当理解为"只要该笔债务无任何财产担保，或者该笔债务即使有财产担保，但财产担保未能足额，人民法院受理破产申请前一年内，涉及债务人又为该笔债务余下尚未足额担保的债务提供财产担保的"都符合《企业破产法》第31条第3项规定的可撤销情形。

三、债务人对外提供财产担保或者保证是否可撤销

在企业日常经营中，常常出现债务人为关联企业等第三人的债务提供财产担保的情形。从法律关系上而言，债务人并非为自身既有债务提供财产担保；但在效果上而言，对外提供财产担保同样可能会导致债务人财产的不当流失。但是，《企业破产法》第31条第3项规定的破产撤销权，针对的是人民法院受理破产申请前一年内债务人"对没有财产担保的债务提供财产担保"的行为。实践中，对于该条规定的"债务"是否包括第三人债务，存在较大争议。

为此，我们拟就下述问题进行分析：《企业破产法》第31条第3项的规定是否适用于债务人对外提供财产担保的情形？由此引申开来，若债务人企业在破产申请受理之前一年内为第三人的债务提供了保证，该保证是否同财产担保一样可归入破产撤销权的适用范围？

(一) 债务人对外提供财产担保是否可撤销

学界部分观点认为，根据对《企业破产法》第31条第3项的目的解释，债务人提供财产担保之行为应予撤销的原因在于其影响了已有债权人之间的受偿顺位，由于对外提供财产担保的实质是使原本无权参与分配的债权人直

---

[1] 参见天津市第二中级人民法院（2016）津02民终5786号《民事判决书》；成都市中级人民法院（2010）成民终字第4743号《民事判决书》。

接参与到了破产分配程序之中,并非对已有债权人的清偿顺位的调整,所以不能适用《企业破产法》第31条第3项关于"追加担保"情形下破产撤销权的相关规定,只能依据《企业破产法》第31条第1项关于"无偿转让财产"情形下破产撤销权的相关规定进行审查。

中国人民大学的王欣新教授认为:"可撤销的担保仅限于债务人以自己的财产为自己的债务设定的担保。只有进入破产程序的债务人的财产被设定物权担保,才会使担保债权人获得原本没有的就该破产财产的优先受偿权,进而损害其他债权人的利益。故他人为债务人的债务提供物权担保的,与破产公平清偿无关,不在可撤销行为之列。反过来,如果是破产的债务人为他人的债务而不是自己的债务提供物权担保,也不能适用这一规定加以撤销。因为该债权人并不是债务人的债权人,债务人的对外担保行为并没有造成在自己的破产债权人之间的清偿不公。""这种为他人债务提供物权担保的行为在性质上属于无偿行为,是可以考虑适用企业破产法第31条关于'无偿转让财产'行为的规定进行撤销的。"[1]

北京大学的许德风教授进一步提出,在债务人履行担保义务时,其已相应取得了对第三人的追偿权,此时不能当然认为为第三人提供担保属于"无偿转让财产"的行为,应根据不同的情形进行判断:(1)在债务人提供担保的同时,获取了相应对价的,如在担保和贷款互为前提时,债务人提供了担保,第三方获得了贷款,或者,在担保人尚对第三方负有债务的情况下,担保人为第三人提供担保后,其可以将追偿权与其所负债务进行抵销,不属于无偿转让财产;(2)债务人明知第三人无力偿还而仍为其借款提供担保的,在该种情形下,虽然债务人形式上享有对第三人追偿的权利,但该追偿权实际不可能实现,故仍构成无偿转让财产;(3)债务人在事后为第三人的既存债务提供担保时,若债务人并无担保义务,并且也未从第三人处获得任何对价,此时应推定债务人明知第三人无力偿还债务,同样应认定为"无偿转让财产"的行为。[2]

但在司法实践中,各地法院的裁判观点与学界主流观点存在分歧,即:

---

[1] 王欣新:《论"对没有财产担保的债务提供财产担保"行为的认定》,载《人民法院报》2016年1月27日,第7版。

[2] 许德风:《破产法论:解释与功能比较的视角》,北京大学出版社2015年版,第381~382页。

针对债务人对外提供财产担保的行为，仍然坚持适用《企业破产法》第31条第3项关于"追加担保"情形下破产撤销权的相关规定进行审查[1]，其理由主要包括：（1）未有法律明确规定《企业破产法》第31条第3项中的"债务"仅指债务人自身的债务；（2）对债务人自身的债务，《企业破产法》尚且不允许提供财产担保，对于债务人只承担义务不享有权利而为他人债务提供的财产担保，自然更为损害债权人利益，依法应予撤销。

对此，我们赞同司法实践中的裁判观点。首先，学界观点基于债务人只为自身债务提供财产担保的前提对《企业破产法》第31条第3项进行目的解释，从而认为《企业破产法》第31条第3项规定的目的是防止债务人对已有债权人的清偿顺位做出不合理变动，造成破产债权人之间的清偿不公。然后又以对外提供财产担保的行为不会影响已有债权人的清偿顺位为由，排除《企业破产法》第31条第3项规定对"对外提供财产担保行为"的适用，存在循环论证之嫌；其次，对外提供担保并不必然代表着担保物的转移，以《企业破产法》第31条第1项关于"无偿转让财产行为"之规定来审查债务人"对外提供财产担保的行为"，也面临"对外提供财产担保"与"无偿转让财产"之间的解释障碍；再次，根据许德风教授的观点，若债务人对外提供财产担保的同时使得第三人获得了对价，则该行为不属于无偿转让财产的行为，不可撤销。这无法排除债务人通过给关联企业提供财产担保，由债务人承担担保责任，使关联企业获得相应利益，变相地转移债务人财产的风险。因此，以《企业破产法》第31条第1项"无偿转让财产行为"之规定审查债务人对外提供财产担保的行为，限缩了破产撤销权的适用范围，削弱了破产撤销权应有的债权人保护功能。

我们认为，破产撤销权的目的在于给予管理人对债务人在法定期间内做出的可能导致债务人财产不当流失的行为作出纠正的机会，其重点在于审查债务人法定期间内的特定行为是否实际导致了债务人财产的不当流失。审查要素应包括三项：（1）债务人是否实施了特定的行为，即行为要件；（2）债务人实施特定行为是否处于《企业破产法》的法定期间，即期间要件；（3）债务人的行为是否导致了债务人财产的不当流失，即效果要件。

---

[1] 参见天津市第二中级人民法院（2016）津02民终5786号《民事判决书》；衢州市中级人民法院（2016）浙08民终1374号《民事判决书》。

就行为要件而言,《企业破产法》第31条第3项之规定系对行为要件的明确,由于其并未将债务人提供财产担保的"债务"限缩为"债务人自身的债务",所以债务人对外提供财产担保的行为符合破产撤销权的行为要件。

就效果要件而言,要审查债务人的行为是否满足"造成债务人财产不当流失"的效果要件,应判断债务人对外提供财产担保是否获取了合理的对价。关于"合理对价"的认定,我们认为:(1)对价应归属于债务人。如债务人提供财产担保后获取了与风险相对应的费用或其他利益当属合理对价,反之,债务人提供财产担保仅是为了使第三方获得利益则不属合理对价;(2)应以确定的法律对价为原则,以或然的商业对价为例外。如债务人获得了货币或其他财产,应属确定的法律对价,若债务人仅获得了商业机会(如以对外提供财产担保为签订某商业合同的条件),则其对价具有或然性,应当根据具体商业情形、合同履行情况由法院裁量是否合理,并决定该等对外担保行为是否应予撤销;(3)对价应与风险成正比,对外提供财产担保并不代表必然要承担担保责任,所以对价合理性的判断标准不应简单地等同于担保物的价值,而应结合担保人面临的风险综合判断。

综上所述,我们认为债务人对外提供财产担保之行为,应依据《企业破产法》第31条第3项,而非第1项的有关规定进行审查,若债务人对外提供财产担保并未获得合理对价,则该担保行为应属于破产撤销权的适用范围。

(二)债务人对外提供保证是否可撤销

债务人对外提供保证与债务人对外提供财产担保,虽具有类似功能,却属于完全不同的法律行为。债务人对外提供保证为债权人设立的是保证之债,债权人在破产程序中的地位属于普通债权人;债务人对外提供财产担保则属于担保物权的范畴,债权人在破产程序中的地位属于别除权人。基于保证与财产担保在法律性质上的差异,司法实践中一般认为债务人对外提供保证的行为不属于破产撤销权的适用对象[1],我们对有关裁判观点亦持赞同立场。

首先,破产撤销权的适用可能会对善意相对人的既得利益产生影响,故为维护正常交易秩序的稳定性,管理人可撤销的行为必须限定于我国《企业破产法》第31条、第32条的明文规定。

---

[1] 参见福建省高级人民法院(2016)闽民终50号《民事判决书》;四川省广安市中级人民法院(2017)川16民终414号《民事判决书》。

其次，债务人提供保证的行为系增加债务而非无偿转让财产行为，且债务人依法亦有权在承担保证责任之后向第三人追偿，故债务人对外提供保证的行为不符合《企业破产法》第 31 条第 1 项规定的情形。

再次，《企业破产法》第 31 条第 3 项规定的"财产担保"，应指债务人在"财产"上设立的可以排除一般债权人平等受偿权的"抵押、质押"等担保物权的行为。保证合同中的债权人在破产程序中并不享有优先于其他普通债权人受偿的权利，亦不符合《企业破产法》第 31 条第 3 项规定的可撤销的情形。

综上，我们认为，债务人对外提供保证的行为，并不满足《企业破产法》第 31 条的行为要件，不属于破产撤销权的适用对象。但除债务人在正常商业活动中提供的保证外，实践中还可能存在债务人通过破产程序逃废债务的情形，即债务人通过关联公司恶意对外提供保证，大幅度增加其对外负债，稀释其他普通债权人的债权，达到其转移财产之目的，实质上损害了债权人的利益。对于此种情形，我们认为尽管不能主张撤销该保证行为，但可依据《中华人民共和国合同法》第 52 条第 2 项[1]乃至《企业破产法》第 33 条第 1 项[2]之规定主张该保证行为无效。

四、债务人对"借新还旧"所生债务提供财产担保是否可撤销

在银行贷款业务中，存在着大量"借新还旧"的操作方式，这一方式既可以缓解企业的资金压力，同时也有利于减少银行不良贷款的比例，节省银行催收贷款的成本，降低信贷风险，实践中已得到了广泛的应用。在"借新还旧"模式下，企业与银行或第三方签订新的贷款合同，由企业以新的贷款偿还已到期的旧债，同时伴随着企业以其财产为新的贷款提供抵/质押担保。但我们认为，在企业陷入破产危险的情形下，根据《企业破产法》第 31 条第 3 项之规定，债务人对"借新还旧"所生债务提供财产担保的行为存在被撤销之虞。下文将对此展开详细的分析。

---

[1]《中华人民共和国合同法》第 52 条规定："有下列情形之一的，合同无效：①一方以欺诈、胁迫的手段订立合同，损害国家利益；②恶意串通，损害国家、集体或者第三人利益；③以合法形式掩盖非法目的；④损害社会公共利益；⑤违反法律、行政法规的强制性规定。"

[2]《企业破产法》第 33 条规定："涉及债务人财产的下列行为无效：①为逃避债务而隐匿、转移财产的；②虚构债务或者承认不真实的债务的。"

(一)"借新还旧"的内涵

对于"借新还旧"的法律内涵，现行法律并无明确规定，学理上亦存在不同的认识，有人认为"借新还旧"应作广义理解，分为"直接的借新还旧"和"间接的借新还旧"，也有人认为"借新还旧"应作狭义理解，仅指"直接的借新还旧"[1]。"直接的借新还旧"是指债务人向债权人借新贷，以偿还到期的旧贷；"间接的借新还旧"则是指债务人向第三方融资贷款以归还债权人的旧贷。最高人民法院的裁判观点均采狭义理解，即"借新还旧"系贷款到期不能按时收回，金融机构又向原贷款人发放贷款用于归还原贷款的行为[2]。

此外，关于"借新还旧"的法律属性，最高人民法院的有关裁判观点也经历了从"一个法律关系说"到"两个法律关系说"的演变[3]。"一个法律关系说"是指，"借新还旧"前后两个贷款合同主体相同，新贷款的发放全为归还旧贷款之用，债务人实际上未取得新贷款资金的完整使用权，虽然新贷偿还了旧贷，但贷款人与借款人之间的债权债务关系并未消除，客观上只是以新贷的形式延长了旧贷的还款期限，进而认为"借新还旧"的贷款本质上是旧贷的一种特殊形式的展期，是对原贷款合同的变更，并未成立新的法律关系。而"两个法律关系说"则认为，"借新还旧"在形式上存在两份贷款合同，实质上借款人和贷款人亦具有两项合意，即针对"旧贷"的合意以及"新贷"的合意，最终形成两个贷款合同法律关系，前后两个贷款合同相互独立，并不是对原贷款合同的延续和变更。

我们对最高人民法院的最新裁判观点持赞同立场，下文关于破产撤销权的有关分析探讨均以"借新还旧"的狭义理解和"两个法律关系说"为前提。即"借新还旧"是贷款人在未偿还贷款到期时，与原借款人又订立新的贷款合同，将新贷款用以偿还原贷款，据此消灭原有债权债务关系，形成新的债权债务关系的行为。

---

[1] 任一民：《既存债务追加物保的破产撤销问题》，载《法学》2015年10期；周莉：《借新还旧的法律问题》，载《楚天法治》2016年第5期。

[2] 参见最高人民法院（2008）民二终字第81号《民事判决书》。

[3] 参见最高人民法院（2008）民二终字第81号《民事判决书》；最高人民法院（2013）执监字第67号《执行裁定书》。

(二)对"借新还旧"所生债务提供财产担保行为的审查原则

根据"两个法律关系说",为借新还旧所生债务提供财产担保的行为,其指向的债务是新贷款,即意味着债务人在设立财产担保的同时,获得了贷款资金作为对价。因此,从形式上看,为"借新还旧"所生债务提供财产担保的行为并不满足破产撤销权的效果要件。但实际上,在原有贷款没有财产担保的情况下,为"借新还旧"所生债务提供的财产担保虽然指向的只是新贷款,但在效果上却使旧贷款获得了财产担保,该项新增的财产担保有可能使原有无财产担保的债权获得优先清偿的权利,从而变相减损债务人的财产。因此,"借新还旧"可能成为债务人转移财产、逃废债务的手段,具有预防和规制的必要性。

我们认为,对为"借新还旧"所生债务提供财产担保行为的认识,不应作过于刚性的理解。换言之,即使为"借新还旧"所生债务提供财产担保的行为表面上不完全符合破产撤销权的效果要件,但由于其效果上具有可撤销的法效,因此有必要纳入破产撤销权的审查范围。但在实体上认定该等行为是否应予撤销,则还应当考察债务人的主观意思,即债务人是否具有逃废债务的主观恶意。如果当事人之间存在通过"借新还旧"的方法抵押逃废债务的主观恶意时,则可以揭开"两个法律关系说"的面纱,将"借新还旧"中的两个债权债务法律关系进行合并审查,并撤销为借新还旧所生债务提供财产担保的行为。同时在审查中应当注意以下问题:

(1)《企业破产法》第31条通过列举的方式规定了五种在破产程序中可撤销的行为,但并未明确规定破产撤销权的适用是否必须审查当事人的主观恶意。在司法实践中,在适用《企业破产法》第31条第3项审查为"借新还旧"所生债务提供财产担保行为时,是否需审查债务人的主观恶意,不同法院的裁判观点存在分歧。部分法院认为,应当审查债务人和债权人在"借新还旧"的交易中主观上是否存在恶意,并以此作为认定可撤销的标准。[1]但也有法院认为,"《企业破产法》第31条的立法精神在于保护破产企业的普通债权人的利益,该条规定的可撤销的情形,并不要求考证当事者的动机是善意的还是恶意的,无论是否存在恶意都不构成可撤销的先决条件,对旧贷还是

---

[1] 参见绍兴市中级人民法院(2014)浙绍商终字第989号《民事判决书》;参见温州市中级人民法院(2012)浙温商终字第1326号《民事判决书》。

新贷所产生的债务提供抵押担保,对抵押行为的撤销与否都不产生影响",并据此直接认定为"借新还旧"所生债务提供财产担保的行为属于可撤销的情形[1]。而我们认为,《企业破产法》第31条关于"破产撤销权"的各项规定并非不考虑当事人的主观因素,而是均已包含对主观因素的否定性认定标准,即明显的或推定的恶意。该条规定的"无偿转让财产""以不合理低价进行交易""对未到期债权进行清偿"以及"放弃债权"等,均是债务人具有明显恶意的行为;而"对没有财产担保的债务提供财产担保"的行为也具有推定的恶意。因此,为"借新还旧"所生债务提供财产担保的行为是否应予撤销,应当考察债务人的主观意思。

(2)如前述观点,根据"两个法律关系说",从形式上看,新设立的财产担保行为并不满足破产撤销权的行为要件。实践中,"借新还旧"往往是债务人企业在财务发生危机、资金困难的状况下采取的一种常规的债务展期手段,其行为本身具有一定的合理性和必要性,亦对企业维持正常运营、走出经营困境、避免破产停业有所助益。因此,"借新还旧"已在市场中得到了较为广泛的深度应用,若贸然对为"借新还旧"提供财产担保的行为予以否定性的法律评价,无疑将给市场中企业与金融机构或第三方之间的既有债权债务带来冲击,甚至可能引发和加重企业断贷、破产等一系列危机。因此,判断该等行为是否应当纳入破产撤销权的适用范围时应当从严审查,即有必要对当事人的主观意思,即当事人是否具有通过"借新还旧"的模式逃废债务的主观恶意进行考察。如果不能认定当事人存在主观恶意的,为"借新还旧"所生债务提供财产担保的行为原则上不应属于破产撤销权的适用对象。

(3)在破产撤销权诉讼中,审查为"借新还旧"所生债务提供财产担保的行为人的主观恶意时,应当由行使破产撤销权的管理人承担当事人存在主观恶意的举证责任。在管理人无法完成相应举证义务的,不宜根据"债务人财产客观上存在不当流失"的事实推定机械地推定当事人主观上存在恶意,避免对既有交易关系的稳定性和安全性造成不利影响,进而加剧经营困难企业通过"借新还旧"方式进行融资的难度,增加其为解决经营困境而实施的正当行为之法律风险。

综上所述,对于为"借新还旧"所生债务提供财产担保的行为之审查,

---

[1] 参见成都市中级人民法院(2010)成民终字第4743号《民事判决书》。

应以不可撤销为原则，以可撤销为例外。即仅在管理人能够证明当事人具有以"借新还旧"之形式转移财产、逃废债务的主观恶意时，才可揭开"两个法律关系说"的面纱，将两个法律关系进行合并审查，从而将为"借新还旧"所生债务提供财产担保的行为纳入可撤销的范围；相反，若管理人未能充分证明当事人存在以"借新还旧"之名行转移财产之实，则应坚持"两个法律关系说"的观点，管理人不能就为新贷设立的财产担保主张撤销。

结　论

《企业破产法》第31条第3项规定的破产撤销权的核心价值在于，通过对债务人在破产程序前提供不当财产担保的行为进行纠正，从而保护债权人的利益。但在面对《企业破产法》司法实践中纷繁复杂的情形，须避免对该条款作过于机械、刚性和狭隘的解释和适用。在面对"为担保不足额的债务追加财产担保""对外提供财产担保"和"为借新还旧所生债务提供财产担保"的行为时，应适当采取目的性从宽解释的方法加以适用；同时，也应严格遵循《企业破产法》的框架体系，尊重市场规律，将"对外提供保证"的行为排除在破产撤销权的适用范围外，并对"为借新还旧所生债务提供财产担保"的行为施以严格的适用条件。

我们相信，通过个案的司法实践，充分发挥司法裁判者的智慧，准确把握《企业破产法》优先保护全体债权人利益，兼顾债务人、个别债权人乃至第三人利益的价值判断，可以实现合理平衡债务人和债权人利益，弥补现行《企业破产法》立法和司法解释的刚性与不足的目标，从而维护立法和司法解释的权威，提升其实现的法律实效。

浅议个别清偿破产撤销权的例外性规则

引 言

破产程序的债务清偿区别于一般债务清偿最主要的特点在于，前者的目的是通过集体程序公平清偿全体债权人的债权。[1]为此，各国破产法一般禁止债务人在具有破产原因的情况下，仍对个别债权人单独清偿，以避免同一性质的债权被区别对待，以期实现债权的平等和公平分配。[2]《中华人民共和国企业破产法》（以下简称"《企业破产法》"）第32条亦规定："人民法院受理破产申请前6个月内，债务人有本法第2条第1款规定的情形，仍对个别债权人进行清偿的，管理人有权请求人民法院予以撤销。"

但是，如果无差别地撤销所有债务人处于破产申请受理前六个月内的个别清偿行为，则会过分限制债务人的处分权利，导致正常的商业交易受到损害。因此，为了保护正常的商业交易，平衡全体债权人和个别债权人之间的利益冲突，《企业破产法》第32条以但书形式规定"个别清偿使债务人财产受益的除外"，作为破产临界期内个别清偿撤销的例外，以此作为对个别清偿行为撤销的限制。

并且，为了进一步明确不适用破产撤销权的个别清偿行为的认定标准，《最高人民法院关于适用〈中华人民共和国企业破产法〉若干问题的规定（二）》（以下简称"《企业破产法司法解释二》"）第14条、第15条、第

---

〔1〕 王卫国：《破产法精义》，法律出版社2007年版，第93页。
〔2〕 胡利玲：《如何理解破产临界期内个别清偿使债务人财产受益——对我国偏颇清偿例外的重释与情形补足》，载《人民司法》2019年第22期。

16条[1]分别规定和列举了以下四种关于个别清偿撤销的例外情形：（1）对以自有财产设定担保物权的债权进行的个别清偿；（2）经诉讼、仲裁、执行程序对债权人进行的个别清偿；（3）债务人为维系基本生产需要而支付的水电费等；（4）债务人支付劳动报酬和人身损害赔偿金等。同时，《企业破产法司法解释二》第16条第3项规定了"使债务人财产受益的其他个别清偿"，作为破产撤销权例外规则的兜底条款。

尽管如此，由于《企业破产法司法解释二》所列举的情形有限，尤其是《企业破产法》及相关司法解释本身针对"个别清偿行为使债务人财产受益"的具体认定标准仍然未作出明确的规定，加之在具体个案中，不同法官在对于是否属于个别清偿撤销的例外情形的认定上存在明显差异，导致在我国破产司法实践中尚未形成统一的裁判规则，甚至频繁出现对相同或相似案件作出截然相反判决的现象，不仅损害了司法的权威，而且可能损害全体债权人的利益，违背公平清偿原则，也可能侵害个别债权人的合法利益，对正常商业交易安全造成损害，不利于市场交易的稳定。因此，确有必要对于《企业破产法》规定的个别清偿撤销的例外进行反思、释明及补充，为司法实践提供参考。

一、个别清偿撤销例外的主观构成要件分析

个别清偿撤销例外的主观构成要件，是指受领清偿的债权人是否为主观上善意的债权人。所谓善意，是指受领清偿的债权人在接受债务人的清偿财产时，并未知晓债务人已经具有破产的原因。所谓恶意，是指债务人已知其不能清偿到期债务，仍对个别债权人予以清偿，而且受领清偿的债权人也明知债务人已经具备破产原因的情况，两者存在意思表示上的一致性。

---

[1]《企业破产法司法解释二》第14条规定："债务人对以自有财产设定担保物权的债权进行的个别清偿，管理人依据企业破产法第32条的规定请求撤销的，人民法院不予支持。但是，债务清偿时担保财产的价值低于债权额的除外。"第15条规定："债务人经诉讼、仲裁、执行程序对债权人进行的个别清偿，管理人依据企业破产法第32条的规定请求撤销的，人民法院不予支持。但是，债务人与债权人恶意串通损害其他债权人利益的除外。"第16条规定："债务人对债权人进行的以下个别清偿，管理人依据企业破产法第32条的规定请求撤销的，人民法院不予支持：①债务人为维系基本生产需要而支付水费、电费等的；②债务人支付劳动报酬、人身损害赔偿金的；③使债务人财产受益的其他个别清偿。"

目前，我国的《企业破产法》并未明确规定个别清偿撤销例外的主观构成要件。因此，司法裁判对个别清偿破产撤销权例外规则主观构成要件的确认就存在两种不同的裁判立场：

第一种裁判立场认为，由于我国现行法律制度并未将主观上存在恶意作为破产撤销权的成立要件之一，因此个别清偿行为只要满足《企业破产法》所规定的可撤销行为必须具备的三个条件，都应当予以撤销：（1）个别清偿行为发生在人民法院受理破产申请前6个月内；（2）债务人必须具有《企业破产法》规定的破产情形；（3）个别清偿行为使债务人财产减少，而不论债权人主观上是否存在恶意。[1]

第二种裁判立场则认为，由于我国现行法律对个别清偿撤销例外的构成要件的规定有所欠缺，未能考虑债权人的主观条件，但根据民法基础法理而言，债权人的主观善意行为应该得到法律的支持与保护。因此，确有必要对善意受领的债权人提供相应的保护，在没有证据证明债权人主观存在恶意的情况下，债权人受让债务人的清偿款项并不违反法律禁止性的规定，是善意的合法行为，则不应予以撤销。[2]

由此可见，尽管我国法律没有规定个别清偿撤销例外的主观要件，但是在司法实践中已有司法裁判尝试通过解释法律，对善意受领的债权人提供相应的保护。然而，根据我们的初步统计，尽管目前不乏支持第二种裁判立场的案例，但司法实践中更多的案例是支持第一种裁判立场。比如，王东敏法官主张："针对债务人和相对人的所有交易行为，不问是否为正当交易，均予以撤销，虽然破坏了交易关系的稳定性和可信性，但由于法律对该期限的规定是明确和透明的，在债务人遭遇破产这一特别事件时，允许对先行的行为作出反悔，所有民事主体均应承担同样的义务，这在法律制度的安排上是公平的。"[3]

与之相对，学界多数意见认为，应当将主观恶意作为个别清偿撤销例外的主观构成要件。比如，我国台湾地区学者陈荣宗先生认为："对于一个毫无主观

---

[1] 参见广东省高级人民法院（2018）粤民终887号《民事判决书》。

[2] 参见江苏省南通市港闸区人民法院（2009）港民二初字第0168号《民事判决书》，载《人民司法·案例》2010年第6期；浙江省临海市人民法院（2016）浙1082民初4683号《民事判决书》；江苏省苏州市吴江区人民法院（原江苏省吴江市人民法院）（2019）苏0509民初2112号《民事判决书》；浙江省象山县人民法院（2017）浙0225民初852号《民事判决书》。

[3] 王东敏：《新破产法疑难解读与实务操作》，法律出版社2007年版，第198~199页。

恶意的债权人而言，接受债务人对其届期债务的清偿也是一种履行法定义务的行为，不应构成被撤销的原因。"[1]我们亦赞同其合理性，其主要理由在于：

首先，从破产法历史发展角度进行考察，破产法制度建立初期的主要目的是保护债权人的利益并使其获得公平清偿，但是随着社会的发展，破产法理念渐渐产生了变化，"企业破产法经历了从债权人本位——债权人与债务人的利益平衡本位——再到社会利益与债权人、债务人利益并重的嬗变，立法者在设计法律制度调整某种社会关系时，总是在特定的社会环境下在不同利益之间作出权衡，体现了对各种权益保护的不同价值取向。"[2]

对个别清偿到期债务的撤销，旨在追求破产财产的价值最大化，最大程度地保障债权人之间的公平受偿。为此在特定的情况下，就必须舍弃债务人与相对人的交易安全，然而该等规定明显违背了民法契约自由的原则，因此其在破产法上的适用必须受到适度限制。

其次，从道德层面而言，对于到期债权的债权人来说，接受债务人的履行本身是一种合法守信行为，对于善意受偿的债权人应当予以保护。如果行为人主观上是善意的，即债权人不知道债务人到了破产界限而受领，债务人也没有明知其不能清偿到期债务而故意向个别债权人清偿，且清偿行为已实际上履行完毕，则不应予以撤销。为此，王欣新教授也指出："此项规定（个别清偿破产撤销权制度）乃一柄双刃剑，它虽然具有制约恶意优先清偿之作用，但同时也会使债务人在此期间内所有的自愿或非自愿的清偿行为面临可能全部被撤销的风险，损害善意第三人的权益，会严重影响交易的安全和经济秩序的稳定。"[3]换言之，破产法所保障的债权人之间的公平受偿的基础，是以损害善意交易相对人或善意债权人的合法利益的不公平代价来换取的。从表象上来看，似乎应当是全体债权人的整体利益大于个别债权人的利益，但是该等价值衡量却并非必然正确，因为表象下的实质是以拟制的法律规则对社会诚信的否认以及对商业交易安定的冲击，其所产生的社会负面作用将极其可怕。

正本清源，破产法律关系的基础首先应是一种民事法律关系，故其理应

---

[1] 张志新：《对个别清偿行为行使破产撤销权的构成要件》，载《人民司法》2010年第6期。
[2] 张志新：《对个别清偿行为行使破产撤销权的构成要件》，载《人民司法》2010年第6期。
[3] 王欣新：《破产撤销权研究》，载《中国法学》2007年第5期。

受到民法上诚实信用原则的约束，对于到期债务的清偿行为而言，只要债务人、债权人主观上是善意的，没有借破产之机而破坏公平受偿的恶意，则其本质上是一种合法诚信的行为，法律应当予以维护和鼓励，特别在社会信用缺失的现实之下，维护合法诚信行为的社会意义已经远远超出了个别债权人受偿行为的本身。[1]

而从比较法角度观察，尽管各国对于个别偏颇性清偿行为的撤销是否采取主观要件标准的立法规定各有不同，但在债权人善意受领债务人履行的情况下，法律对债务人清偿行为的撤销通常都持较为谨慎的态度，这是为了引导商业行为形成合理的预期，防止交易相对人过于担心其权利沦为普通破产债权而过分谨慎地减少交易，同时也保护商业交易市场的稳定。

德国、日本以及美国的《破产法》均以不同形式在债权人的主观行为条件上对债权人给予保护。德国破产法认定"个别清偿行为发生时债权人的主观行为状态（即债权人是否知悉有关清偿行为将会损害其他债权人获得公平受偿的权利）是判定该个别清偿行为是否应该撤销的关键因素，即判断债务人在破产临界期内对已到期债务清偿的行为的撤销与否，必须考虑债权人的主观意思。[2]根据《德国破产法》第130条的规定，对于"应为清偿行为只有在债务人已经陷入支付不能且债权人明知债务人支付不能的情况下方可以进行撤销，而对于该主观要件，法律并不要求证明债权人头脑中的真实状态，而是只要证明存在可以有效推论出被告头脑中状态的事实即可。"[3]虽然《美国破产法》并未明确将债权人的主观要件纳入个别清偿的构成要件中，但是其采用客观的立法方式尽可能详细地列明了偏颇性清偿的例外情形，实质是以"主观要件客观化"的方式给予善意受偿的债权人间接性的保护。（具体请详见下文第三部分中《美国破产法》对个别清偿撤销例外的规定）

诚然，我国《企业破产法》起步较晚，企业破产制度尚不够完善，因此，在司法实践中，债务人利用破产之际为了逃避债务而进行偏颇清偿，从而损害债权人公平受偿的现象不在少数，诸如债务人以其负有关联企业、亲朋好友之债务为由，在破产受理之前先行给予偏袒性清偿；债权人得知债务人行

---

[1] 张志新：《对个别清偿行为行使破产撤销权的构成要件》，载《人民司法》2010年第6期。

[2] 李永军：《破产法的程序结构与利益衡平机制》，载《政法论坛》2007年第1期。

[3] 许德风：《论偏颇清偿撤销的例外》，载《政治与法律》2013年第2期。

将破产、哄抢财产等现象较为常见。为此，对于这类行为明显反映出债务人或债权人的主观恶意行为，则应依据《企业破产法》第 32 条均予以撤销，以保护债权人公平获得受偿的权利。但是，当债务人也可能出现了《企业破产法》所规定的破产条件，而该等情形又不为债权人所知悉，且撤销权人也没有充分的证据加以证明债权人主观上存在恶意的情况下，债权人依照合同的约定获偿债权，其并不违反法律禁止性规定，是善意合法的行为，则不应被撤销。

二、个别清偿撤销例外的客观构成要件分析

本文所讨论的个别清偿撤销例外的客观构成要件，是指《企业破产法》第 32 条但书部分规定的"个别清偿使债务人财产受益"及其司法认定标准。

正如引文所述，由于现行《企业破产法》及相关司法解释未能明确规定清偿使债务人财产受益的标准，导致我国司法实践中对此认定标准尚不统一，人民法院在个案中依靠法官个人对破产法和司法解释的理解对法律加以解释适用，进而形成了不同的裁判立场。但我们通过中国裁判文书网等公开途径检索整理，发现我国法院在个别清偿破产撤销权例外客观构成要件中存在以下三类不同的司法裁判立场：

第一种裁判立场认为，只有个别清偿行为使债务人增加的财产大于其减少的财产，才能认定为满足"使债务人财产受益"的条件，即债务人的破产财产利益必须要有一定的增量，才能适用个别清偿破产撤销的例外规则。[1]

第二种裁判立场认为，只要个别清偿行为并未导致债务人（存量）财产不当减少而影响全体债权人利益的，则视为"使债务人财产受益"，就不属于应当撤销的个别清偿行为，即可适用个别清偿破产撤销的例外规则。比如，债务人向债权人清偿相应债务，同时债权人又向债务人进行借款，或财务资料记载又恢复相应的债权，则债务人向债权人清偿债务的行为并未导致债务人财产的不当减少进而影响全体债权人的利益，因此不宜适用我国《企业破产法》中的规定认定为应撤销的个别清偿行为。又如，债务人于危险期间向

---

〔1〕参见浙江省湖州市中级人民法院（2019）浙 05 民终 1765 号《民事判决书》；江苏省无锡市中级人民法院（2020）苏 02 民终 136 号《民事判决书》；江苏省南通市中级人民法院（2017）苏 06 民终 2665 号《民事判决书》；山西省翼城县人民法院（2018）晋 1022 民初 1149 号《民事判决书》；江苏省泰州市海陵区人民法院（2018）苏 1202 民初 6784 号《民事判决书》；江苏省常熟市人民法院（2016）苏 0581 民初 5625 号《民事判决书》。

其他债权人进行借款，并将借款用于偿还另一部分债权人，则最后仅仅是产生债权集中转移的效果，也不属于恶意减少债务人财产的行为，因此不应撤销债务人向债权人清偿债务的行为。[1]

第三种较为特殊的裁判立场是，即使债务人财产减少，但是在一些特殊情形下仍然存在适用破产撤销例外规则的空间。对使破产企业受益的同时履行行为，如即时交易等，属于正常商业交易中的等价交换，债务人在支付金钱对价造成财产减少的同时，又获得了货物及相应的价值，即破产财产又得到了增加。在清偿价值和新增价值相互抵销后，在债务人因取得货物而使破产财产新增价值范围内，不存在不当减少债务人财产的情形，而双方的交易行为系当即发生的正常双务有偿合同的履行，在该交易行为中显属善意，也未损害其他债权人的利益，因未出现偏颇性清偿的后果，不属于法律和司法解释规定的应予撤销的个别清偿行为，法律对当事人的交易自由和交易安全应予保护，不应被撤销。[2]

就个别清偿撤销例外的客观构成要件这一问题，学界的主流观点也倾向于支持上述第二种和第三种司法裁判立场，而不赞同完全拘泥于立法文本"使债务人财产受益"的规定而机械地适用法律的第一种裁判立场。

首先，一般认为，对债务人的破产财产没有损害的等值（或超值）交易，可以适用个别清偿破产撤销的例外规则。如果债务人在清偿的同时换取了等值或者超值的标的物，则其清偿行为就应该被认定为并未构成破产财产价值的减少，因此也就不存在撤销的正当理由。而在实践中，判断超值交易往往较为容易，难点就在于如何判断"等值"。

从实务界和学界的主流观点来看，应该注意考察以下三个方面：（1）充分尊重市场规律，对于特殊商品的交易应该综合考量包括交易习惯在内的各

---

[1] 参见上海市第二中级人民法院（2017）沪02民终11851号《民事判决书》；浙江省台州市中级人民法院（2016）浙10民终1942号《民事判决书》；辽宁省高级人民法院（2018）辽民终429号《民事判决书》；浙江省象山县人民法院（2017）浙0225民初852号《民事判决书》。

[2] 参见浙江省杭州市中级人民法院（2020）浙01民终3899号《民事判决书》；江苏省苏州市中级人民法院（2018）苏05民终9287号《民事判决书》；江苏省无锡市中级人民法院（2016）苏02民终3797号《民事判决书》；广东省佛山市中级人民法院（2013）佛中法民二终字第956号《民事判决书》；浙江省临海市人民法院（2016）浙1082民初4683号《民事判决书》；江苏省常熟市人民法院（2017）苏0581民初8392号《民事判决书》；江苏省常熟市人民法院（2017）苏0581民初1458号《民事判决书》；北京市房山区人民法院（2009）房民初字第8088号《民事判决书》。

相关的市场,并要素加以全面判断;(2)结合破产的特殊性,充分考虑债务人企业的实际情况,应该是使债务人积极财产的增加,而非债务人消极财产的增加及债务的减少;[1](3)获得"后续新价值",在考量等价有偿交易中债务人支付货款的清偿行为时,必须考虑到:债务人在支付金钱对价造成财产减少的同时,又获得了货物及相应的价值,即破产财产又得到了增加。[2]在清偿价值和新增价值相互抵销后,在债务人因取得货物而使破产财产新增价值的范围内,因未出现偏颇性清偿的后果,故不应被撤销。

其次,对于一些特殊交易,比如与债务人进行即时交易未造成破产财产的不当减少,也存在个别清偿破产撤销例外规则的适用空间。

许德风教授对此主张:"在经济根源上,破产这一结果来源于市场'优胜劣汰'的运转而在技术层面,信用交易是破产的'根源'。交易中的'信用'主要体现在远期交易时给付与对待给付的'时间差'上。信用与破产的基本关系是若债权人自愿与债务人进行信用交易,授予债务人以一定的'信用',便同时也应承担债务人由于主客观原因失信的破产后果。"[3]换言之,在双方进行即时交易,即合同双方当事人同时履行的交易时,一方履行的前提是对方也同时进行相应的履行,双方互不授予对方信用,也就意味着债务人未授予债务人信用,在该等情况下,法律应保护债权人从债务人处取得的财产或权利不受破产撤销的影响。而且即时交易中的对价,既可以是现金,也可以是在货物、服务或权利中所体现的相应价值。

但是,对"即时交易"的理解,是否局限于同时履行、没有任何履行先后顺序的交易?从实务合理性而言,我们认为,未必作此等绝对理解,否则极可能导致在个别清偿撤销权起算期的债务人企业无法与外部交易对手从事并完成能够缓解债务人困境的交易行为。比如,债务人在破产前六个月内向交易相对人采购货物或借款,并且在六个月内又向交易相对人支付货款或还款,该等付款行为或还款行为仍应可以理解为即时交易,即个别清偿行为涉及的债务发生原因也发生在破产撤销权起算期内(破产前六个月),也可以例

---

[1] 许德风:《论偏颇清偿撤销的例外》,载《政治与法律》2013年第2期。

[2] 黄强益:《获得"后位新价值"的个别清偿不应被撤销——浙江瑞安法院判决润隆公司管理人诉平安银行瑞安支行请求撤销个别清偿行为纠纷案》,载《人民法院报》2006年12月1日,第06版。

[3] 许德风:《论偏颇清偿撤销的例外》,载《政治与法律》2013年第2期。

外地不适用破产撤销。

最后,我们从比较法角度来考察《美国破产法》对个别清偿撤销例外的规定,以思考其对我国破产法立法和实践的借鉴意义。

我国《企业破产法》第32条与《美国破产法》的立法形式类似,均采取了列举的方式对个别清偿的例外情形进行规定,但是与我国不同,《美国破产法》第547条采用类型化的方式规定了偏颇清偿撤销的例外情形,具体如下:(1) 同时发生新价值:同时发生新价值是指,债务人和债权人的交换基本在同时发生,并且这种交换是为了使得债务人获得新价值。[1]《美国破产法》第547条a项规定只要双方自愿进行同时的价值交换,并且这种交换是为了债务人获得新价值,那么即使该等行为符合一般的构成要件也不构成个别清偿;(2) 对正常债务的清偿:对正常债务的清偿,是指债务人的清偿行为符合其长久以来的交易习惯且从商业惯例来看也是正当合理的。[2]《美国破产法》第547条b项将债务人的清偿行为符合其长久以来的交易习惯且从商业惯例判断正当合理的正常债务清偿排除在撤销的范围之外,有利于保障处于经济困境中的债务人通过正常交易获得经营所需,维持债务人的持续经营;(3) 后位新价值:后位新价值也称为"净结果原则",是指在债权人因为债务人未能偿还到期债务的情况下拒绝提供新的信用贷款或者服务,债务人为了获得新的信用或服务对债权人进行清偿,债权人基于此提供了新的信用,此种新信用与之前的清偿相抵,所获得的新价值即后位新价值。[3]《美国破产法》第547条(c)(4) 将此种情形获得的新价值称之为"后位新价值",并规定为偏颇清偿撤销的例外情形。[4]

可见,《美国破产法》的立法模式将个别清偿的例外情形进行了类型化列

---

[1] 李飞:《当代外国破产法》,中国法制出版社2006年版,第577页。
[2] 潘琪:《美国破产法》,法律出版社1999年版,第159页。
[3] 李飞:《当代外国破产法》,中国法制出版社2006年版,第577页。
[4] 这一规则在我国破产法司法实践中也有所体现,例如,在润隆公司管理人诉平安银行瑞安支行请求撤销个别清偿行为纠纷案中,债务人润隆公司为了让债权人继续提供新贷款,对先前存在的到期债务进行清偿,清偿后,债权人随即根据新的信用提供了贷款。参见黄强益:《获得"后位新价值"的个别清偿不应被撤销——浙江瑞安法院判决润隆公司管理人诉平安银行瑞安支行请求撤销个别清偿行为纠纷案》,载《人民法院报》2006年12月1日,第06版。参见浙江省温州市中级人民法院(2016)浙03民终2847号《民事判决书》;浙江省瑞安市人民法院(2015)温瑞商初字第5901号《民事判决书》。

举,具有直观明确的特点,能够清晰明了地指导司法裁判机关对具体个案的审判,有利于法官在司法裁判时确定统一的审判标准,避免同案不同判情况的发生,对破产法立法和实践具有一定的参考价值。

结　语

　　企业破产制度在保护债权人获得公平清偿的同时,也不应过分损害商事交易的安全。为此,应构建合理的个别清偿撤销制度。然而,我国《企业破产法》第32条但书规定对于个别清偿撤销的例外规定过于简单抽象,故未能周严,导致在司法实践中未能提供明确而具体的裁判标准,法官在具体案件中自由裁量的范围过大,容易产生同案不同判的结果。立法者和司法裁判者可以考虑对《企业破产法》第32条及其司法解释的理解和适用作如下完善,以期促进我国企业破产相关方面的法治建设和发展:(1)在个别清偿例外规则的构成要件中加入主观构成要件,保护善意受偿债权人的利益;(2)细化个别清偿撤销制度的例外规定,采用概括式,结合列举式的立法方法,对个别清偿撤销的例外情形进行类型化的规定。

准行政清理程序转破产程序案件的撤销权临界期起算点问题研究

引 论

一般情况下,如果企业出现了破产事由,相关当事人可以向法律提出破产申请。但在实践中,还有两种特殊情形:(1)商业银行、证券公司和保险公司等金融机构存在重大经营风险、存在破产原因,而首先进入行政清理程序,然后转入破产清算程序;(2)一般企业首先进入强制清算程序,发现存在资不抵债的情况后转入破产清算程序。这类情况就涉及到行政清理程序、强制清算程序同破产清算程序的衔接问题。

基于完善程序衔接的目的,从可撤销行为的临界期起算点入手,避免因为行政清理或者强制清算程序占用的时间导致相关损害全体债权人利益的行为不能被撤销的后果,最高人民法院《关于适用〈中华人民共和国企业破产法〉若干问题的规定(二)》(以下简称"《企业破产法司法解释二》")第10条明确规定了行政清理程序和破产清算程序、强制清算程序与破产清算程序转换中破产撤销权的起算点:"债务人经过行政清理程序转入破产程序的,企业破产法第31条和第32条规定的可撤销行为的起算点,为行政监管机构作出撤销决定之日。债务人经过强制清算程序转入破产程序的,企业破产法第31条和第32条规定的可撤销行为的起算点,为人民法院裁定受理强制清算申请之日。"

准行政清理程序转破产程序案件的撤销权临界期起算点问题研究

根据最高人民法院的观点[1]，结合《企业破产法司法解释二》第 10 条第 1 款的立法背景可知[2]，该条款所指"债务人"是指商业银行、证券公司、信托公司、保险公司等金融机构。这是因为，根据我国现行立法的规定，行政清理程序主要出现在此类金融机构出现重大经营风险、存在破产原因的情形中。在这一领域，尤其以证券业的监管立法最为明确。根据国务院《证券公司风险处置条例》第 19 条、第 21 条[3]的明确规定，国务院证券监督管理机构有权直接撤销证券公司，并按照规定程序选择律师事务所、会计师事务所等专业机构成立行政清理组，对该证券公司进行行政清理。

然而，随着我国证券、信托等行业整顿治理工作进入尾声，以及我国经济发展进入到新时期、新阶段和新常态，尤其是实体经济发展过程中出现了大量经营困难企业，导致实践中出现一类新的情况，即就一些资产巨大、债权债务关系复杂，对当地经济发展和社会稳定具有重大影响，但企业实际控制人及股东已经无力承担经营管理职责的困难企业，在其正式进入法院受理的破产重整程序前，为防范地方金融风险及社会稳定风险，由企业所在地政府及其有关部门主动牵头成立工作组等处置机构，进驻并接管该企业，并依

---

[1] 最高人民法院民事审判第二庭编著：《最高人民法院关于企业破产法司法解释理解与适用》，人民法院出版社 2017 年版，第 198 页。

[2] 自 2004 年我国证券业危机集中爆发，中国证券监督管理委员会成立证券公司风险处置办公室统一部署证券业风险处置工作，至 2008 年国务院制定并颁布《证券公司风险处置条例》，中国证券监管机构通过停业整顿、托管、接管、行政重组和撤销在内的多种方式对证券公司进行风险处置，涉及全国各地证券公司近三十家。2007 年，现行《企业破产法》正式颁行，诸多证券公司由行政机关主导的清理程序转入司法机关主导的破产清算程序。在这种情况下，《企业破产法司法解释二》第 10 条应运而生。参见王劲松：《行为金融视角下的证券市场有效性研究》，北京大学 2010 年博士学位论文。同样，我国信托业也存在类似的监管历史。1999 年 2 月 7 日，国务院办公厅转发《中国人民银行整顿信托投资公司方案的通知》，信托业开始历时最长、最彻底的第五次清理整顿。第五次整顿后重新登记的 59 家信托公司中，又查出约 1/3 存在问题。2007 年 3 月 1 日，中国银行业监督管理委员会修订的《信托公司管理办法》和《信托公司集合资金信托计划管理办法》正式实施，信托业开始第六次整顿。

[3] 《证券公司风险处置条例》第 19 条规定："证券公司同时有下列情形的，国务院证券监督管理机构可以直接撤销该证券公司：①违法经营情节特别严重、存在巨大经营风险；②不能清偿到期债务，并且资产不足以清偿全部债务或者明显缺乏清偿能力；③需要动用证券投资者保护基金。"第 21 条规定："国务院证券监督管理机构撤销证券公司，应当做出撤销决定，并按照规定程序选择律师事务所、会计师事务所等专业机构成立行政清理组，对该证券公司进行行政清理。撤销决定应当予以公告，撤销决定的公告日期为处置日，撤销决定自公告之时生效。本条例施行前，国务院证券监督管理机构已经对证券公司进行行政清理的，行政清理的公告日期为处置日。"

托企业原有的经营管理人成员，维持企业基本生产经营活动，在此基础上，工作组等处置机构对企业进行清资核产，推进其资产和债务重组工作，试图化解企业债务风险。

针对这种类似于行政清理程序的预重整程序，是否可以参照适用或者准用《企业破产法司法解释二》第10条第1款关于破产撤销权临界期起算点的有关规定，我们拟作初步探讨，以启共识。

一、准行政清理程序转破产程序案件准用《企业破产法司法解释二》第10条第1款的法理基础

依照《中华人民共和国企业破产法》（以下简称"《企业破产法》"）第31条[1]的规定，代表债务人（破产企业）行使破产撤销权的主体是管理人。由此可见，《企业破产法》中关于破产撤销权立法的法理基础之一在于，撤销权的行使主体和被撤销行为的实施主体不是同一的，管理人作为债务人（以及全体债权人）的利益代表，其撤销的对象是在破产受理之前（即管理人接管债务人之前）债务人在其原意思机关主导下作出的有损全体债权人利益的行为。

在这个意义上，《企业破产法司法解释二》第10条第1款的合理性基础则是，对于经行政清理转入破产清算的金融机构而言，在其启动行政清理程序时，事实上已经符合启动破产清算程序的条件，只是基于特殊程序前置的需要而未启动。在行政清理期间，债务人的经营管理层已经被行政清理组接管，不可能发生可撤销行为，而真正发生可撤销行为的期间应该是在行政清理程序启动之前。在这种情况下，如果僵硬地理解和适用《企业破产法》第31条、第32条关于破产撤销权行使起算点的规定，则因行政清理程序占用的时间过长可能会导致破产撤销权全部落空。因此，有必要对此类金融机构破产案件中的可撤销行为的起算点作出专门规定，将其根据行政清理程序的启动时间作适当提前。

而在实践中，根据行政监管机构对证券公司、信托公司的行政清理方式

---

[1]《企业破产法》第31条规定："人民法院受理破产申请前一年内，涉及债务人财产的下列行为，管理人有权请求人民法院予以撤销：①无偿转让财产的；②以明显不合理的价格进行交易的；③对没有财产担保的债务提供财产担保的；④对未到期的债务提前清偿的；⑤放弃债权的。"

的不同（托管、重组、撤销等），面临行政清理程序的金融机构并非一律被撤销，因此，该款规定的"行政监管机构作出撤销决定之日"并没有被局限于将其理解为一项明确的"撤销决定"作出当日，而是被适度地目的性扩大解释为"行政清理程序开始之日"并据以适用。[1]

基于上述理解，我们倾向于认为：除了商业银行、证券公司、信托公司等金融机构以外，对于其他一般类型的企业（包括大型生产型企业）而言，如果在法院正式受理其破产重整/破产清算案件前，也存在由行政机关主导的准行政清理程序，那么，在满足一定条件的情况下，在此类准行政清理程序中也可以准用《企业破产法司法解释二》第10条第1款的规定，即债务人可得撤销的行为的起算点为有关行政清理程序的开始之日。这样不仅有利于维护全体债权人的合法利益，而且更符合破产撤销权制度设立的初衷与目的。

二、准行政清理程序转破产程序案件准用《企业破产法司法解释二》第10条第1款的认定标准

尽管我们倾向于认为，在普通债务人企业破产案件中，可以准用《企业破产法司法解释二》第10条第1款。但在司法实践中，对该款的适用仍应遵循严格的标准。这是主要是因为，《企业破产法司法解释二》第10条第1款所指向的金融机构具有准公共企业的特性，与国民经济和人民群众生活密切相关，并具有重要影响，其撤销和行政清理具有严格的程序性要求，我国现行立法的有关规定相对完善，有关程序的法律属性和机构责任也比较清晰，容易识别。但就普通债务人企业破产案件而言，由行政机构主导的资产和债务清理工作的程序相对简单，严格程度较低，甚至具有一定的随意性，其是否可以和破产清算程序进行较为紧密的衔接存在一定的不确定性。因此，在这类准行政清理程序转破产程序案件中准用《企业破产法司法解释二》第10

---

〔1〕 以福建省福州市中级人民法院受理的闽发证券股份有限公司（以下简称"闽发证券"）破产清算案为例，2004年10月，闽发证券由中国东方资产管理有限公司全面托管；2005年7月，因重组无望，中国证券监督管理委员会委托中国东方资产管理有限公司组成闽发证券行政清算组；新《企业破产法》颁行后，2008年7月，福州市中级人民法院正式受理闽发证券破产案件，并指定中国东方资产管理有限公司会同律师事务所、会计师事务所共同组成清算组并担任破产管理人，开展闽发证券破产清算工作。在该案中，从行政清理开始之日到法院裁定受理破产申请之日，大约有三年时间。而在其他证券公司行政清理和破产清算案件中，也大抵如此。参见最高人民法院民事审判第二庭编著：《最高人民法院关于企业破产法司法解释理解与适用》，人民法院出版社2017年版，第200页。

条第 1 款，就必须进行更加严格的认定和识别，否则过度扩张其适用同样将损害交易安全。

具体而言，我们认为，在破产案件中，破产法院或者管理人审查认定是否可以准用《企业破产法司法解释二》第 10 条第 1 款，应当重点考察如下几点：

（1）债务人在进入准行政清理程序前是否已经具有破产原因或者符合重整的条件。如果在准行政清理程序中，行政机关指定的行政清理工作组对债务人进行清资核产的，即可识别债务人是否已经不能清偿到期债务并且资产不足以清偿全部债务或者明显缺乏清偿能力。

（2）准行政清理程序与破产程序是否具有高度的相似性，具体而言包括：①债务人的原权力机关和意思机关是否已经向行政机关指定的行政清理工作组（有接管组、工作组、托管组、清算组等不同称谓）主动让渡债务人的控制权和经营管理权，尤其是受权是否接管债务人的印鉴证照、主要财产和财务资料等；②由行政机关指定的行政清理工作组与受理破产案件的法院指定的管理人在人员组成上是否具有高度一致性；③由行政机关指定的行政清理工作组与破产管理人在职责上是否具有同一性；④在准行政清理程序过程中，债务人的个别清偿行为是否已经中止，其面临的诉讼、仲裁、执行程序是否也已中止或者可能中止。

（3）债务人进入准行政清理程序和债务人未正式进入破产程序之间是否存在因果关系。对于启动准行政清理程序的企业而言，往往事实上已经符合启动破产清算程序的条件，只是基于准行政清理程序的前置需要而未启动。而这类情况多发生在由行政机关主导的对进行债务人预重整的案件中。因此，如果破产法院或管理人认为有必要适用《企业破产法司法解释二》第 10 条第 1 款，需要对此类预重整程序及其起始时间进行识别和认定。

根据我国破产案件的司法实践，预重整主要采取三种模式进行：第一种模式是在破产申请受理前的法庭外预重整，由债权人和债务人、股东等利害关系人自行谈判形成重整方案。第二种模式是，法院受理破产清算之后，宣告债务人破产之前，在此阶段进行谈判并完成预重整方案，条件成熟时再提出重整申请，由清算程序转重整程序。第三种模式是作为法庭内重整前置程序的预重整模式。即，人民法院收到重整申请后，作为立案审查的破预字号案件，经听证作出初步判断，认为债务人有重整价值，有重整希望，投资人有足够重整意愿，则在受理重整申请前先行指定管理人或者清算组，而不同时裁定受理重整。管理人或清算组在接受指定后发布债权申报公告，把程序内应进行的第一次债权人会议之前的工作全部提前到预重整阶段，由行政机关或者法院主导预重整程序，管理人或清算组负责具体事务。[1]

在上述三种预重整模式中，为了适用《企业破产法司法解释二》第10条第1款而需要对预重整程序及其起始时间进行识别和认定，主要是指第三种模式。

我们认为，如果上述各项条件均满足的情况下，准行政清理程序（或者预重整程序）转破产程序案件中，则可以准用《企业破产法司法解释二》第10条第1款，将可得撤销的债务人行为的起算点前置于"准行政清理程序（或者预重整程序）开始之日"，以此避免因准行政清理程序占用的时间过长而导致有关案件中的破产撤销权全部落空。

三、对《企业破产法司法解释二》第10条的完整理解

还需要补充的是，无论是在金融机构的行政清理程序，还是非金融机构的准行政清理程序，乃至其他企业的强制清算程序中，要准确完整地理解和适用《企业破产法司法解释二》第10条，一方面要把握其保护全体债权人的立法本意，这当然主要是通过将破产撤销权行权起算时间作适当提前（行政清理程序的启动时间）来实现；而另一方面，也要准确把握其当然具有的另一层法律效果，即：在行政清理程序期间债务人所为的行为，是在行政部门指定的清理工作组监督主导下作出的，不同于行政清理程序启动之前债务人自身在原有权力机构和意思机关主导下作出的行为。因此，在行政清理程序期间所实施的债务人行为，并不在《企业破产法》第31条规定的破产撤销权适用范围内。

以我们曾经主办的一宗破产撤销权案件为例，在当地法院受理该案所涉债务人破产重整案件之前，当地政府为帮助债务人化解债务危机，曾牵头组织成立债权债务清算工作组，接管并监督债务人经营活动及重大决策，并对

---

[1] 金春、任一民、池伟宏：《预重整的制度框架分析和实践模式探索（上）（下）》，载http://mp.weixin.qq.com/s/LJxvmk07IhzBhogGIuDHXA，最后访问日期：2018年7月2日。

其资产负债进行清理。在此期间，债务人为了维系正常经营活动，维系其与主要供应商之间的持续供货关系，曾与某供应商就一宗涉诉债权债务达成执行和解，并同时签署了新的供货协议。此后半年，债务人正式进入破产重整程序，破产法院指定以前述债权债务清算工作组为基础成立的清算组为重整管理人。但由于债务人经营情况发生变化，在重整期间，管理人决定不再继续履行新的供货协议。同时，管理人决定进一步诉请撤销在重整程序启动前一年内与该供应商达成的前述执行和解协议。经两审法院审理，管理人的诉请均得到支持。

在此，我们无意就该案的裁判结果进行评论，但希望指出的是，在该案中，有关执行和解协议签订于有关清算工作组进驻、接管债务人期间，上述执行和解事务涉及其重大债权债务清理和权利处分，其是否经过工作组内部决策，是否体现工作组的真实意思，是否在当时有利于维系债务人生产活动，有利于全体债权人利益；在后续破产重整程序中，（在工作组基础上成立的）重整管理人诉请撤销该协议，是否有违"禁止反言"的诚实信用原则，该案是否存在适用破产撤销权的法律和事实基础，均应当成为一审及二审法院重点审查的对象。但遗憾的是，两审法院均未将上述问题列为案件争议焦点并进行审查认定。

据此，我们希望进一步指出的是，《企业破产法司法解释二》第10条另一方面的含义，虽不昭彰，但显然不容忽视，其对于强化保护债务人相对人的行为预期，防范行政清理程序主管机关和破产程序管理人的道德风险，维护债务人自身生产经营秩序和全体债权人利益，均具有重要价值。

结　语

新的经济形势和更多的破产案件司法实践，要求包括破产法院和管理人的实践者更加准确地理解和适用《企业破产法司法解释二》第10条，在符合条件的情况下于普通企业破产案件中准用该条款。这不仅可以更加充分地发挥破产撤销权制度的积极作用，更有利于稳定债务人的相对人在准行政清理程序中的行为预期，防范道德风险，从根本上讲，也将有利于保护债务人和全体债权人的合法利益。

破产程序中在建船舶取回权实务问题初探

引 论

取回权是在破产程序中行使物上请求权的特殊方式。在实务中，由于船舶建造合同，尤其是涉外大型船舶建造合同，已经形成了规范而相对统一的格式文本，针对船舶制造企业因经营困难或破产停产而导致无法继续履行船舶建造合同的情形，这类船舶建造合同一般均为保护船东的利益设定了一套行之有效的救济手段：船东往往可以通过履约保函或预付款保函向银行索回预付款项或主张违约赔偿，以此收回前期投入，保障自身的利益，从而将船舶建造合同项下船东与造船企业之间的债权债务纠纷，转化为开立保函的银行与造船企业之间的债权债务纠纷，并纳入造船企业的破产债权统一清偿程序中予以解决。因此，在船舶制造企业破产案件中，建船舶破产取回权，尤其是涉外大型船舶的破产取回权问题尚不多见。

但是，对于关联企业之间或者无涉外因素的船舶建造合同而言，由于合同中缺失船舶建造履约保函或预付款保函的安排和设计，破产企业的清偿能力又极为有限，船东方则不得不重新审视尚未建造完毕的船舶之取回权问题的重要性。同时，这一问题对确认债务人财产范围、提高债务人清偿能力、合理平衡全体债权人和单一权利人之间的利益具有重大影响，管理人也必须极为慎重地加以面对和重视。

在建船舶取回权纠纷的司法实践中，争议较大的问题一般包括法律的适用和管辖问题、船舶建造中双方的法律关系问题以及当事人举证责任的分配问题。我们拟就上述在建船舶取回权纠纷实务问题作初步梳理和探讨，并希望就这一问题寻求共识。

一、涉外在建船舶取回权纠纷的法律适用与管辖

在破产程序中，就在建船舶取回权而言，管理人需要面对和审查的争议往往涉及两层法律关系：其一，是取回权标的涉及的物权关系，其二，则是导致该物权关系发生、成立、生效、变动的基础法律关系，通常而言即船舶建造合同关系。

就不同法律关系的法律适用问题而言，如果有关船舶建造合同具有涉外因素，则可能出现物权关系准据法与合同关系准据法的偏离。

在合同法律关系项下，针对船舶建造合同的法律属性、成立、生效、履行、终止等问题的认定，应当适用合同本身的准据法。根据《中华人民共和国涉外民事关系法律适用法》（以下简称"《涉外民事关系法律适用法》"）第41条[1]之规定，在当事人没有选择合同准据法的情况下，应适用履行义务最能体现该合同特征的一方当事人经常居所地法律或者其他与该合同有最密切联系的法律。就船舶建造合同而言，通常应认定为船舶建造方所在地法律。

而在物权法律关系项下，针对基于合同导致的在建船舶物权变动及其效力等问题的认定，也有特定的准据法规则。根据《涉外民事关系法律适用法》第37条[2]之规定，当事人可以协议选择动产物权的适用法律，当事人没有选择的，适用法律事实发生时动产所在地法律。通常而言，此等法律事实（包括法律行为和法律事件），包括转让合意的形成、交付行为的发生、标的物的减损和灭失等的发生地，一般也是船舶建造方所在地。

举例而言，假定船舶建造合同本身约定的准据法系外国法，根据该外国法可以认定该合同有效，并且系属买卖合同（而非承揽合同）。那么在因买卖行为引发的物权变动效力问题上，则可能涉及进一步选择适用外国法（可能是当事人选择适用的法律）或是内国法（可能是法律事实发生时动产所在地的法律）的问题。在动产物权变动模式上，因为存在外国法采用意思主义

---

[1]《涉外民事关系法律适用法》第41条规定："当事人可以协议选择合同适用的法律。当事人没有选择的，适用履行义务最能体现该合同特征的一方当事人经常居所地法律或者其他与该合同有最密切联系的法律。"

[2]《涉外民事关系法律适用法》第37条规定："当事人可以协议选择动产物权适用的法律。当事人没有选择的，适用法律事实发生时动产所在地法律。"

（有合意即发生物权变动）而内国法采用债权形式主义（有合意与交付行为才发生物权变动）的区别，就可能导致因选择不同的准据法而对在建船舶所有权问题做出不同认定的结果。

因此，无论是管理人，还是受理取回权衍生诉讼的破产法院，都必须首先明确并准确把握不同法律关系的准据法问题，而不能简单地将涉外船舶建造合同自身的准据法等同于取回权争议的基础法律关系——物权法律关系的准据法，进而导致错误地适用域外法律。

与准据法上的分歧紧密相关的则是有关争议的管辖问题，如果船东方的请求权基础是船舶建造合同，诉请建造方按现状返还在建船舶，那么，该等争议的管辖受制于合同本身的争议解决条款。假如该条款约定了仲裁管辖，则排除了破产法院的专属管辖权。而且，在该等仲裁程序中，仲裁机构亦有可能对在建船舶的所有权问题作出相应认定和裁判。《最高人民法院关于适用〈中华人民共和国企业破产法〉若干问题的规定（二）》（以下简称"《企业破产法司法解释二》"）第27条第2款的规定，"权利人依据人民法院或者仲裁机关的相关生效法律文书向管理人主张取回所涉争议财产，管理人以生效法律文书错误为由拒绝其行使取回权的，人民法院不予支持"。因此，对于仲裁机构的相关认定，除非经法定程序予以撤销或不予承认和执行外，破产管理人应当予以尊重，并基于该等生效裁判文书的认定进一步就船东方申报的在建船舶取回权予以确认。但是，如果船东方的请求权基础是物上请求权，直接诉请取回在建船舶，那么，该等取回权纠纷显然属于破产衍生诉讼的范畴，依法应由破产法院行使专属管辖，并由破产法院就取回权有关事实和法律问题作出相应认定，而不受船舶建造合同本身的争议解决条款的限制和约束。

二、在建船舶取回权的审查认定

在建船舶取回权的问题的基础是判断在建船舶的所有权。在大陆法系的合同法与物权法体系下，由于受到严格的法律理性主义的影响，这一问题涉及对船舶建造合同的法律属性的认定。如果认定船舶建造合同属于合同法分则中规定的买卖合同，则按因买卖引起的动产物权变动规则（意思主义或债权形式主义）来认定在建船舶所有权；而如果认定船舶建造合同属于承揽

（加工）合同，则按照承揽合同相应的物权变动规则（加工主义或材料主义）来认定在建船舶所有权。

严格来说，究竟应按照买卖合同还是承揽合同来认定相应合同标的物的权利归属，这在本质上属于普通的民商法问题，并非破产法项下的特定问题。但是，在破产程序中对在建船舶取回权问题予以审查认定，确有必要就一些特殊因素予以考虑。

首先，如果将船舶建造合同认定为买卖合同，按照因买卖引起的动产物权变动规则（债权意思主义或债权形式主义）来认定在建船舶所有权，自不待言。但是，按照国际上造船业最为发达的东亚各国的法律，[1]船舶所有权的转移自办理权属登记之后方具有对抗第三人之效力，但对于在建船舶而言，除抵押登记外，其无法参照特殊动产（即已建成船舶）进行物权登记。这意味着：（1）如果根据外国法规定，仅需合意即可实现在建船舶所有权变动（从而导致船东方因此享有在建船舶的所有权），但由于在建船舶既没有实际交付，也无法进行特殊动产登记，其处于建造方的实际控制和占有下，权利外观与其真实的权利归属并不一致。在这种情况下，出卖人和买受人的所有权变动之合意无法对抗经公法程序主张债权的第三人，包括破产债权人、参与分配债权人、强制执行债权人等。就破产程序而言，全体破产债权人作为第三方基于建造方实际占有在建船舶的事实来确认其权属并加以合理信赖，并通过破产程序这一概括的民事执行程序期待债权受偿，该等合理信赖和期待应予以保护。事实上，以物权公示的权利外观（动产的占有与交付、不动产和特殊动产的登记）作为权利判断标准，优先保护破产债权人信赖利益，也已经在我国破产衍生诉讼案件的司法实践中得到确认[2]。（2）如果根据我国物权法规定的动产物权变动模式，非经交付则动产物权变动不生效，由于在建船舶一直处于建造方的实际控制和占有下，未经交付亦不产生所有权

---

[1]《中华人民共和国物权法》第24条规定："船舶、航空器和机动车等物权的设立、变更、转让和消灭，未经登记，不得对抗善意第三人。"《中华人民共和国物权法》第188条规定："以本法第180条第1款第4项、第6项规定的财产或者第5项规定的正在建造的船舶、航空器抵押的，抵押权自抵押合同生效时设立；未经登记，不得对抗善意第三人。"《大韩民国商法》第743条规定："有关船舶权利的转移，经当事人之间合意，即可发生效力。但是，未经登记并未记载于船舶国籍证书上的，不得对抗第三人。"参见吴日焕译著：《韩国商法》，中国政法大学出版社1999年版，第198页。

[2] 参见浙江省湖州市吴兴区人民法院（2016）浙0502民初1671号《民事判决书》。

变动的效果。

其次，如果将船舶建造合同认定为承揽合同，我国现行合同法上并未就承揽合同标的物的归属问题作出明确规定，究竟采取"加工主义"还是"材料主义"，在民法学说和司法实践中也存在很多争议。[1]尽管如此，在此问题上最低限度的共识是：在承揽合同项下，如果当事人对定作物所有权未作约定或者约定不明的，其所有权并非一律归定作人所有，而应当综合考察原材料提供、标的物交付等合同具体履行情况来认定。在我国有关在建船舶取回权衍生诉讼案件中，已有法院认为，在由建造方提供原材料且未约定在建船舶所有权归属的情形下，在建船舶的所有权归属应当依船舶的登记、交付及定作价款的支付等情况综合确定[2]。

但有观点认为，根据《企业破产法司法解释二》第2条第1项[3]之规定：如果认定船舶建造合同系承揽合同，则该合同标的物（在建船舶）当然不属于债务人财产，船东方对在建船舶享有取回权。对此，我们认为，这一观点存在逻辑颠倒之嫌，难谓合理。

《企业破产法司法解释二》第2条第1项关于"债务人基于仓储、保管、承揽、代销、借用、寄存、租赁等合同或者其他法律关系占有、使用的他人财产"的规定，系为了指明该条款适用的事实前提，即有关承揽合同项下属于"他人财产"的标的物，这是一种已经存在的客观事实（基于该等客观事实的存在，适用该条款的结果是，管理人不应将此类财产认定为"债务人财产"），而不是关于判断承揽合同等合同项下标的物所有权的主观认定标准。在司法实践中，显然不能依据该等规定得出"只要有承揽合同的法律关系存在，合同项下的标的物就一律属于他人财产"的结论。

综上，在破产取回权案件中，由于在建船舶处于"在建"的事实状态（对应的是其并未实际交付的法律事实），如果相应的船舶建造合同采用建造方自备材料而未采用来料加工方式履行，那么无论其被认定为是买卖合同还

---

〔1〕 史尚宽：《债法各论》，中国政法大学出版社2000年版，第327~330页。

〔2〕 参见浙江省高级人民法院（2014）浙民申字第1409号《民事裁定书》。

〔3〕 《最高人民法院关于适用〈中华人民共和国企业破产法〉若干问题的规定（二）》第2条规定："下列财产不应认定为债务人财产：①债务人基于仓储、保管、承揽、代销、借用、寄存、租赁等合同或者其他法律关系占有、使用的他人财产；②债务人在所有权保留买卖中尚未取得所有权的财产；③所有权专属于国家且不得转让的财产；④其他依照法律、行政法规不属于债务人的财产。"

是承揽合同，基于破产法的全体债权人（债务人）利益本位原则，管理人对船东方申报的在建船舶取回权的审查，均应当采取从严把握。

三、在建船舶取回权衍生诉讼中的举证责任分配

在船舶企业破产程序中，依法审查权利人申报的在建船舶取回权，系管理人须依法履行的职责之一。作为一种"准司法性权力"，管理人的审查权表现为，根据权利人自身提交的取回权申请和相关证据，就权利人的取回权是否成立作出相应认定。如果权利人并未提交充分证据证明其对在建船舶具有所有权，为维护破产财产的统一性和价值最大化，维护全体债权人合法权益，管理人应当作出不予认定相关取回权申报的决定。

显然，在此基础上衍生的取回权确认纠纷，不同于普通民事诉讼中的所有权确认纠纷。在两类诉讼程序中，双方当事人的对抗程度不一样，举证责任也不一样。在普通的所有权确认纠纷诉讼中，双方诉讼当事人均有义务举证证明对诉讼标的物的所有权，以便法院针对标的物所有权问题作出认定和裁判。而在取回权纠纷诉讼中，管理人仅需就其不予认定相关取回权申报的合法正当性进行举证即可，即管理人并不必须承担证明债务人（即建造方）对取回权标的物（即在建船舶）享有所有权的举证义务，只要取回权人（即船东方）自身不能证明其对取回权标的物享有所有权，管理人作出不予认定取回权的决定即具有合理性。因此，在对取回权标的物权属进行判断时，破产法院应当采取更为严格审慎的标准审查取回权人是否就取回权标的物的归属提供了充分的证据，否则，破产法院应当驳回取回权人的相关诉讼请求，而无须就取回权标的物是否属于债务人作出认定和裁判。

结　语

由于物权的绝对性，取回权不与其他破产债权相竞争，不受清偿比例的限制。在程序上，除经管理人进行必要、审慎的审查和认定外，不必经过其他法定的特别程序，取回权人即可直接取回财产，无需经过破产财产的变价、分配等程序。因此，取回权人获得救济和利益保障的顺位不仅优于普通债权人，甚至高于对破产财产享有担保物权的债权人（即别除权人）。

在船舶企业破产案件中，在建船舶往往是船舶企业为数不多、可快速变现的优质财产，如在没有确凿证据及明确依据的情况下，管理人认定在建船舶归船东方所有，容易引发其他债权人的强烈反对；相反，即使取回权人的诉求未得到管理人和破产法院支持，其仍可通过申报船舶建造合同项下的建造款损失债权寻求救济。

显然，取回权问题对确认债务人财产、提高债务人清偿能力、合理平衡全体债权人和单一权利人之间的利益具有重大影响。从债权人保护和利益平衡的角度，管理人在船东方申报的在建船舶取回权的审查，均应当采取从严把握。但是，在我国企业破产法立法和司法解释体系中，取回权问题尚未得到解决。而如何在船舶企业破产案件中实现个案公平，合理平衡各方利益，实现破产法的法律效果与社会效果的统一，也考验着立法者、司法者、破产案件管理人等各方的智慧。

破产程序中海关监管货物处置问题刍议

引 论

在大型生产贸易型企业的破产案件中，由于债务人的业务类型和特点，其往往涉及到海关监管货物[1]的处置问题。但是，由于包括《中华人民共和国海关法》（以下简称"《海关法》"）在内的海关监管方面的法律法规和部门规章都具有极强的专业性，以及现行海关法与破产法之间缺乏衔接甚至存在部分冲突，导致在破产程序中管理人处置海关监管货物面临种种障碍和风险。

首先，《海关法》第37条[2]规定，未经海关批准，不得随意处置海关监管货物；在司法程序或者行政执法程序中处置海关监管货物，当事人应当办结海关手续。而《中华人民共和国企业破产法》（以下简称"《企业破产法》"）第112条[3]第3款则规定，在对破产财产进行变价处置时，按照

---

[1]《海关法》第23条规定："进口货物自进境起到办结海关手续止，出口货物自向海关申报起到出境止，过境、转运和通运货物自进境起到出境止，应当接受海关监管。"《海关法》第100条规定："本法下列用语的含义：……海关监管货物，是指本法第23条所列的进出口货物，过境、转运、通运货物，特定减免税货物，以及暂时进出口货物、保税货物和其他尚未办结海关手续的进出境货物……。"

[2]《海关法》第37条规定："海关监管货物，未经海关许可，不得开拆、提取、交付、发运、调换、改装、抵押、质押、留置、转让、更换标记、移作他用或者进行其他处置。海关加施的封志，任何人不得擅自开启或者损毁。人民法院判决、裁定或者有关行政执法部门决定处理海关监管货物的，应当责令当事人办结海关手续。"

[3]《企业破产法》第112条规定："变价出售破产财产应当通过拍卖进行。但是，债权人会议另有决议的除外。破产企业可以全部或者部分变价出售。企业变价出售时，可以将其中的无形资产和其他财产单独变价出售。按照国家规定不能拍卖或者限制转让的财产，应当按照国家规定的方式处理。"

国家规定不能拍卖或者限制转让的财产，应当按照国家规定的方式处理。据此，有观点认为，债务人对海关监管货物的所有权并不完整，在破产案件中，未经海关许可，债务人管理人不得处置海关监管货物。[1]

在司法实践中，甚至有部分海关进一步提出，债务人应当按破产费用或共益债务首先清偿海关监管货物所涉税款，并据此认定债务人已"办结海关手续"，然后才能处置有关货物，否则不予同意。但破产企业往往面临资质中断、资料缺失、人员流失、资金紧张等客观困难，难以实现《海关法》第30条规定的"办结海关手续"。这导致管理人在依法履行处置海关监管货物等破产财产等职责时，面临合法性障碍和法律风险。

而更为现实的原因则是，在大量破产案件中，海关监管货物的变价金额极为有限，根本不足以覆盖该等破产财产对应的欠付海关税款（主要包括关税、进口环节增值税），如果机械地首先办结海关补税手续，将导致其他债权人（甚至包括职工债权人）根本无法得到任何清偿，也就无法通过破产清算程序获得任何保护。

上述情况直接导致了管理人在履职过程中处置海关监管货物的动力不足，并在一定程度上催生了管理人卸责的保守心态，无法实现破产财产价值最大化，反过来实际上损害了包括海关在内的全体债权人的利益。

针对上述状况，我们拟就破产程序中处置海关监管货物所涉及的个别实务问题作初步探讨，分享我们在处理类似问题上的实务经验，并希望为此类问题的解决提供可能的思路和启示。

一、海关监管货物处置之合法性障碍的克服

首先，针对《企业破产法》第112条和《海关法》第37条关于破产财产与海关监管货物处置的限制性规定及其相互关系，一种可能的理解思路是：(1)《海关法》第37条第1款的规定并不绝对禁止处置属于海关监管货物的破产财产，在海关同意的情况下，管理人可以依法处置；(2)《海关法》第37条第3款规定的"办结海关手续"针对的是"人民法院判决、裁定或者有关行政执法部门决定处理海关监管货物"的情形，其指向的显然是正常经营

---

[1] 参见李小敏：《海关监管企业破产过程中的关税问题研究》，吉林大学2006年硕士学位论文。

企业在面临司法强制执行程序或者行政执法程序时被动接受的资产处置，而破产法作为程序法和实体法相结合的特别法，不同于一般的民事执行程序或者行政执法程序，破产财产处置是由管理人依法主动履行的职责，所以针对属于破产财产范围内的海关监管货物，"办结海关手续"只是处置行为的必要后果，而非前提条件，不宜作为破产财产处置行为合法性和有效性的认定标准。

在这种思路下，管理人在破产程序中处置海关监管货物，解决合法性障碍的关键在于取得海关同意。

在实践中，取得海关同意可以采取如下方式：（1）由管理人依法拟定债务人破产财产变价方案，并在该方案中明确规定管理人拟处置的海关监管货物明细和处置方式（拍卖、变卖、以物抵债等）以及表决规则；（2）由管理人将该破产财产变价方案提交包括海关在内的债权人会议表决，海关债权人如表决同意变价方案或者未提交表决意见的，视为海关概括地同意处置海关监管货物；（3）在债权人会议表决前，管理人可以就变价方案中规定的海关监管货物明细和处置方式提前与海关进行沟通协调，力争其表决支持变价方案（或者至少不反对）。

这一操作方式的好处在于，变价方案无需就如何办结海关手续等专业性极强的问题作出规定，管理人也无需专门就处置海关监管货物问题取得海关的特别同意，避免海关必须就此专门问题进行内部决策而造成不必要的拖延。

在管理人取得海关概括同意意见的基础上，管理人后续可以就如何办结海关手续，包括如何核定、申报、认定和清偿相应税款等问题，与海关进行逐案协商和沟通，从而克服处置海关监管货物可能面临的合法性障碍，并促成有关破产财产及时高效地得以变价。

二、对海关监管货物涉税问题的处理

在破产程序中处置海关监管货物，核心是涉税问题的处理。结合我们在办理同类案件时的有关经验，下文将就部分涉税问题的处理方式进行梳理和分析。

（一）监管货物的境内处置

监管货物的境内处置主要涉及两种情况：（1）保税货物经批准不再复运

出境或转入国内市场销售（根据《海关法》第 100 条规定，保税货物是指经海关批准未办理纳税手续进境，在境内储存、加工、装配后复运出境的货物）；（2）进口减免税货物经批准转让或者移作他用的。

在上述两种情况下，均涉及补缴海关税款的问题。[1]但在实践中，海关和人民法院对有关税款的性质究竟是税款债权还是破产费用/共益债务，即是否应当在海关监管货物变价同时补缴相应税款存在较大的争议。

应该说，破产财产变价过程中涉及的须补缴的海关税款，具有破产费用/共益债务形式上的外观：其产生于人民法院受理破产程序之后，源于管理人决定在境内处置相关破产财产，该等处置行为经过债权人会议表决或者人民法院裁定批准，系为全体债权人共同利益所为。

但是，如果更进一步细致分析破产法的立法本意则可以看出，这类税款的法律属性实质上有别于破产债权或者共益债务，而与普通的税款债权具有更大的相似性。具体理由如下：

（1）为了实现破产财产范围和价值的最大化，《企业破产法》第 41 条、第 42 条对破产费用和共益债务的范围作出了明确的列举和严格的限定，并且在立法技术上并没有使用兜底条款。除最高人民法院曾以司法解释的形式对"共益债务"的范围作出目的性扩展解释以外[2]，任何机构都无权扩大破产费用和共益债务的适用范围。因此，关于"破产财产程序中因海关监管货物的境内处置导致的税款应作为破产费用和共益债务清偿"的做法于法无据。

（2）正如本文引言部分所述，实践中，海关监管货物的变价金额往往极为有限，根本不足以覆盖该等破产财产对应的欠付海关税款，如果按破产费用/共益债务须随时清偿的方式执行，将导致其他债权人（甚至包括职工债权人）根本无法得到任何清偿，这种结果显然并不符合破产法第 112 条的立法本意。

---

[1]《中华人民共和国海关进出口货物征税管理办法》第 14 条规定："已申报进境并放行的保税货物、减免税货物、租赁货物或者已申报进出境并放行的暂时进出境货物，有下列情形之一需缴纳税款的，应当适用海关接受纳税义务人再次填写报关单申报办理纳税及有关手续之日实施的税率：①保税货物经批准不复运出境的；②保税仓储货物转入国内市场销售的；③减免税货物经批准转让或者移作他用的；④可暂不缴纳税款的暂时进出境货物，经批准不复运出境或者进境的；⑤租赁进口货物，分期缴纳税款的。"

[2] 参见《最高人民法院关于适用〈中华人民共和国企业破产法〉若干问题的规定（二）》第 4 条、第 11 条、第 30 条、第 31 条、第 32 条、第 33 条、第 36 条、第 37 条、第 38 条。

（3）本质上，"在破产财产程序中因海关监管货物的境内处置导致的税款"既非维持破产程序所必需的破产费用，也非为了全体债权人共同利益的必要支出，其产生的直接原因完全只是空间要素或者时间要素等法律事实的变化（包括保税货物不再出境和减免税货物在监管期内提前移作他用），因此，破产企业需要补缴有关税款的根本原因在于，其不再符合继续享受有关海关税款减免政策的条件，国家需要依法补充征缴有关税款。可见，这类税款与破产程序中其他普通税款债权的属性并无二致。这在税法上的直接表现就是，有关海关监管货物应纳税额的税基并非破产财产的实际变价金额，而是在进口环节由债务人申报并由海关核定的完税价格[1]。这与管理人在境内处置其他普通破产财产，并以相应变价款项为基数，即时申报并缴纳税款的纳税行为存在显著的区别。据此，依照税法的基本原理，对应于海关环节相关税款的应税行为是进口行为，而不是管理人在境内处置海关监管物资的行为。

综上所述，在破产财产变价过程中涉及的须补缴的海关税款，不宜作为破产费用/共益债务清偿，而应当按一般税款债权依法清偿。这一立场和做法已经为我国部分地区法院的破产案件司法实践所接受。[2]

在正确认定上述海关税款法律属性的基础上，实务中应当高度重视的是妥善处理海关对有关税款的诉求。对此，管理人应当在破产程序中加强与海关沟通协调，争取海关对有关问题的理解和支持：一方面，充分提示海关就有关税款债权提前进行全额申报，对其申报金额和债权性质依法认定，并就海关税款的清偿作出妥善安排，在条件成就的情况下（即发生境内处置的情形）依法列入破产债权清偿顺序，避免海关税款的流失。另一方面，在海关支持下，积极响应海关要求，办理有关监管货物除缴纳税款以外的其他海关手续。

---

[1]《中华人民共和国海关进出口货物征税管理办法》第11条规定："海关应当根据进出口货物的税则号列、完税价格、原产地、适用的税率和汇率计征税款。"《中华人民共和国海关审定内销保税货物完税价格办法》第4条第1款规定："进料加工进口料件或者其制成品（包括残次品）内销时，海关以料件原进口成交价格为基础审查确定完税价格。"

[2]《广东省高级人民法院关于审理破产案件若干问题的指导意见》第15条规定："在变现破产财产中产生的税金，如经破产清算组与税务部门协商不能减免的，应当在法定的普通清偿顺序的第三顺序中清偿。法院在审理破产案件中不能作出减免税款的裁定。"

(二) 保税货物复出境

在破产案件中,还有一类海关监管货物,即加工贸易中的保税货物(包括保税料件及其制成品)的处置,因为涉及境外买受人,故该类货物的最终流向是境外。由于符合法律规定的进口保税、出口核销政策[1],在满足一定条件下,在处置该类破产财产过程中仍有可能避免实际缴纳其所涉及海关税款,从而切实降低破产企业或境外买受人可能面临的税负。

在实践中,通常采取以下两种方式处理:(1)在破产财产处置过程中,以破产企业自身的名义继续申报出口,并办理与保税货物相关的加工贸易手册核销手续。(2)如果破产企业已经停产而保税货物尚需继续加工的,在符合海关监管规定的情况下,可将保税货物从破产企业的加工贸易手册结转至另一家加工贸易企业,并由后者负责办理保税货物相关的通关手续。[2]

需要注意的是,无论采取上述哪一种方式处理,管理人均应当关注相关的法律风险,并在破产财产处置过程中,尤其是有关拍卖公告中针对办理相关海关手续所涉权利义务作出明确约定:

(1)境外买受人取得海关监管货物所有权的依据和权利凭证只能是相关的拍卖成交文书以及破产法院的确权裁定,并非相关海关手续已经办结的证明文件。

(2)对破产企业而言,其很可能已经实际欠付海关税款,导致其无论是以自身名义申报出口还是办理手册结转手续,均面临实际障碍而无法操作。在这种情况下,破产企业及其管理人办理有关海关手续只是履行配合义务,而非主合同义务。有关破产财产拍卖结果的有效性不因有关手续的办理结果而受影响。

(3)在办理有关出口通关手续的过程中,管理人和买受人还应当就海关

---

[1]《海关法》第33条规定:"企业从事加工贸易,应当按照海关总署的规定向海关备案。加工贸易制成品单位耗料量由海关按照有关规定核定。加工贸易制成品应当在规定的期限内复出口。其中使用的进口料件,属于国家规定准予保税的,应当向海关办理核销手续;属于先征收税款的,依法向海关办理退税手续。加工贸易保税进口料件或者制成品内销,海关对保税的进口料件依法征税;属于国家对进口有限制性规定的,还应当向海关提交进口许可证件。"

[2]《中华人民共和国海关加工贸易货物监管办法》第19条规定:"经营企业进口加工贸易货物,可以从境外或者海关特殊监管区域、保税监管场所进口,也可以通过深加工结转方式转入。经营企业出口加工贸易货物,可以向境外或者海关特殊监管区域、保税监管场所出口,也可以通过深加工结转方式转出。"

可能要求提供的通关税款保证金的实际承担主体作出明确约定，避免滋生纠纷。

（三）预退税退还或追回问题的处理

在我国，对出口企业还有一类特殊的税收优惠政策，即出口预退税。对于符合优惠税收政策享受条件的出口企业，允许在其退税凭证尚未收集齐全的情况下，仅凭出口合同、销售明细账等，向主管税务机关提前申报，按合同金额办理增值税退税。在出口企业实际完成出口行为后，再依法办理已退免税的核销手续。如果实际出口的货值金额低于出口合同载明的金额，或者出口企业超出法定期限未办理核销手续的，就涉及到出口企业向税务机关返还超额预退税的问题或者税务机关主动追回超额退税的问题。[1]

在破产案件中，由于出口企业破产清算导致出口合同未能实际履行，合同项下的海关监管货物被另行处置，实际变价金额远低于出口合同约定金额，则返还或者追回超额预退税的问题就显得尤为重大。

首先，在法律属性上，"预退税"本质上是出口退税业务中预先退回的增值税。正如前述第一部分"监管货物的境内处置"的相关分析，此类税款的返还义务并不是破产财产处置行为直接导致的，而是根源于破产企业丧失享受税收优惠政策的资格。所以，破产企业返还超额预退税的义务，不应视为对破产费用/共益债务的清偿义务，而应当视同为其他一般税款债权，须依法定顺序清偿。

在实务中，出口企业的破产管理人在处理此类问题时，可以尝试如下两种路径：（1）通过出口企业的增值税进项留底额抵缴该企业须退回的超额预退增值税。这类做法曾得到地方税务主管部门的认可，目前仍具有一定的可操作性。[2]（2）如果出口企业的增值税进项留底额不足或者税务机关不允许抵缴的，管理人可以提请国税部门补充申报税款债权。由管理人审查认定后，

---

〔1〕 参见《财政部 国家税务总局关于出口货物劳务增值税和消费税政策的通知》《国家税务总局关于出口船舶、大型成套机电设备有关退（免）税问题的通知》《出口货物劳务增值税和消费税管理办法》《国家税务总局关于〈出口货物劳务增值税和消费税管理办法〉有关问题的公告》等。

〔2〕 辽宁省国家税务局《交通运输工具和机器设备制造出口企业先退税后核销管理办法（试行）》（现已失效）第19条规定："出口企业有下列情形之一的，应按有关规定补缴或抵缴其已退（免）税但未核销税款：①出口合同在执行过程中发生中止或终止行为的。②出口企业未按合同约定时限出口货物的。③出口货物经国税机关审核不予退（免）税的。④国税机关取消该企业先退税后核销管理资格的。⑤出口企业发生解散、破产、撤销等情况的。⑥国税机关规定的其他情形。"

按照《企业破产法》规定的税款债权的清偿顺位进行清偿。

结　语

不可否认，在当下我国的破产司法实践中，管理人在处置海关监管货物时面临诸多不确定性和法律风险。这一状况产生的根源在于，我国海关监管立法是按照企业处于正常运营状态这一前提进行海关业务流程的制度设计，而没有考虑企业处于非正常经营状态，尤其是处于破产清算程序下，存在相应的特殊业务与制度需求。

为了实现市场经济优胜劣汰的制度功能，实现破产法的良好效果，打通企业退出的通道，从根本上讲，首先需要对包括海关、税务在内的部门立法中的针对破产企业的专门规定进行统筹安排和设计。而就现实而言，则可以推动和加强破产法院与政府部门（包括海关）之间的联动协调机制，从而解决破产清算程序中和破产财产处置工作中面临的具体问题，促进破产案件实现良好的法律效果和社会效果的有机统一。

破产财产处置工作中涉税问题处理刍议

破产程序作为概括性清偿的司法程序，特别是破产清算程序，其主要目的是通过管理人对债务人的破产财产予以变现，依照企业破产法等相关法律法规规定的清偿顺位，公平清偿全体债权人的债权。在破产程序资产变现处置过程中，破产企业仍需接受税务机关的税务监管，依法承担纳税义务。对于管理人依法负责管理破产企业财产和营业事务的，需由管理人代表破产企业履行法律规定的相关纳税义务。

鉴于破产企业在人民法院受理其破产程序前，大多早已陷入财务困境，部分破产企业存在欠缴税费、认定非正常户以及税务处罚等问题，破产企业在领用发票、纳税申报、增值税留抵退税等方面存在障碍。破产程序作为概括性清偿的司法程序，集中处理法院、管理人、债权人、债务人、重组方等参与方的权利与义务，防止债务人构成偏颇性清偿，以保障全体债权人依法公平受偿。

税收征管作为行政程序，主要处理税务机关等行政主体与纳税义务人之间的行政法律关系，维护国家财政利益并保护纳税主体的合法权益。两者规制的主要法律关系以及追求的法律效果不同，对于破产程序中资产处置税费征管事项的规则存在部分重合与冲突，纳税申报处理欠缺明确的法律操作指引，且管理人在处理纳税申报等事项的专业性上有所欠缺，办理破产财产处置税费申报事项存在较大阻碍。为保障管理人依法履职，推进破产程序高效审结，规范破产企业依法履行纳税义务，目前各地法院大多通过构建"府院联动"机制对破产程序中税费处理事项予以明确，保障司法程序与行政程序有效衔接。结合破产办理实践，我们就破产程序中资产处置所涉的税务征管、新生税款性质以及部分实操问题进行解读。

一、破产财产处置涉及的纳税主体及主要税种

人民法院裁定受理破产申请之日至企业注销之日期间，破产企业应当接受税务机关的税务管理，履行税法规定的相关义务。破产程序中如发生应税情形，管理人应代表破产企业依法申报纳税。关于破产财产处置的纳税义务人以及所涉及的主要税种，主要介绍如下：

（一）纳税义务人

司法实践中，对于破产期间的纳税义务人存在争议，主要包括两种观点：一种观点认为破产期间纳税主体应为债务人企业；另一种观点倾向于认为破产期间纳税主体应为破产管理人。

第一种观点认为，首先，根据《中华人民共和国税收征收管理法》（以下简称"《税收征管法》"）第 4 条规定，法律、行政法规规定负有纳税义务的单位和个人为纳税人。纳税人、扣缴义务人必须依照法律、行政法规的规定缴纳税款、代扣代缴、代收代缴税款。对于企业破产程序中处置资产等因企业的销售行为产生的纳税义务，根据相关税法规定，纳税义务人为破产企业。管理人仅为法院指定的临时机构，并不对外开展经营业务，其自身不承担纳税义务。其次，根据最高人民法院、国家税务总局等十三部委联合发布的《关于推动和保障管理人在破产程序中依法履职进一步优化营商环境的意见》第 11 条及《国家税务总局关于税收征管若干事项的公告》（2019 年第 48 号公告）第 4 条第 2 款规定，在人民法院裁定受理破产申请之日至企业注销之日期间，企业应当接受税务机关的税务管理，履行税法规定的相关义务。管理人负责管理企业财产和营业事务的，由管理人代表破产企业，以破产企业名义办理纳税申报等涉税事宜。破产企业因履行合同、处置财产或继续营业等原因在破产程序中确需使用发票的，管理人可以以企业名义到税务部门申领、开具发票。故即便由管理人管理企业财产和营业事务的，管理人仅代表破产企业履行纳税义务，以纳税人名义申领并开具发票，纳税义务人仍为破产企业。

第二种观点认为，对于已由法院受理破产的债务人企业，根据《中华人民共和国企业破产法》（以下简称"《企业破产法》"）关于管理人职责的相关规定，管理人职责包括接管债务人企业的财产、印章等，管理和处分债务

人的财产等。自管理人完成接管后,破产企业由管理人实际控制,需由管理人履行法律规定的相关纳税义务,纳税义务实际由管理人承担。司法实践中也存在相关的观点,例如(2017)宁0302行初13号税务行政管理案,法院认为管理人系纳税主体,应承担纳税义务。

根据税收法定原则的基本内涵,征税主体、纳税主体、税种等应当依法确认。根据《税收征管法》第4条规定,法律、行政法规规定负有纳税义务的单位和个人为纳税人。目前,我国相关税收法律法规均未规定管理人自身的纳税义务。其次,管理人作为法院指定的临时机构,除法律明确规定外,如破产撤销权的行使,管理人在破产程序中大多为破产企业的代表,以破产企业的名义对外开展活动,如签订拍卖协议、开具发票等。管理人自身并不开展对外经营活动,不构成法人主体,无法以管理人名义申领并开具发票。综上,破产企业资产处置所产生税款的纳税义务人应当为破产企业。目前,在破产办理实践中,各地法院大多出台规范性文件以明确管理人办税身份,由管理人持法院受理破产申请裁定书、指定管理人决定书以及管理人印章,以破产企业名义到主管税务机关办理相关涉税事宜,如大连市中级人民法院发布的《关于优化企业破产处置过程中涉税事项办理的意见》。

对于管理人在破产财产处置过程中未依法申报及缴纳税款的,税务机关可通过依法送达税务事项通知书等方式责令破产企业依法缴纳税款。破产企业及管理人拒不改正的,或限期内拒绝履行纳税义务的,一般情况下,为保障全体债权人的合法权益,税务机关不再对纳税义务人施以行政处罚,可向法院通报上述情况,由法院责令管理人代表破产企业履行纳税义务。

(二)破产财产处置所涉及的主要税种

管理人变现处置破产财产将相应地产生税款,结合破产办理实践及破产企业资产情况,破产财产处置中主要涉及的税种包括企业所得税、增值税、印花税、土地增值税等,现就主要税种、纳税地、应收税额等税款征收事项介绍如下:

1. 企业所得税

企业所得税是指在我国境内的企业和其他取得收入的组织因取得收入而征收的一种所得税。根据《中华人民共和国企业所得税法》(以下简称"《企业所得税法》")第50条规定,"除税收法律、行政法规另有规定外,居民企业以企业登记注册地为纳税地点；但登记注册地在境外的，以实际管理机构所在地为纳税地点。居民企业在中国境内设立不具有法人资格的营业机构的，应当汇总计算并缴纳企业所得税。"故破产企业为居民企业的，一般向工商登记注册地主管税务局申报纳税；破产企业有设立分公司的，总分公司的企业所得税应当汇总计算并依法缴纳。

人民法院受理企业破产清算程序，破产企业终止经营活动的，应当在经营活动终止之日60日内办理企业所得税汇算清缴，管理人就清算事项向主管税务机关办理备案。根据《企业所得税法》第53条第3款规定，人民法院受理企业破产清算程序的，企业所得税应当以清算期间作为一个纳税年度，即自法院裁定受理清算程序之日起至终结清算程序之日作为独立的纳税年度计税。人民法院受理重整程序，且破产企业仍开展生产经营业务的，破产企业仍按纳税年度计算企业所得税，即自公历1月1日起至12月31日止。

企业所得税应纳税额为应纳税所得额乘以适用税率，除特别规定外，企业所得税适用税率一般为25%。根据《企业所得税法》第5条及《中华人民共和国企业所得税法实施条例》第11条规定，破产企业的企业所得税应纳税所得额（清算所得）为企业的全部资产可变现价值或者交易价格减除资产净值、清算费用、相关税费以及允许弥补的以前年度亏损后的余额。鉴于破产企业已处于资不抵债情况，进入破产程序前大多处于亏损状态，以前年度亏损额可用于抵扣清算所得，故一般情况下实际缴纳的企业所得税较低，甚至无需缴纳企业所得税。

2. 增值税

增值税是单位或个人在我国境内销售货物或者加工、修理修配劳务，销售服务、无形资产、不动产以及进口货物中产生的增值额作为计税依据而征收的一种流转税。破产财产处置亦涉及货物或服务等流转，应当依法缴纳增值税。根据《中华人民共和国增值税暂行条例》（以下简称"《增值税暂行条例》"）第22条规定，一般情况下，固定业户应向机构所在地的主管税务机关申报纳税，外出其他县市经营的，经报告机构所在地的主管税务机关后，在机构所在地的主管税务机关申报纳税；未报告的，应向销售货物或劳务发生地的主管税务机关申报纳税。对于破产企业在不同县（市）设立分公司的，除经国务院财政、税务主管部门或者其授权的财政、税务机关批准外，总分公司应分别向各自所在地的主管税务机关申报纳税。

为避免逾期申报纳税产生滞纳金等风险，因破产财产处置产生的增值税，管理人应当及时进行纳税申报。根据《增值税暂行条例》第19条规定，发生应税销售行为，为收讫销售款项或者取得索取销售款项凭据的当天；先开具发票的，为开具发票的当天。进口货物，为报关进口的当天。增值税纳税期限由主管税务机关根据纳税人应纳税额的大小分别核定，经核定以1个月或者1个季度为1个纳税期的，自期满之日起15日内申报纳税；以1日、3日、5日、10日或者15日为1个纳税期的，自期满之日起5日内预缴税款，于次月1日起15日内申报纳税并结清上月应纳税款。

关于破产财产处置的增值税适用税率及应纳税额，管理人应当区分不同资产种类以及破产企业纳税主体资质。例如：破产企业为小规模纳税人的，实行按照销售额和征收率计算应纳税额的简易办法，并不得抵扣进项税额。小规模纳税人征收率为3%，国务院另有规定的除外。

3. 印花税

印花税是在我国境内书立应税凭证、进行证券交易的行为所征收的税。破产财产处置过程中因签订拍卖成交确认书等应税凭证，破产企业需向其机构所在地的主管税务机关申报缴纳印花税；涉及不动产产权转移的，需向不动产所在地的主管税务机关申报缴纳印花税。

印花税的应纳税额按计税依据乘以适用税率计算。应税合同及产权转让书据所列不含增值税税款的金额为计税依据，未列明金额的按实际结算金额确定；证券交易以成交金额为计税依据，无转让价格的，按办理过户登记手续时该证券前一个交易日收盘价计算确定。适用税率按照印花税税目税率表确定。以破产财产处置中常见的动产拍卖为例，动产拍卖成交价为一万元（不含税价），适用印花税税率为万分之三，印花税应纳税额即为三元。

4. 土地增值税

土地增值税是指转让国有土地使用权、地上的建筑物及其附着物并取得收入的单位和个人，以转让所取得的收入减去法定扣除项目金额后的增值额为计税依据，向国家缴纳的一种税赋。纳税人应当自转让房地产合同签订之日起7日内向房地产所在地主管税务机关办理纳税申报，并在税务机关核定期限内缴纳土地增值税。

通常情况下，土地使用权及房屋等建筑物、构筑物为破产企业的主要财产。根据《中华人民共和国土地增值税暂行条例》第9条规定，税务机关在核算土地增值税时，要求就标的物进行市场价值评估，以房地产评估价格及成交价格孰高为基准作为计税依据。在破产办理实践中，为保障资产处置公开公正，保障破产财产变现价值最大化，法院一般均要求管理人处置破产财产时采取公开拍卖途径予以处置，拍卖成交价格为实际市场公开处置价格。在资产处置价格较低的情况下，如仍以评估机构所评估的市场价值计征土地增值税颇不公允，甚至可能存在不动产处置收入不足以覆盖应纳税费的情形。为此，部分地方法院与税务局通过构建"府院联动"机制作出创设性规定，如大连中院与大连市税务局联合发布的《关于优化企业破产处置过程中涉税事项办理的意见》，对于破产程序中以公开拍卖方式处置不动产的，按实际成交价格确定收入。

除上述所列明的税种外，破产财产处置过程中还存在其他的税费，如教育附加、地方教育附加、城市维护建设税等。为规避管理人履职风险，确保破产企业依法纳税，建议在破产财产处置过程中及时与税务主管机关沟通税费申报、核算及缴纳等事项。

二、破产财产处置所产生税款的性质

目前，我国《企业破产法》及相关司法解释均未就破产财产处置过程中新生税费的性质予以明确，实践中对于破产财产处置新生税费的性质存在争议。主流观点倾向于认定为破产费用、共益债务，由破产财产随时清偿；部分观点主张应认定为税款债权，需由税务部门向管理人申报税款债权，在破产程序中按照税款债权性质予以受偿。

本质上，破产费用是指破产程序中为全体债权人的共同利益而支出的旨在保障破产程序顺利进行所必需的程序上的费用。[1]根据《企业破产法》第41条规定，破产费用包括破产案件的诉讼费用，管理、变价和分配债务人财产的费用以及管理人执行职务的费用、报酬和聘用工作人员的费用。其中管理、变价和分配债务人财产的费用即包括了财产保管费用、财产评估费用以及财产变更权属过程应当支付的费用等。在我国现行法律体系下，不动产等

---

[1] 安建编：《中华人民共和国企业破产法释义》，法律出版社2006年版，第67页。

破产财产权属变更所应当支付的费用即包括了资产处置应缴纳的税费。

以处置破产企业土地使用权为例，管理人成功处置破产企业土地使用权，与买受人签署拍卖成交确认书或土地使用权转让协议后，须依法缴纳土地增值税、印花税等税款并取得税务机关出具的完税凭证后，土地主管部门才予以办理转移登记。上述因转移登记产生的税费属于财产变更权属过程应当支付的费用。如破产企业处置资产所产生的税费作为税款债权，由税务部门依法申报，存在无法全额受偿的风险。从法律后果上分析，首先，破产财产分配完毕且法院裁定终结破产程序后，买受人仍无法办理土地使用权转移登记，亦无法办理规划审批手续，将造成社会资源的严重浪费，无法达到释放社会有效资源的法律效果。其次，破产财产处置将引发较大的争议，破产企业存在履约风险，且所产生的诉讼费用亦可能归入破产费用或共益债务中，不利于推进破产程序顺利进行，实质上损害了全体债权人的利益。再次，税务部门对破产财产处置情况不明确，如需由税务部门按税款债权申报资产处置新生税费，势必增加税务征管的行政成本以及与管理人、法院沟通的司法成本。最后，土地使用权处置新生税款无法全额清偿的情况下，将导致买受人实际承担的购买成本低于土地一级出让市场，扰乱土地资源市场，且容易引发虚假破产等犯罪行为。

综上，在破产清算程序中处置财产所产生的应由债务人承担的增值税及附加税费、土地增值税、印花税等税费，属于破产程序进行和债务人财产管理过程中产生的常规性和程序性支出，实际上可归为破产费用中"变价和分配债务人财产的费用"，由债务人的财产随时清偿。[1]

三、破产财产处置税费纳税实操问题

（一）非正常户纳税

鉴于法院裁定受理破产程序前，破产企业大多已陷入财务困境，存在因逾期申报纳税以及欠税等由税务主管机关认定为非正常户的情形，导致管理人难以代表破产企业正常申报纳税。根据《国家税务总局关于税收征管若干事项的公告》（2019年第48号公告）第4条第2款规定，"在人民法院裁定受理破产申请之日至企业注销之日期间，企业应当接受税务机关的税务管理，

---

[1] 高金平：《企业破产重整与清算的税务处理》，载《中国税务》2021年第10期。

履行税法规定的相关义务。破产程序中如发生应税情形,应按规定申报纳税。从人民法院指定管理人之日起,管理人可以按照《企业破产法》第 25 条规定,以企业名义办理纳税申报等涉税事宜……"《国家税务总局关于开展 2020 年"便民办税春风行动"的意见》第 24 条规定,"……明确破产清算期间管理人可以企业名义按规定申领开具发票或者代开发票、办理纳税申报等涉税事宜……"上述规定虽规定了管理人需代表破产企业办理纳税申报事项,但未明确如破产企业处于非正常户状态下,管理人代表破产企业办理纳税申报事项的操作路径。

目前破产办理实践中,各地法院大多通过与税务机关构建府院联动协商机制,以联合发布规范性文件形式指导管理人申请非正常户解除,并依法办理纳税申报。根据大连市中级人民法院与国家税务总局大连市税务局发布的《关于优化企业破产处置过程中涉税事项办理的意见》第 3 条第 2 款规定,人民法院裁定受理破产申请后,管理人可以向主管税务机关申请非正常户解除。主管税务机关对企业在人民法院受理破产案件前发生的税收违法行为应当依法作出行政处罚决定,将罚款按照《企业破产法》和最高人民法院的有关规定进行债权申报、依法受偿和相关后续处理。管理人应根据接管的账簿资料,据实补办破产申请受理前非正常户期间的纳税申报。申报形成的税款可以暂不处理,按照《企业破产法》和最高人民法院的有关规定进行债权申报、依法受偿和相关后续处理。管理人未接管账簿资料、不掌握债务人在破产申请受理前的非正常户期间的实际情况、未发现债务人有应税行为的,可暂按零申报补办纳税申报。

(二)发票申领及开具

自人民法院指定管理人之日起,管理人应当按照《中华人民共和国发票管理办法》等规定,妥善管理和使用发票。根据最高人民法院、国家税务总局等十三部委联合发布的《关于推动和保障管理人在破产程序中依法履职 进一步优化营商环境的意见》第 11 条关于保障破产企业必要发票供应的规定,破产企业因履行合同、处置财产或继续营业等原因在破产程序中确需使用发票的,管理人可以以纳税人名义到税务部门申领、开具发票。税务部门在督促纳税人就新产生的纳税义务足额纳税的同时,按照有关规定满足其合理发票领用需要,不得以破产企业存在欠税情形为由拒绝。

因破产财产处置对外发生经营业务收取款项，管理人应以破产企业的名义开具发票。开具发票时应当区分资产处置所得为净值或含税值。对于破产财产处置约定买受人概括承担全部税费的，应以成交价为净值开具增值税发票。对于买受人为破产企业代为缴纳的印花税、企业所得税、土地增值税等，存在无法开具发票的问题，买受人代缴的税款也无法入账进行财务处理。实践中，部分管理人通过采取与买受人、税务局签署备忘录、承诺函等方式规避风险，由买受人承诺其代缴的税款不再用于企业所得税税前扣除。

（三）不同资产处置模式下税费测算

根据《企业破产法》关于破产财产变价的相关规定，破产企业可以全部或部分变价出售。根据《最高人民法院关于审理企业破产案件若干问题的规定》第85条第3款及《全国法院破产审判工作会议纪要》第26条规定，依法不得拍卖、拍卖所得不足以支付拍卖所需费用或者拍卖不成的，经债权人会议决议，可以采取实物分配方式。管理人依据上述规定采取整体拍卖或者实物分配的，为规避破产企业纳税风险，管理人需就税款核算方式与主管税务机关核实。现就上述两种资产处置模式下税费测算方式介绍如下：

1. 整体转让税费核算

区别于单项资产分别处置，管理人对破产财产以整体打包方式处置的，其所涵盖的资产种类众多，各类资产所适用的计税依据及税率亦不一致。为便于核算各项资产处置所需缴纳的税费，且确保税费计税依据的公允性、合理性，管理人可以拍卖、变卖成交确认书中载明的价格，根据资产种类，按照单项资产评估价值与整体资产评估价值的比例，确定每项资产计税依据，分项计算应纳税额。

2. 实物分配税费核算

管理人采取实物分配方式以清偿破产债权的，本质上即为以物抵债。从税法的角度，实物分配可拆解为转让非货币资产、以非货币资产清偿债务两个行为，从而产生相应的纳税义务。实物分配主要涉及到增值税及附加、企业所得税等。

根据《中华人民共和国增值税暂行条例实施细则》第3条规定，销售货物是指有偿转让货物的所有权，有偿即从购买方取得货币、货物或者其他经济利益。实物分配本质上是通过转移破产财产所有权抵偿债权人的债权，故实物分配属于增值税的征税对象。管理人应根据实物分配资产的种类以及破产企业纳税主体资质适用对应的计税依据。实物分配所涉及的增值税销售额一般可根据评估机构出具的评估价值确定；涉及不动产实物分配的，可向税务机关定向询价，依据税务机关提供的存量房评估系统的房产计税基准价格作为销售额予以计税。

根据《中华人民共和国企业所得税法实施条例》第 25 条规定，企业将货物、财产、劳务用于偿债用途的，应当视同销售货物、转让财产或者提供劳务，纳入企业所得税征税对象；第 13 条规定，以非货币形式取得的收入，应当按照公允价值，及市场价格确定收入额。故对于实物分配所涉及的企业所得税一般可以评估机构出具的评估价值确定收入，扣减相关支出、资产净值以及可弥补亏损等扣减项后作为计税依据申报纳税。

企业重整期间担保权人恢复行使担保权问题初探

引 论

2017年12月，某上市公司先后发布了两则关于其股权拍卖的公告称，其控股股东大连某企业（以下简称"大连公司"）持有的公司股份被质权人某银行向山东省威海市某人民法院（以下简称"威海法院"）申请实现担保物权，威海法院于2017年11月7日作出裁定拍卖该上市公司股份。

2017年11月10日，大连市中级人民法院（以下简称"大连中院"）裁定受理大连公司重整，同时要求威海法院按照《中华人民共和国企业破产法》（以下简称"《企业破产法》"）第19条[1]的规定，中止拍卖上述上市公司股份。据此，威海法院于2017年11月21日决定暂停拍卖。

后因质权人某银行向大连中院请求恢复行使担保权，大连中院依据《企业破产法》第75条[2]第1款之规定，于2017年12月5日通知威海法院恢复对上述上市公司股份的拍卖程序。据此，威海法院于2017年12月19日公开拍卖上述上市公司股份，并由案外人以2.83亿元竞得。

长期以来，在我国企业破产重整的司法实践中，《企业破产法》第75条

---

[1]《企业破产法》第19条规定："人民法院受理破产申请后，有关债务人财产的保全措施应当解除，执行程序应当中止。"

[2]《企业破产法》第75条规定："在重整期间，对债务人的特定财产享有的担保权暂停行使。但是，担保物有损坏或者价值明显减少的可能，足以危害担保权人权利的，担保权人可以向人民法院请求恢复行使担保权。在重整期间，债务人或者管理人为继续营业而借款的，可以为该借款设定担保。"

关于"企业重整期间担保权人恢复行使担保权"的规定实际上基本处于"备而不用"的状态，很少受到广泛关注。但以上案例的实践引发了一定争议和讨论。本文拟就《企业破产法》第75条关于"企业重整期间担保权人恢复行使担保权"的适用程序、范围和认定标准等作进一步的探讨。

一、《企业破产法》第75条的适用程序

在上述案件中，引发最大争议的是，担保权人（质权人）某银行在大连公司重整过程中恢复对其持有的某上市公司股票行使担保权的程序：股票拍卖并未通过大连中院受理的大连公司重整程序进行，而是通过恢复威海法院受理的原民事执行程序进行。

事实上，现行《企业破产法》确实没有就"企业重整期间担保权人行使担保权"的具体程序作出明确规定。而且最高人民法院印发的《人民法院破产程序法律文书样式（试行）》[1]也仅仅提出了受理破产案件的人民法院应以"复函"形式对担保权人的申请进行答复，并没有就应当如何恢复行使担保权作出解答。显然，这一问题须留待在司法实践中加以补充和完善。

但我们认为，从《企业破产法》的立法体系和第75条的立法本意来看，"企业重整期间担保权人行使（包括恢复行使）担保权"的问题应该在重整程序的框架中，尤其是在管理人依法履行职责的过程中统一解决，原则上不应该采取恢复破产重整案件受理前担保财产所涉原有执行程序的方式进行。

首先，破产重整程序作为一种特殊的债务清偿程序，也是一种概括的民事执行程序，具有统一性特点。如果在破产法院受理债务人重整之前，其担保财产不涉及任何在先的民事执行程序，那么《企业破产法》第75条规定的担保权人恢复行使担保权应当在重整程序框架下进行，自不待言。但如果担保财产涉及在先的民事执行程序，并允许通过恢复原执行程序的方式行使担保权，势必造成重整程序和原执行程序的抵牾，理由如下：

（1）直接违反和架空《企业破产法》第19条关于"债务人所涉执行程序应当中止"的规定。执行中止是指在执行程序开始后，由于发生某种特殊

---

[1] 参见最高人民法院《人民法院破产程序法律文书样式（试行）》"文书样式63"。

情况,执行程序停止,这种情况消失后,执行程序再继续进行。[1]故有观点认为,不排除"重整期间恢复行使担保权"这一事由同样可以视为恢复原执行程序的事由。但是,更加普遍的观点认为,就破产程序而言,导致民事执行程序中止的事由显然是"人民法院受理破产案件"这一概括的法律事实。因此,只有在破产宣告之前,人民法院受理破产案件的事由消失的情况下,比如《企业破产法》第 12 条(受理后审查驳回破产申请)、第 43 条(费用不足终结破产)、第 105 条(自行破产和解)规定的情形,[2]有关债务人担保财产所涉的在先民事执行程序才得恢复。所以,"破产法院同意重整期间恢复行使担保权"这一特殊的法律事实,不是恢复原执行程序的法定正当事由。

(2)可能会引发执行程序转破产程序案件的无谓反复。根据《最高人民法院关于执行案件移送破产审查若干问题的指导意见》的有关规定[3],对于执行程序转破产程序的案件,执行法院应征询申请执行人和被执行人的意见。这意味着,如果担保权人系该执行程序的当事人,已有机会充分发表意见。在此情况下,如果破产法院审查后最终决定受理债务人破产案件,执行程序得以确定地转换为破产程序,自然不宜在程序上反复折腾,即在破产重整程序中再次恢复原民事执行程序。而如果债务人涉及多个法院的执行程序,但担保权人并非移送破产审查的有关执行程序的当事人,没有机会就是否同意转入破产程序发表意见,那么,根据最高人民法院在执转破案件中倡导的

---

[1] 参见左卫民:《中国司法制度》,中国政法大学出版社 2012 年版,第 145 页。

[2] 《企业破产法》第 12 条规定:"人民法院裁定不受理破产申请的,应当自裁定作出之日起 5 日内送达申请人并说明理由……。""人民法院受理破产申请后至破产宣告前,经审查发现债务人不符合本法第 2 条规定情形的,可以裁定驳回申请。申请人对裁定不服的,可以自裁定送达之日起 10 日内向上一级人民法院提起上诉。"第 43 条规定:"破产费用和共益债务由债务人财产随时清偿。债务人财产不足以清偿所有破产费用和共益债务的,先行清偿破产费用。债务人财产不足以清偿所有破产费用或者共益债务的,按照比例清偿。债务人财产不足以清偿破产费用的,管理人应当提请人民法院终结破产程序。人民法院应当自收到请求之日起 15 日内裁定终结破产程序,并予以公告。"第 105 条规定:"人民法院受理破产申请后,债务人与全体债权人就债权债务的处理自行达成协议的,可以请求人民法院裁定认可,并终结破产程序。"

[3] 《最高人民法院关于执行案件移送破产审查若干问题的指导意见》第 4 条规定:"执行法院在执行程序中应加强对执行案件移送破产审查有关事宜的告知和征询工作。执行法院采取财产调查措施后,发现作为被执行人的企业法人符合破产法第 2 条规定的,应当及时询问申请执行人、被执行人是否同意将案件移送破产审查。"

"依法有序、协调配合、高效便捷"的工作原则[1]，为了避免不同法院之间推诿或者争夺，影响司法效率，损害全体债权人利益合法权益，在执行程序转入破产程序后，也不宜恢复担保权人所在的原民事执行程序。

其次，从破产财产和管理人职责的角度来看，现行《企业破产法》明确规定担保财产本身仍然属于债务人的破产财产，对其进行统一管理、经营、变价处置和分配，是管理人在破产法院和债权人会议监督下应当依法履行的法定职责之一。如果允许恢复担保物在破产重整程序之外涉及的民事执行程序，势必也将破坏破产财产和管理人职责的统一性、完整性。而且，还有可能的是，如果在原民事执行程序中，债务人担保财产的执行拍卖价款高于所担保的主债权金额，超额部分仍属于债务人的破产财产，应由管理人统一管理和处置，势必增加破产法院、管理人与执行法院之间转交工作的协调衔接需求，徒增程序负担。

在这里，还可以补充一点的是，针对"在破产案件中，具有优先权的债权人实现自身权利应当适用何种程序"的问题，为了避免破产程序和其他特殊民事执行程序之间的矛盾，最高人民法院曾经明确了应当由破产法院适用破产程序进行统一管辖和处置。

2013年12月6日，最高人民法院公布了《最高人民法院关于扣押与拍卖船舶相关问题的规定（征求意见稿）》[2]，其第25条曾经规定："海事法院接受委托，拍卖破产企业所有的船舶，应按照海事诉讼特别程序法的规定，对享有船舶优先权、留置权、抵押权等优先受偿的债权完成债权登记与受偿程序后，将剩余船舶价款移交受理企业破产案件的人民法院。"这一规定的理论基础是我国旧《企业破产法》中规定的破产别除权（即担保财产不属于破产财产）[3]。

---

[1]《最高人民法院关于执行案件移送破产审查若干问题的指导意见》第1条规定："执行案件移送破产审查工作，涉及执行程序与破产程序之间的转换衔接，不同法院之间，同一法院内部执行部门、立案部门、破产审判部门之间，应坚持依法有序、协调配合、高效便捷的工作原则，防止推诿扯皮，影响司法效率，损害当事人合法权益。"

[2] 最高人民法院：《最高人民法院就船舶扣押与拍卖司法解释公开征求社会各界意见》，载最高人民法院官网，http://www.court.gov.cn/hudong-xiangqing-5889.html，最后访问日期：2018年6月1日。

[3]《企业破产法（试行）》第28条规定："破产财产由下列财产构成：①宣告破产时企业经营管理的全部财产；②破产企业在破产宣告后至破产程序终结前所取得的财产；③应当由破产企业行使的其他财产权利。已作为担保物的财产不属于破产财产；担保物的价款超过其所担保的债务数额的，超过部分属于破产财产。"

据此，破产案件中与船舶有关的纠纷的审理、执行程序都归于海事法院管辖。对船舶的变价工作，由海事法院登记优先债权和分配优先债权价款，剩余部分交由破产法院处理。但是，由于该条规定争议巨大，在最高人民法院最终正式公布和生效的上述司法解释文本中，完全删除了这一条款。可见，在最高人民法院的主流意见中，也并不支持其他特殊的民事执行程序（如海事诉讼特别程序）侵蚀破产程序的完整性。因此，我们同样不能认为，最高人民法院支持《企业破产法》第75条关于"恢复行使担保权"这一规定的适用方式是恢复原民事执行程序。

最后，以恢复原执行程序的方式恢复担保权人行使担保权，还可能无法发挥债务人的整体优势和其他财产的价值最大化，进而损害全体债权人利益。在民事执行程序中实现担保权，一般仅考虑担保物自身价值最大化。根据《中华人民共和国物权法》（以下简称"《物权法》"）有关规定，[1]实现担保权的形式包括拍卖、变卖和折价抵债。简言之，即"易于变现则公开变价、快速清偿；难于变现则据实作价、以物抵债"。但在破产重整程序中，针对恢复担保权人行使担保权的问题，则需要在"减少担保权人损失"和"维护全体债权人利益"之间做合理平衡，不能简单采取"一卖了之""以物抵债"的手段。如果因单独处置担保财产而降低债务人其他财产的价值，或者不利于发挥债务人整体财产价值最大化，甚至损害其他债权人利益的，那么恢复行使担保权就更不应当采取恢复原执行程序、单独处置担保财产的方式。

---

[1]《物权法》第195条规定："债务人不履行到期债务或者发生当事人约定的实现抵押权的情形，抵押权人可以与抵押人协议以抵押财产折价或者以拍卖、变卖该抵押财产所得的价款优先受偿。协议损害其他债权人利益的，其他债权人可以在知道或者应当知道撤销事由之日起一年内请求人民法院撤销该协议。抵押权人与抵押人未就抵押权实现方式达成协议的，抵押权人可以请求人民法院拍卖、变卖抵押财产。抵押财产折价或者变卖，应当参照市场价格。"第219条规定："债务人履行债务或者出质人提前清偿所担保的债权的，质权人应当返还质押财产。债务人不履行到期债务或者发生当事人约定的实现质权的情形，质权人可以与出质人协议以质押财产折价，也可以就拍卖、变卖质押财产所得的价款优先受偿。质押财产折价或者变卖，应当参照市场价格。"第236条规定："留置权人与债务人应当约定留置财产后的债务履行期间；没有约定或者约定不明确的，留置权人应当给债务人2个月以上履行债务的期间，但鲜活易腐等不易保管的动产除外。债务人逾期未履行的，留置权人可以与债务人协议以留置财产折价，也可以就拍卖、变卖留置财产所得的价款优先受偿。留置财产折价或者变卖，应当参照市场价格。"

二、《企业破产法》第 75 条的适用范围和认定标准

讨论了《企业破产法》第 75 条的适用程序后，需要进一步追问的是，这一条规定的适用范围和认定标准。"适用范围"需要解答的是，须恢复行使的担保物权的权利内容和类型。而"认定标准"需要解答的则是，如何认定"重整期间需恢复行使担保物权"的必要性和合理性。

在权利内容上，担保物权体现为两方面：变价请求权和优先受偿权。前者体现为程序性权利，后者体现为实体性权利。实际上，《企业破产法》第 75 条规定的"担保权暂停行使"只是对担保权的程序性权利，即变价请求权行使时间上加以限制，而根据《企业破产法》第 87 条[1]第 2 款第 1 项的明确规定，在重整程序中，即使担保财产不予变现，担保权人的优先受偿权也不受影响。

因此，可以适用《企业破产法》第 75 条之规定而得以恢复行使的担保权的主要类型包括：标的物无需移转占有、以实物形式而不以金钱或者金钱等价物形式存在的担保权。这是因为，（1）担保财产的移转占有的直接后果是债务人事实上无法对其加以使用收益；反过来，一旦将此类财产交还给债务人占有使用，则担保权及其优先受偿权便随之消灭。具体而言，抵押担保和权利质押不移转财产占有，而留置担保和动产质押则须移转财产占有。（2）如果担保物本身是金钱或者金钱等价物（如金钱质权[2]），则既无变价的需要，也无继续扣留的必要，债务人可以直接优先受偿而不会对债务人重整造成不利影响。因此，在重整程序中可以暂停行使以及存在恢复行使必要性的担保权，原则上限于两种情况：①抵押担保；②不转移质押权利凭证

---

[1]《企业破产法》第 87 条规定："部分表决组未通过重整计划草案的，债务人或者管理人可以同未通过重整计划草案的表决组协商。该表决组可以在协商后再表决一次。双方协商的结果不得损害其他表决组的利益。未通过重整计划草案的表决组拒绝再次表决或者再次表决仍未通过重整计划草案，但重整计划草案符合下列条件的，债务人或者管理人可以申请人民法院批准重整计划草案：①按照重整计划草案，本法第 82 条第 1 款第 1 项所列债权就该特定财产将获得全额清偿，其因延期清偿所受的损失将得到公平补偿，并且其担保权未受到实质性损害，或者该表决组已经通过重整计划草案；……"

[2]《最高人民法院关于适用〈中华人民共和国担保法〉若干问题的解释》第 85 条规定："债务人或者第三人将其金钱以特户、封金、保证金等形式特定化后，移交债权人占有作为债权的担保，债务人不履行债务时，债权人可以以该金钱优先受偿。"

（如票据、物权凭证等）或者须登记方能设立（如基金份额、股权等）的质押担保。[1]

关于如何认定"重整期间需恢复行使担保物权"的必要性和合理性，需要指出的是，《企业破产法》第 75 条仅规定了唯一的认定标准："……担保物有损坏或者价值明显减少的可能，足以危害担保权人权利的……"。据了解，在前述某上市公司股票拍卖的案例中，大连中院也是基于该上市公司已经连续亏损并且存在退市风险，其股票市值存在价值明显减少的可能等因素，才最终同意恢复华夏银行的恢复行使担保权的申请。

尽管如此，主流观点认为，针对重整期间恢复行使担保权的问题，除季节性商品、鲜活、易腐烂变质以及其他不宜长期保存的物品应当及时变价处置以外，对包括土地使用权、建筑物、在建工程、上市公司股票、关键性技术、基础设施收费权等价值巨大的担保财产而言，即使在短期内存在价值减少的风险，仍然需要考虑担保财产对重整企业后续生产经营的影响，或者企业重整对担保财产的依赖程度。但此项条件需要根据不同情况确认，因此也具有较大的非法律灵活性。正如本文第二部分所述，如果因恢复行使担保权导致单独处置担保财产，进而导致债务人无法重整，或者降低债务人其他财产的价值，不利于债务人整体财产价值最大化，那么就不应该轻易恢复行使担保权，而应在重整程序中统筹考虑，协调各方（尤其是担保权人和重整方）同意，综合运用提前锁定价格预售、租赁经营、托管等多种方式推进重整，实现担保债权人、其他债权人、职工、重整方和债务人的利益共赢。

对此，最高人民法院已经就破产清算程序中担保权人的权利行使和限制问题提出了相关的指导意见[2]。根据该等意见，破产清算程序中，担保权以正常行使为原则，暂停行使为例外。尽管这与《企业破产法》第 75 条关于"在重整期间，对债务人的特定财产享有的担保权暂停行使……"存在立法目的论上的差异，但举重以明轻，无论是重整还是清算，均需要在"减少担保

---

[1] 参见王欣新：《论重整中担保权的暂停行使》，载《人民法院报》2015 年 7 月 1 日，第 7 版。

[2]《全国法院破产审判工作会议纪要》第 25 条规定："担保权人权利的行使与限制。在破产清算和破产和解程序中，对债务人特定财产享有担保的债权人可以随时向管理人主张就该特定财产变价处置行使优先受偿权，管理人应及时变价处置，不得以须经债权人会议决议等为由拒绝。但因单独处置担保财产会降低其他破产财产的价值而应整体处置的除外。"

权人损失"和"维护全体债权人利益"之间进行合理平衡,因此,该指导意见中主张的"因单独处置担保财产会降低其他破产财产的价值而应整体处置"的做法,同样值得破产重整的司法实践参考借鉴。

结　语

目前,在我国破产司法实践中,《企业破产法》第75条关于"企业重整期间担保权人恢复行使担保权"的规定尚未引起广泛重视。但包括本文所述在内等案例的出现,已经给立法者、司法者、破产管理人提出了智识上的挑战,针对如何正确选用法律程序,如何实现"减少担保权人损失"和"维护全体债权人利益"之间的合理平衡,如何实现个案公平,如何实现破产法的法律效果与社会效果的统一等问题,正期待着各方在实践中的智慧和解答。

关于担保债权人承担破产费用及共益债务的合理性及路径辨析

引 言

根据《中华人民共和国企业破产法》（以下简称"《企业破产法》"）第113条[1]规定，破产费用及共益债务优先于职工债权、税款及社保债权和普通债权优先受偿。另根据《最高人民法院关于适用〈中华人民共和国企业破产法〉若干问题的规定（二）》（以下简称"《企业破产法司法解释二》"）第3条规定，对债务人的特定财产在担保物权消灭或者实现担保物权后的剩余部分，在破产程序中可用以清偿破产费用、共益债务和其他破产债权。据此，实践中有观点认为，破产费用和共益债务均应由无担保财产据实承担，[2]多数破产重整案件[3]及破产清算案件[4]均适用了上述规则。

---

[1]《企业破产法》第113条规定："破产财产在优先清偿破产费用和共益债务后，依照下列顺序清偿：①破产人所欠职工的工资和医疗、伤残补助、抚恤费用，所欠的应当划入职工个人账户的基本养老保险、基本医疗保险费用，以及法律、行政法规规定应当支付给职工的补偿金；②破产人欠缴的除前项规定以外的社会保险费用和破产人所欠税款；③普通破产债权。破产财产不足以清偿同一顺序的清偿要求的，按照比例分配。破产企业的董事、监事和高级管理人员的工资按照该企业职工的平均工资计算。"

[2] 参见李晓璐：《〈民法典〉背景下破产程序中的债权清偿顺位及优先权》，载树人律师公众号，https://mp.weixin.qq.com/s/hIfOIV0LRCBLFEV2VO4Uug，最后访问日期：2022年11月28日。

[3] 重整案件中有财产担保债权常通过留债等方式全额清偿，不涉及担保财产的变价处置，破产费用及共益债务则从重整投资人投资款及低效资产处置款中承担，参见《河南华英农业发展股份有限公司重整计划》，载深圳证券交易所官网，http://www.szse.cn/certificate/individual/index.html?code=002321，最后访问日期：2022年11月28日；即便涉及担保财产的变价处置，往往也将全部变价款优先清偿担保债权人，参见《广州市浪奇实业股份有限公司重整计划》，载深圳证券交易所官网，http://www.szse.cn/disclosure/listed/bulletinDetail/index.html?ba25adc1-bab7-41b1-9b11-b123b4ddddfc，最后

对此，我们认为，破产费用及共益债务是否均应由无担保财产承担不应一概而论，尤其在破产清算案件之中，管理人旨在对债务人全部破产财产进行处置变价后公平分配，担保债权人作为优先权人，本身已较无担保债权人享有更优先的清偿顺位，若进一步让担保债权人仅享受担保财产处置变现后的收益，而无需承担因管理维护、处置变价担保财产而产生的费用，将导致担保债权人与无担保债权人之间的权利义务明显失衡，有违《企业破产法》公平清偿之基本原则，故有必要对破产费用及共益债务在有财产担保债权人和无担保债权人之间的分配问题作进一步的分析。鉴于此，我们将以大连市中级人民法院（以下简称"大连中院"）受理的STX（大连）造船有限公司等六家公司破产清算案件为引，对上述问题予以分析。

一、案情简介

2014年6月6日，大连中院裁定受理了STX（大连）造船有限公司、STX（大连）重工有限公司、STX（大连）海洋重工有限公司、STX（大连）发动机有限公司、STX（大连）重型装备有限公司、STX（大连）金属有限公司（以下合称"STX造船等六家公司"）破产重整案件。2015年3月10日，大连中院裁定宣告STX造船等六家公司破产。

2022年7月8日，买受人整体承接了STX造船等六家公司破产财产，管理人完成了对STX造船等六家公司破产财产的处置工作。在制定STX造船等六家公司《破产财产分配方案》时，管理人注意到，因STX造船等六家公司破产程序极为漫长，在此期间，为维系STX造船等六家公司的安全及价值，

（接上页）访问日期：2022年11月28日；《深圳赫美集团股份有限公司重整计划》，载深圳证券交易所官网，http://www.szse.cn/disclosure/listed/bulletinDetail/index.html?658e0725-acc0-4214-8e91-030291477bd8，最后访问日期：2022年11月28日。

〔4〕清算案件中担保债权人常可就全部担保财产变价款优先受偿，破产费用及共益债务则均从无担保财产变价款中负担，参见《武夷山君泰置业有限公司破产财产分配方案》，载全国企业破产重整案件信息网，https://pccz.court.gov.cn/pcajxxw/pcgg/ggxq?id=E6956FDE44B0853E7F59B13E1BEC6433，最后访问日期：2022年11月28日；《苏州大中棉纺织有限公司破产财产分配方案》，载全国企业破产重整案件信息网，https://pccz.court.gov.cn/pcajxxw/pcgg/ggxq?id=B9EAA99C4C2B722B378B5DC5085F0BCE，最后访问日期：2022年11月28日；《合肥科振实业发展有限公司破产财产分配方案》，载全国企业破产重整案件信息网，https://pccz.court.gov.cn/pcajxxw/pcgg/ggxq?id=9652EA7C306FC9DDD04BA8D26F0CF5E0，最后访问日期：2022年11月28日。

管理人支付了高昂的管理成本及处置费用，包括但不限于厂区安保费用、聘用留守职工的费用、通讯维护费、电费、资产处置税费等，且STX造船等六家公司破产财产担保率极高，上述费用的支出实际上是维系了担保财产的变现价值，担保债权人因此而获益。在STX造船等六家公司破产财产整体变现价值不高且债务高企的背景下，若上述费用均由无担保财产承担，一方面将使得担保债权人享受资产管理维护的收益，另一方面却使无担保债权人承担了资产管理维护的成本，将导致绝大部分职工债权人清偿率极低乃至无法获得清偿。针对上述情况，管理人在大连中院的指导下，对《企业破产法》《企业破产法司法解释二》的立法本意进行了充分的研读和论证，最终确立了由担保债权人与无担保债权人共同承担部分破产费用与共益债务的原则，实现了权责利的统一，有效提高了无担保债权人的清偿率，实现了良好的司法效果和社会效果。

二、担保债权人承担破产费用及共益债务的合法性分析

我们认为，破产重整案件与破产清算案件存在差异，因此关于担保债权人是否应承担破产费用及共益债务需区分破产重整案件与破产清算案件作进一步的探讨。

在破产重整案件中，《企业破产法》第75条规定，"在重整期间，对债务人的特定财产享有的担保权暂停行使……。"《企业破产法》限制担保债权人行使担保权的根本原因在于防止担保债权人在破产重整程序中执行债务人的核心财产，导致债务人丧失运营价值及重整价值，[1]其本质是限制了担保债权人的权利而意在实现整体破产财产价值的最大化，最终受益的实际是无担保债权人。由此可见，出于实现整体破产财产价值最大化之目的而限制担保债权人行使担保物权，因此为管理人担保财产所支付的相关费用由无担保财产据实承担符合"谁受益谁付费"的基本法理，具有合理性。

在破产清算案件之中，管理人的主要工作即对破产财产进行处置变现，债务人运营价值已无从谈起，且一般破产清算案件之中，担保财产快速变现价值往往不足以覆盖担保债权金额，无担保债权人并无法享受其担保财产的溢出价值。因此，若仍让无担保财产承担担保财产的维护管理、变价处置费

---

[1] 李忠鲜：《担保债权受破产重整限制之法理与限度》，载《法学家》2018年第4期。

用，实际上是由无担保债权人变向补贴担保债权人，"损不足而补有余"，权利与义务并不匹配，有失公允。因此，在破产清算案件中，关于担保债权人是否应承担破产费用及共益债务具有进一步研讨的必要。

（1）从法律规定的层面，根据《企业破产法司法解释二》第3条第2款规定，"对债务人的特定财产在担保物权消灭或者实现担保物权后的剩余部分，在破产程序中可用以清偿破产费用、共益债务和其他破产债权。"对此，我们认为，《企业破产法司法解释二》第3条旨在明确担保财产变现价值超出了担保债权人债权金额后，对超出的金额部分的使用定性问题（即可用于清偿其他破产费用、共益债务及破产债权），属于担保债权实现清偿后的安排，但对于担保债权在受偿时，是否应当承担此前为维护管理、变现处置担保财产而产生破产费用、共益债务并未有明确规定。对此，最高人民法院明确指出："债务人财产（或破产财产）是由管理人负责管理的。在担保财产纳入债务人财产之后，与之相关，便产生了管理人对担保财产发生的管理费用以及相关管理报酬的支付问题。担保财产的管理费用包括担保物的变价费用等为实现担保债权而直接、间接发生的种种费用，均应当由担保财产的变价款中优先支付，对此应无疑义。如果管理人对担保物的维护、变现、交付等管理工作付出合理劳动的，有权向担保权人收取适当的报酬。"[1]同样的，《四川省高级人民法院关于印发〈关于审理破产案件若干问题的解答〉的通知》中亦指出，"在债务人财产已全部或大部分设置担保的情况下，破产程序主要是为担保权人利益进行，根据《中华人民共和国物权法》第173条的规定，'保管担保财产和实现担保物权的费用'属于担保物权的担保范围，可从担保物变现价款中优先受偿，故担保权人应当根据担保物是否受益及受益情况来承担该部分破产费用或共益债务。《企业破产法司法解释二》规定破产费用和共益债务应在担保物权实现之后剩余部分进行清偿，此处的破产费用和共益债务应是指与担保物权实现无关的破产费用和共益债务。"

（2）从学理层面，王欣新教授亦指出，"如破产费用、共益债务中存在'保管担保财产和实现担保物权的费用'，应当从该担保物的变价款中支付。如略加合理扩充解释，为管理、维护、变价、分配某一担保物而支付的破产

---

[1] 最高人民法院民事审判第二庭编著：《最高人民法院关于企业破产法司法解释理解与适用——破产法解释（一）、破产法解释（二）》，人民法院出版社2017年版，第141页。

费用，因该担保物产生的共益债务（如致人损害所产生的债务），都应由该担保物的变价款中支付……一个公平的原则是，谁受益谁付费，程序为谁的利益而进行，费用由谁承担。"〔1〕

（3）最后从实践层面，司法实践中，亦有诸多案例在制定破产财产分配方案时，充分考虑了破产费用及共益债务产生的缘由及实际受益人，将破产费用及共益债务在担保债权人及无担保债权人中进行了适当的分配，例如在宿迁砥砺前行智能制造技术股份有限公司、江苏山亿新能源工程有限公司、无锡撒母耳太阳能技术研究院有限公司破产清算案中，《破产财产分配方案》载明"因破产费用中部分费用，系为管理、维护、变价优先权涉及的财产而支付，以及因交易产生的税费，应从该财产变价款中直接扣除"；〔2〕又如在四川西南不锈钢有限责任公司破产清算案中，《破产财产分配方案》载明"抵押物处置价款为311,862,873.27元，扣除抵押资产的处置税金22,278,587.52元和分摊的财产管护费用6,137,877.41元后，处置净收入为283,446,408.34元"，并以该处置净收入清偿担保债权人。〔3〕

综上所述，秉持"谁受益谁付费"的公平原则，在破产清算案件中，既然担保债权人因担保财产的维护管理及处置变现而获益，那么由担保债权人承担因维护管理及处置变现担保财产而产生的破产费用及共益债务符合《企业破产法》的公平分配原则，具有合理性。

三、担保债权人承担破产费用及共益债务的具体操作路径

在认可担保债权人需承担因维护管理及处置变现担保财产而产生的破产费用及共益债务的前提下，进一步需要分析的问题则是，如何界定担保债权人需承担的破产费用及共益债务的范围及具体实施的路径。

---

〔1〕 王欣新：《破产费用、共益债务与物权担保债权间的清偿关系》，载《人民法院报》2015年9月2日，第7版。

〔2〕 参见《宿迁砥砺前行智能制造技术股份有限公司、江苏山亿新能源工程有限公司、无锡撒母耳太阳能技术研究院有限公司破产财产分配方案》，载全国企业破产重整案件信息网，https://pccz.court.gov.cn/pcajxxw/pcgg/ggxq?id=CDA5774004B8082E519682A6FB5D421D，最后访问日期：2022年11月29日。

〔3〕 参见《四川西南不锈钢有限责任公司破产财产分配方案》，载全国企业破产重整案件信息网，https://pccz.court.gov.cn/pcajxxw/pcgg/ggxq?id=5EA276CF223B42F12CCAB2868668D1CA，最后访问日期：2022年11月29日。

（一）担保债权人需承担的破产费用及共益债务的范围

秉持"谁受益谁付费"的公平原则，担保债权人确有义务承担因维护管理、处置变现担保财产而产生的破产费用及共益债务，但并不等同于担保债权人需分摊破产程序中全部的破产费用及共益债务，因此如何合理界定担保债权人应承担的破产费用及共益债务的范围具有必要性。[1]

我们认为，担保债权人应承担的破产费用及共益债务分为专属费用及共同费用。其中，专属费用特指为维护管理、处置变现担保财产而直接产生的费用，例如担保财产处置变现的交易费用和交易税费、担保财产维修费用、担保财产保险费用；共同费用则指管理人为维护管理、处置变现整体破产财产，无法与专属费用区分的费用，例如聘用留守人员薪酬支出、留守人员办公费用、安保费用等。

（二）具体承担路径

从责任承担上而言，专项用于担保财产维护管理、处置变现的专属费用，由担保债权人全额承担具有合理性。而对于管理人为维护管理、处置变现整体破产财产，无法与专属费用区分的共同费用而言，我们认为，可按照担保财产和无担保财产评估价值的比例进行核定，即若担保财产在全部破产财产中价值比重较大，则担保债权人应相应承担更高比例的破产费用及共益债务，该安排亦符合公平原则。

从具体操作上而言，管理人在对破产财产进行处置后，可根据实际变现情况，据实核定担保财产和无担保财产的变现收入。在此基础上，管理人可在审计机构的协助下，确定破产期间所支付的专项费用及共同费用，最终按照比例分别确定担保债权人的可分配金额以及无担保债权人的可分配金额。

（三）特殊情形分析

在确定担保债权人对破产费用及共益债务的分摊问题时，仍有两种特殊情形需要予以专门分析。

1. 担保财产足值时，担保债权人是否还应承担破产费用及共益债务

在担保财产变现金额远高于担保债权金额的情形下，即便在扣除担保债权人应承担的破产费用及共益债务后，剩余金额仍可全额覆盖担保债权，此

---

[1] 胡余嘉、覃灵：《破产程序中担保财产清偿破产费用和共益债务的原理及路径》，载《辽宁师范大学学报（社会科学版）》2018年第4期。

时担保债权人事实上并未承担任何的破产费用及共益债务，为此，实践中部分管理人选择先以担保财产变现金额和担保债权金额孰低，确定担保债权人的可分配金额，再在此基础上，扣减担保债权人应承担的破产费用及共益债务，担保债权人实际受偿的金额低于其债权金额。

对此，我们持有不同意见。在担保财产足值的情形下，管理人对担保财产的维护管理而产生的担保财产"溢价"并未由担保债权人享有，事实上，因担保财产变现金额高于担保债权金额，根据《企业破产法司法解释二》第3条之规定，担保财产变现金额高于担保债权金额的部分，应用于清偿无担保债权。由此可见，在担保财产足值的情形下，管理人对担保财产的维护管理所带来的资产"溢价"实际系由无担保债权人享有。因此，相关费用由无担保债权人承担符合"谁受益谁付费"的公平原则。

2. 同一担保财产存在多顺位优先权人时，破产费用及共益债务应如何分摊

假定担保财产变现价值为1000万元，需承担的破产费用及共益债务为200万元，第一顺位和第二顺位担保债权人债权金额均为500万元。由此产生的问题是，破产费用及共益债务是否应在第一顺位和第二顺位担保债权人之间分摊？对此，王欣新教授认为"当担保债权人有多人时，对上述费用原则上应按照债权及担保物价值的比例分担"，[1]即两方担保债权人各自承担破产费用及共益债务100万元，实际清偿款项均为400万元。

对此，我们亦有不同意见。在同一担保财产存在多顺位优先权人时，担保财产的变现价值应当优先向前一顺位的担保债权人进行分配，即便担保财产因管理人对担保财产的维护管理享有增值部分，前一顺位的担保债权人事实上并未享有担保财产增值带来的收益；相对应地，后顺位的担保债权人仅得在前一顺位债权人得到清偿后，就担保财产的剩余价值享有优先权，事实上是后顺位的担保债权人享受了管理人对担保财产维护、管理所带来的收益。因此，同样秉持"谁受益谁付费"的公平原则，在同一担保财产存在多顺位优先权人时，应当由后顺位的担保债权人承担相应的破产费用及共益债务（以后顺位的债权人仍可获得清偿为前提）。回归到上述案例，应当首先结合

---

[1] 王欣新：《破产费用、共益债务与物权担保债权间的清偿关系》，载《人民法院报》2015年9月2日，第7版。

担保财产的变现金额及应承担的破产费用及共益债务,确定该担保财产最终可向担保债权人分配的金额为800万元,其后根据担保债权人的优先顺位,依次清偿第一顺位的有财产担保债权人500万元,清偿第二顺位的有财产担保债权人300万元。

结　语

综合本文分析,在破产清算案件中所产生的破产费用和共益债务不可一概而论地均由无担保债权人承担,而应秉持"谁受益谁付费"的公平原则,合理界定有财产担保债权人应当承担的费用范围以及比例,如此方能落实《企业破产法》中"公平清理债权债务,保护债权人和债务人的合法权益"的核心目的。

对《企业破产法》第九十二条第二款的规避行为效力研究[1]

引 论

《中华人民共和国企业破产法》（以下简称"《企业破产法》"）第92条第2款规定："债权人未依照本法规定申报债权的，在重整计划执行期间不得行使权利；在重整计划执行完毕后，可以按照重整计划规定的同类债权的清偿条件行使权利。"该条主要涉及破产重整程序中逾期申报债权人债权利益的保护问题。考虑到重整计划执行完毕后，债务人不再具备破产原因，其法人资格继续存续，为了全面保护逾期申报债权人的利益，法律允许其向重整程序终结后的债务人主张权利，并可依据重整计划规定的同类债权的清偿条件获得清偿。[2]

由此可见，《企业破产法》第92条第2款趋向于保护逾期申报债权人的利益，即该类债权人逾期申报债权并不导致其实体权利消灭，只是不能在重整执行期内向债务人进行主张。前述规定在立法模式上符合我国立法中一贯的传统，即为保护特定群体利益而在法律中特别规定其享有的权利及行使方式，限制有关当事人意思自治的范围。此外，从司法实务角度看，鉴于我国法律上执行方式和执行手段不健全，债权人难以通过正常的执行程序实现债权利益。而在我国破产法律制度，特别是破产信息公示制尚不完善的情况下，债权人获取破产信息难度较大，无法在破产程序中充分行使权利。因此，在

---

[1] 本文成稿于《中华人民共和国民法典》施行之前。
[2] 参见王卫国：《破产法精义》，法律出版社2007年版，第270页。

2007年正式颁布施行的《企业破产法》中，第92条第2款对破产程序中债权人的利益保护作出了进一步补强性规定，允许未按期申报债权的债权人在重整程序终结后继续向债务人主张权利。这一规定在当时的历史语境下，具有相对合理的现实动因。

尽管有如上立法动因，但需要观察到的是，在《企业破产法》施行后重整制度的司法实践过程中，第92条第2款却产生了一些负面效果。具体而言，由于我国企业实施重整大多需要外部重整方的参与，重整方以获得重整后企业控制权、推动重整后企业恢复正常经营并实现盈利等目标参与重整，自然希望企业重整后的债务规模能够控制在最低水平。但是，如果破产企业财务制度与治理体系不完善、不规范，使得企业的负债情况难以被全面、精确地掌握，这就会进一步导致未按期申报的债权金额具有较大的不确定性。在这种情况下，绝对适用第92条第2款之规定，往往造成重整投资方无法预先估计企业重整后的债务规模，影响重整方对于企业重整价值的商业判断，进而削弱其重整投资意愿，最终降低企业重整成功率，反而不利于全体债权人和债务人利益。

因此，为了消除重整投资人的前述顾虑，实务中出现了一些规避适用第92条第2款的做法，比如，在重整计划中明确规定，禁止或者限制逾期申报债权人在重整程序终结后继续向重整方控制的债务人企业主张权利（涉及该等内容的条款以下简称"规避性条款"）。但针对这类规避性条款的效力问题，理论界和实务界存在较大争议。有学者认为，《企业破产法》第92条第2款并非破产法的强制性规定，债权人可以以协商一致的方式排除适用，并主张根据《企业破产法》第92条第1款"经人民法院裁定批准的重整计划，对债务人和全体债权人均有约束力"之规定，依法生效的重整计划中的规避性条款当然对逾期申报债权人产生效力。但另一方面，有学者主张，规避性条款未经有关债权人同意即处分其实体权利，违背基本法理并直接与92条第2款之规定相抵触，损害了该等债权人的合法权益，应属无效条款。

鉴于上述不同观点在破产实务中已经引发了相关争议，因此，本文拟进一步梳理《企业破产法》第92条第2款的法理逻辑和实务观点，并着重就规避性条款的效力问题进行分析探讨，以期为实务中解决此类问题并完善相关法律制度提供思路。

一、《企业破产法》第 92 条的理解与适用

首先，有关规避性条款效力的争议点之一，是该条款能否经由适用《企业破产法》92 条第 1 款之规定而对有关债权人（即因逾期申报而无资格参加债权人会议并参与重整计划草案表决的债权人）发生效力。

我们认为，结合《企业破产法》的立法原意可以得知，虽然《企业破产法》第 92 条第 1 款规定的"全体债权人"既包括已参加重整程序的债权人，也包括未参加重整程序的债权人，但是重整计划对"全体债权人"的约束力，主要是指重整计划中涉及债权让步与债权清偿的条件、时间、方式等实质性内容对全体债权人有约束力，债权人因而不得在重整计划以外，以异于重整计划规定的方式向债务人单独采取行动。[1]但是，重整计划对债务人和全体债权人的约束力并不意味着重整计划中的规避性条款对逾期申报债权人当然发生效力，因为该条款并不涉及对全体债权人一致适用的债权清偿安排等实质性内容，反而直接取消个别逾期申报债权人获得清偿的实体权利。因此我们不能认为，规避性条款当然地落入对全体债权人产生约束力的条款的效力范围之中。此外，这种近乎直接与《企业破产法》第 92 条第 2 款之规定相抵触的协议安排，如果可以经由适用第 92 条第 1 款之规定而对该受到不利影响的债权人产生效力，将容易导致第 92 条第 2 款的立法目的落空，并在破产法体系内部制造紧张关系。

其次，有学者主张，《企业破产法》第 92 条第 2 款在法律语言上并未采取"不得""禁止"等表述，故其并非破产法的强制性规定，债权人可以以协议一致的方式排除适用。[2]我们认为，此种观点混淆了法律中授权性规范和命令性/禁止性规范的区别。具体而言，授权性规范授予民事主体以权利，有关主体可以自行决定是否行使该权利，他人无正当理由无权干涉；相应地，命令性/禁止性规范规定民事主体必须遵守的行为模式，具有强制性，一般禁止以协商的方式予以变更，除非其并不涉及"效力性"的强制性内容。从第 92 条第 2 款的句法结构和文义上，清晰地显示出该条款在法律性质上属于赋

---

[1] 王卫国：《破产法精义》，法律出版社 2007 年版，第 269 页。
[2] 程顺增：《规避企业破产法的重整计划条款有效》，载《人民司法》，2019 年第 32 期。

予债权人权利的授权性规范，而非为债务人创设义务的命令性规范。因此，是否行使破产法赋予的权利只能由逾期申报债权人自行决定，其他人未经权利人同意或追认，不得作出排除其实体权利的决定，即使作出，该决定也不应对权利人产生效力。

最后，根据"程序不消灭实体权利"的基本法理，债权人未在破产法规定的期间内依法申报债权，相应法律后果仅体现为其丧失了在重整计划执行期内获得清偿的程序性利益，但其实体权利依然存续，[1]依然有权向重整后的债务人企业进行主张。因此，旨在限制或排除逾期申报债权人实体债权的规避性条款，不符合"程序不消灭实体权利"的基本法理，不应对相关债权人产生效力。[2]

综合上述分析，我们认为，如果在重整计划中直接规定限制或排除逾期申报债权人实体债权的，该规避性条款与《企业破产法》第92条的文本内容及立法原意直接抵触，并违背基本法理，恐难以认定其法律效力。

但是，在破产法司法实践中，还出现一类相对柔性的规避性条款，故有必要考察这些规避性条款的具体形式和内容，并进一步分析对其效力进行认定的部分司法裁判观点。

二、司法实践中规避性条款的表现形式及其效力认定

实务中，为消除重整方在企业重整后仍须承担大量未申报债务的顾虑，一种常见的做法是将重整资源与偿债资源相分离，前者由重整方实际控制，后者由与债务人企业剥离的其他法人主体（如存续分立后新设的子公司、解散分立后新设的公司等）或第三方偿债平台承接，并由后者承担债务人全部未申报债务。相应地，此种重整模式下的规避性条款体现为不直接剥夺逾期申报债权人的实体债权，而是仅允许其向承接全部偿债资源的第三方主体主张权利，而不得向重整方控制的原债务人进行主张。

例如，在庄吉集团有限公司（以下简称"庄吉集团"）等四家公司合并

---

〔1〕 王卫国：《破产法精义》，法律出版社2007年版，第270页。

〔2〕 当然，抛开我国破产法第92条第2款的实体法规定，仅在法理上而言，关于破产程序中的债权申报期间，究竟属于可能导致实体权利灭失的除斥期间，还是仅导致债权人胜诉权丧失的特殊诉讼时效，则是另一个存在较大争议的问题。参见邹海林：《债权申报若干基本问题研讨》，载《中外法学》1994年第1期。

重整案中，重整计划规定由庄吉集团、温州庄吉工业园区有限公司（以下简称"园区公司"）、温州庄吉服装有限公司（以下简称"服装公司"）等三家企业承接全部具备重整价值的优质资产并移交重整方接收控制，而温州庄吉服装销售有限公司（以下简称"销售公司"）在承接全部剩余资产、债权债务及重整方支付的偿债资金后进行破产清算以公平清偿债务，同时规定重整后由重整方控制的庄吉集团、园区公司、服装公司等三家企业不再承担原四家企业名下的任何债权债务，而包括未申报债务在内的全部企业债务均由销售公司一家企业承担。同样地，渤钢系企业重整计划通过公司分立等方式将原破产企业的资产分为钢铁资产平台和非钢铁资产平台，并规定由钢铁资产平台引入战略投资人，非钢铁资产平台承接包括未申报债务在内的全部企业债务；丹东港重整计划通过新设分立公司的方式建立港口资产平台，承接港口资源、航运产业并引入重整方，而更名后的原破产企业成为临港产业平台，承接企业债务。〔1〕上述案例表明，实务中常见的规避性条款并非直接剥夺逾期申报债权人的实体权利，而是通过区分重整资源与偿债资源、区分资产平台与偿债平台等协议安排，有条件地限制逾期申报债权人主张权利的主体范围。此种类型的规避性条款在法律上切断了重整后债务人企业与企业原债权债务之间的联系，在实务中被大量采用。〔2〕

但是，上述规避性条款实质上是通过重整计划等协议安排，将本应由公司分立后全部分立主体应予承担的原公司债务转移至部分主体承担，对原公司债权人选择主张权利的主体范围形成限制。因此，该等规避性条款的法律效力，需要综合《中华人民共和国民法总则》（以下简称"《民法总则》"）、《中华人民共和国合同法》（以下简称"《合同法》"）、《中华人民共和国公司法》（以下简称"《公司法》"）及《企业破产法》等法律规定来进行判断。根据《民法总则》第67条、《合同法》第90条、《公司法》第176条之规定，分立后的公司对公司分立前所负债务承担连带责任，但公司分立前与

---

〔1〕参见《丹东港集团有限公司、丹东老东北农牧有限公司、辽宁快急送物流有限公司、丹东港务经营有限公司合并重整计划》，载全国企业破产重整案件信息网，http://pccz.court.gov.cn/pcajxxw/pcgg/ggxq？id=125437966B35A3CEAE0D460A148EC4D5，最后访问日期：2020年2月4日。

〔2〕方飞潮、金晓平：《灵活运用破产重整机制实现价值最大化》，载《人民司法》2017年第11期。

债权人就债务清偿达成书面协议或与债权人另有约定的除外。[1]重整计划作为对全体债权人有约束力的法律文件，亦可就债务人分立后的债务承担问题达成新的协议安排，如约定将全部债务转移至某一分立主体承担。但是，鉴于债务人的同意是债务承担行为对有关债权人发生效力的前提条件[2]，上述协议安排未经逾期申报债权人表决同意，不应对其产生效力，逾期申报债权人依旧可以选择向分立后的任何主体主张债权。从破产法角度来看，禁止逾期申报债权人向获得重整资源的原债务人主张权利，相较直接取消其实体债权而言，对债权人利益的损害程度较轻，但鉴于债权人得以主张债权的主体仅获得了较为有限的偿债资源，其债权利益的实现仍然受到了法律上的不利影响，根据本文第二部分的分析意见，该不利影响未经债权人同意或追认，也不应对其发生效力。

尽管如此，为充分协调债权人与重整投资人的利益，提高重整成功率，充分发挥破产重整制度"拯救困境企业，促进企业重生"的制度功能与实效，实务界（尤其是在我国破产案件审判经验较为丰富和先进的浙江地区）的一个基本趋势是逐渐认可规避性条款的法律效力。比如，温州市中级人民法院副院长潘光林认为，由于我国民营企业财务制度与治理体系不完善、不规范，使得企业的负债情况难以被全面、精确的掌握，而让重整投资人承担无法预判的未申报债务，合理性不足，因而规避性条款的存在具有一定合理性。[3]衢州市中级人民法院院长程增顺也倾向于认可已经人民法院裁定批准的重整计划中规避性条款的法律效力。[4]经我们检索发现，浙江省高级人民法院近期也在一宗破产债权确认纠纷中认可了某企业重整计划中规避性条款的法律

---

[1] 《民法总则》第67条规定："法人合并的，其权利和义务由合并后的法人享有和承担。法人分立的，其权利和义务由分立后的法人享有连带债权，承担连带债务，但是债权人和债务人另有约定的除外。"《合同法》第90条规定："当事人订立合同后合并的，由合并后的法人或者其他组织行使合同权利，履行合同义务。当事人订立合同后分立的，除债权人和债务人另有约定的以外，由分立的法人或者其他组织对合同的权利和义务享有连带债权，承担连带债务。"《公司法》第176条规定："公司分立前的债务由分立后的公司承担连带责任。但是，公司在分立前与债权人就债务清偿达成的书面协议另有约定的除外。"

[2] 《合同法》第84条规定："债务人将合同的义务全部或者部分转移给第三人的，应当经债权人同意。"

[3] 潘光林：《破产重整若干实务问题探析》，载中国破产法论坛公众号，http://mp.weixin.qq.com/s/CQ0L4bwMcR-zF0-34DfymQ，最后访问日期：2019年2月28日。

[4] 程增顺：《规避企业破产法的重整计划条款有效》，载《人民司法》2019年第32期。

效力，其裁判观点为：如果已有证据证明债权人完全知悉债务人破产情况但无正当理由仍怠于向管理人申报债权，则可视为其放弃申报债权、表决重整计划等权利，因而重整计划中排除其实体债权的规避性条款并未伤害其债权利益，对其具有相应法律约束力。[1]

上述裁判观点表明，实务界，特别是浙江省等破产审判理念较为先进的地区法院正逐渐倾向于认可重整计划中规避性条款的法律效力。但是，具体个案中人民法院对规避性条款的效力认定拥有自由裁量的空间，须结合债权人逾期申报债权的原因、规避性条款是否实质性地损害了债权人利益等因素进行具体判断。我们认为，在前述有证据证明债权人故意怠于申报债权的案例中，浙江省高级人民法院的裁判立场准确把握了破产法上关于债权申报制度和重整制度的立法本意，有助于破产法的良性适用，正确地引导了破产程序中权利人的行为预期，是值得肯定的做法。

三、对《企业破产法》第 92 条第 2 款规定的反思

众所周知，重整程序和清算程序最大的区别即在于重整以削减企业负债、恢复企业正常经营、延续企业法人资格为目标，在重整程序中债权人需要作出必要的让步，如延期清偿或债权折让。但如果允许逾期申报债权人在重整计划执行完毕后再次向恢复正常经营的债务人进行补充申报，则可能出现补充申报金额较大、债务人无力清偿的情况，这将使债务人可能遭遇二次破产的境地，与重整法律制度所追求的立法目的相违背。

值得注意的是，《企业破产法》第 92 条第 2 款的立法目的是保护逾期申报债权人的债权利益，但是该规定在实践中却带来了抑制重整投资意愿、引发债权人恶意怠于申报债权等负面效果和道德风险。实践中，确实存在部分债权人故意怠于或者不完全申报债权，使得债务人已申报债权总额较为有限，进而诱使重整投资人参与重整并且提供较高的债权清偿率，未申报的债权人伺机在重整计划执行完毕后再按照该较高的债权清偿率向恢复正常经营的债

---

[1] 参见浙江省衢州市中级人民法院（2017）浙 08 民初 378 号民事判决书；鉴于未检索到该判决书原文，本文引述的裁判观点来源于程顺增：《规避企业破产法的重整计划条款有效》，载《人民司法》2019 年第 32 期。

务人企业主张权利。[1]

事实上，从比较法的角度看，美国、日本以及我国台湾地区的破产法均规定，企业重整（重组）结束后，除非法律另有规定的特殊情况，逾期申报债权人的实体权利即行消灭，不得再向重整后的债务人进行主张。比如，我国台湾地区"公司法"第311条规定，公司重整完成后，未申报之债权除依重整计划处理，转移重整后之公司承受外，其请求权消灭，即：如果重整计划并未规定未申报债权人有权向重整后企业主张权利的，该等债权人的实体权利消灭。美国破产法成文法亦规定，债务人在重整计划批准前的债务全部免除；债权人是否提交债权证明、其债权是否获得确认及其是否接受重整计划，皆不影响免责的效果。日本《公司更生法》亦规定，法院批准更生计划的，更生计划中列明的权利产生权利变更的效果，更生债权人未申报权利的，无论其理由如何，一律失权（但基于客观原因无法申报债权的债权人，可以在该等原因消失后一个月内补充申报）。

鉴于《企业破产法》第92条第2款在适用中的负面效果，有学者和律师认为我国应借鉴美、日等国的立法经验，规定在破产重整程序中因故意或重大过失未按期申报的债权人遭受失权的后果。比如，郑志斌律师主张，"对于重整程序中没有申报的债权人或者在重整程序中逾期申报的，将视为放弃债权。"[2]王欣新教授也主张，"凡是在破产案件受理时，人民法院或者管理人对已知债权人已经送达申报债权通知，债权人仍放弃权利不在破产程序中申报或补充申报债权的，在和解协议、重整计划执行完毕后又要求清偿，人民法院应不予支持。"[3]上述立法建议与司法实践中逐渐承认规避性条款法律效力的实务倾向也是一致的。

结 论

《企业破产法》第92条第2款倾向于保护破产程序中逾期申报债权人的

---

[1] 王欣新：《论破产程序中的债权申报》，载《人民法院报》2010年8月4日，第07版。

[2] 郑志斌：《中国公司重整实证研究》，载李曙光、郑志斌主编：《公司重整法律评论》，法律出版社2011年版，第108~109页。

[3] 王欣新：《论破产程序中的债权申报》，载《人民法院报》2010年8月4日，第07版。

实体权利，但在实务中引发了抑制重整投资意愿、诱使债权人故意隐瞒真实债权申报金额等负面影响和道德风险，在此背景下，旨在限制或排除逾期申报债权人实体权利的规避性条款大量出现。尽管规避性条款与第92条第2款之规定存在一定抵触，但实践中仍有法院基于各种现实原因肯定了规避性条款的效力，此种裁判观点正逐渐成为实务界的主流观点。

因此，我们建议，为使破产法律制度与破产审判实践实现良好衔接，保障破产重整制度发挥实效，抑制债权人恶意申报债权的道德风险，立法者可以考虑对《企业破产法》第92条第2款进行如下修订完善：（1）增加重整程序终结后补充申报债权的期限以及期限经过后实体权利灭失的法律后果；（2）根据债权人逾期申报债权的不同原因设定相应不同法律后果，比如债权人非因不可归责之客观原因怠于行使权利导致逾期申报债权的，不能依据第92条第2款之规定在重整程序终结后继续向债务人主张权利。如果在短期内难以实现破产法修订目标的，为了避免立法和司法实践的背离，损害法律的权威性，最高人民法院也可以通过司法解释的方式对《企业破产法》第92条第2款适用的限制条件以及重整计划中规避性条款在一定条件下的法律效力作出相应的规定和安排。[1]

---

〔1〕 例如，《最高人民法院关于适用〈中华人民共和国企业破产法〉若干问题的规定（三）》就以司法解释的形式，对《企业破产法》缺失的关于债权人异议并提起债权确认诉讼的期限作出了补充规定，从而妥善地解决了破产法司法实践中长期存在的障碍，有助于打击债权人怠于行使诉权、拖延重整进程的做法，从而有利于债务人尽快锁定债权总额，推进重整进程。《最高人民法院关于适用〈中华人民共和国企业破产法〉若干问题的规定（三）》第8条规定："债务人、债权人对债权表记载的债权有异议的，应当说明理由和法律依据。经管理人解释或调整后，异议人仍然不服的，或者管理人不予解释或调整的，异议人应当在债权人会议核查结束后15日内向人民法院提起债权确认的诉讼。当事人之间在破产申请受理前订立有仲裁条款或仲裁协议的，应当向选定的仲裁机构申请确认债权债务关系。"

破产案件中对外协公司职工劳动债权的性质认定与保护

引 论

为避免企业的生产链条过长造成难以自我调控的局面,或者因企业规模有限,对于临时性大批量生产,固定的员工无法满足相应的生产任务,或者出于降低企业用工成本的考虑,许多生产制造类企业会将生产任务交由外部的其他相关企业代为完成。这一方面提高了生产制造类企业自身的生产效率和利润收入,另一方面也增加了更多的就业机会,带动了相关企业的大规模发展。

以上提及的受其他企业控制,使用自己的办公场所、工具,使用其他企业提供的原材料、图纸,按照其他企业的检验规程、验收规则,生产产品或提供服务的单位组织,称之为"外协机构"。为达到运营的合法合规,外协机构多注册为有限责任公司,称之为"外协公司"。外协公司多由自然人股东出资设立,营业范围多为简单工业品的生产制造。外协公司与生产制造类企业的关系紧密,许多外协公司的住所地和办公场所甚至就在生产制造类企业的厂区内部。通常,外协公司与生产制造类企业签订劳务外包或者承揽合同"承揽"业务,同时,外协公司招募大量从事生产制造工作的工人,按照生产制造类企业的要求从事生产。受生产制造类企业的用工需求影响,外协公司的员工数量变化较大。而外协公司一般不会为全部的职工缴纳养老、医疗等社会保险,与工人签订的劳动合同的格式和内容也极为简单,甚至常常不与工人签订劳动合同。

在生产制造类企业破产案件中,因债务人欠付外协公司款项导致外协公司拖欠职工工资的情况较为常见。而往往涉及的外协公司职工人数众多，所拖欠的职工债权数额也较大。如何认定外协公司职工债权性质，维护外协公司职工利益，成为生产制造类企业破产案件中较为棘手的问题。

一、债务人[1]与外协公司职工关系

（一）债务人与外协公司关系

债务人与外协公司一般通过工程外包、劳务外包、承揽合同等方式，对双方的主要权利义务做出约定。基本模式是，双方首先签订一份统一的格式化协议，约定双方基本的权利义务，同时，双方根据具体的工作类型、工作量，再行签订多份单项合同，主要约定价款结算标准、结算时间等具体内容，作为前述格式化协议的补充。

在实践中，前述格式化协议和单项合同中约定的双方主要权利义务如下：债务人的权利为要求外协公司及时交付工作成果；对外协公司交付的工作成果进行检验等等。债务人义务为按合同约定的结算方式进行结算并足额支付结算款项；为外协公司员工提供相应的劳动条件，包括劳动场所、通勤车辆、劳动工具和原材料等；为外协公司员工提供必要的劳动保护、安全培训和教育。而外协公司的权利通常为要求债务人及时验收工作成果，并及时结算、支付合同价款。外协公司的义务通常为提供债务人所需的人力，不得对承揽的工作任务进行转包；及时交付工作成果并接受债务人的检验；自行管理并确保其员工遵守债务人各项劳动、安全管理制度；为其员工缴纳全部社会保险等等。在多数合同中，债务人还会要求外协公司向债务人交存保证金和留存金，作为外协公司生产过程中产生的相关费用。

从前述合同内容可以看出，债务人与外协公司间应该属于较为典型的承揽合同关系。但是，在债务人和外协公司实际履行合同的过程中，往往存在实际履行状况与合同约定不完全一致的情况，实际履行情况往往转变为：（1）由合同约定的外协公司对其员工的直接管理，转变为由债务人直接管理，并且债务人有权要求外协公司召回或替换不符合要求的职工；（2）除提供相同的劳动保护条件和用品外，债务人还向外协公司员工提供本企业员工享有的部分福利待遇（包括但不限于餐饮价格优惠、节假日实物奖励等等），并承担外

---

[1] 本文中，如无特别说明，"债务人"特指破产企业。

协公司职工因安全培训、教育、体检、技术考核等所发生的部分费用；（3）债务人要求外协公司交存的留存金[1]，并非用于合同约定的"生产过程中产生的相关费用"，而是在外协公司经营困难、歇业、破产而无法为其职工发放薪酬的情况下，债务人直接用于为外协公司职工发放工资，以保证外协公司职工的基本生活费用。

（二）债务人与外协公司职工关系

1. 债务人与外协公司职工是否具有劳动关系

经过前文的分析，是否可以认定债务人与外协公司职工存在劳动关系呢？我们认为，劳动关系应当是用人单位与劳动者双方直接建立的法律关系，除事实劳动关系外，劳动合同是证明用人单位与劳动者存在劳动关系的重要证据。根据《中华人民共和国劳动法》（以下简称"《劳动法》"）第16条、《中华人民共和国劳动合同法》（以下简称"《劳动合同法》"）第7条与第10条的规定，[2]用人单位自用工之日起即与劳动者建立劳动关系，建立劳动关系应当签订劳动合同。外协职工的劳动合同主体为其本人及外协公司，在实际工作中，虽然外协公司职工由债务人统一布置工作任务，但实质上其劳动关系的相对人为外协公司，债务人并不具有与某一位特定外协公司职工确定劳动关系的意思表示。同时，在形式上，外协公司职工并未与债务人直接签订劳动合同，而是通过与外协公司签订劳动合同并进入债务人工作。因此，债务人与外协公司职工不具有劳动关系。

2. 债务人与外协公司职工是否存在劳务派遣关系

从形式上看，债务人与外协公司多系承揽合同关系。根据《中华人民共和国民法典》（以下简称"《民法典》"）第770条规定，承揽是承揽人按照定作人的要求完成工作，交付工作成果，定作人给付报酬的合同。定作人将非核心业务的生产、经营、服务等活动委托给承揽单位，由承揽人按照承

---

[1] 留存金一般是由债务人从当月应付合同价款中扣除，比例大约为5%。

[2] 《劳动法》第16条规定："劳动合同是劳动者与用人单位确立劳动关系、明确双方权利和义务的协议。建立劳动关系应当订立劳动合同。"《劳动合同法》第7条规定："用人单位自用工之日起即与劳动者建立劳动关系。用人单位应当建立职工名册备查。"《劳动合同法》第10条规定："建立劳动关系，应当订立书面劳动合同。已建立劳动关系，未同时订立书面劳动合同的，应当自用工之日起1个月内订立书面劳动合同。用人单位与劳动者在用工前订立劳动合同的，劳动关系自用工之日起建立。"

揽合同的要求以人力资源"活劳动"为内核，辅以技术、资本、土地、基础设施等生产资料的共同投入，通过完成产品的生产或服务的提供，来获得相应报酬。以"活劳动"形式提供的劳务服务是劳务承揽活动的核心基础，其表现形式是组织与组织的关系，而非组织与个人的关系，即在标准的劳务承揽模式下，定做人、承揽人和劳动者三方之间的关系是直线型的。委托单位与承揽单位之间是基于承揽合同的民事关系，承揽人与劳动者之间是基于劳动合同的劳动关系，委托单位与承揽具体工作任务的劳动者之间既不存在劳动关系，也不存在直接管理关系。

在承揽关系中，承揽人是通过项目管理人员、专业技术人员、精益劳动力管理系统工具、生产工具、资本、技术、基础设施设备等更多的生产要素的投入，加上现场管理、人力资源管理、后勤保障管理完成劳动力经营来形成完整的价值链。而在劳务派遣中，劳务派遣企业仅仅需要投入劳动力这种单独的生产要素。

因此，基于前述区别，有观点认为外协公司职工与债务人不能构成劳务派遣关系。而且，《劳动合同法》对劳务派遣单位有严格的法律要求，第57条[1]明确规定，经营劳务派遣业务，应当向劳动行政部门依法申请行政许可；经许可的，依法办理相应的公司登记。未经许可，任何单位和个人不得经营劳务派遣业务。因此，派遣单位的主体不适格，相应的派遣合同是无效的。而外协公司多数不具有劳务派遣资质，不能作为劳务派遣主体。此外，企业大量使用劳务派遣工也有违《劳动合同法》第66条[2]"劳务派遣用工是补充形式，只能在临时性、辅助性或者替代性的工作岗位上实施"的规定。

---

[1]《劳动合同法》第57条规定："经营劳务派遣业务应当具备下列条件：①注册资本不得少于人民币200万元；②有与开展业务相适应的固定的经营场所和设施；③有符合法律、行政法规规定的劳务派遣管理制度；④法律、行政法规规定的其他条件。经营劳务派遣业务，应当向劳动行政部门依法申请行政许可；经许可的，依法办理相应的公司登记。未经许可，任何单位和个人不得经营劳务派遣业务。"

[2]《劳动合同法》第66条规定："劳动合同用工是我国的企业基本用工形式。劳务派遣用工是补充形式，只能在临时性、辅助性或者替代性的工作岗位上实施。前款规定的临时性工作岗位是指存续时间不超过6个月的岗位；辅助性工作岗位是指为主营业务岗位提供服务的非主营业务岗位；替代性工作岗位是指用工单位的劳动者因脱产学习、休假等原因无法工作的一定期间内，可以由其他劳动者替代工作的岗位。用工单位应当严格控制劳务派遣用工数量，不得超过其用工总量的一定比例，具体比例由国务院劳动行政部门规定。"

对于上述观点，我们认为，相对于劳动关系，劳务派遣关系主要特征在于雇用和使用相分离。在劳务派遣中，劳动合同关系存在于派遣单位与被派遣劳动者之间，但劳动力给付的事实则发生于被派遣劳动者与用人单位之间。虽然债务人与外协公司所签署的格式化协议、单项合同等在形式上为承揽合同，并非劳务派遣合同，外协公司也不具有法律规定的劳务派遣资质。但是，也应对格式化协议、单项合同的内容及其履行的实际情况进行综合考察，如在直接用工管理、劳动报酬支付、费用结算方式等方面，符合劳务派遣的特征，即应认定已经构成了劳务派遣的事实。具体论述如下：

从合同约定的内容和合同实际履行状况来看，审查确认债务人是否对外协公司职工进行直接管理。如合同中约定了岗位数量、债务人有拒绝用工或者要求替换的权利，在实际管理中债务人安排工作任务和工作时间，债务人规章制度适用于外协公司职工，债务人审核员工考勤情况、审核外协公司职工工资数额、对外协公司职工做出扣发工资等纪律处分等情形，可以认定债务人存在直接用工管理。而认定债务人对外协公司职工存在直接用工管理的情形，是认定构成劳务派遣关系的必要条件。

从合同约定的内容和合同实际履行状况来看，审查确认债务人是否直接向外协公司职工发放工资。如果存在债务人向外协公司职工直接发放工资的情况，可以作为构成劳务派遣事实的重要因素。

从合同约定的内容和合同实际履行状况来看，审查确认债务人与外协公司的费用结算方式。一般认为，劳务派遣按照劳动力人数结算管理费用，而非单纯按照工作量、工作质量结算。如债务人与外协公司存在按照出勤职工人数进行结算的情形，也可作为构成劳务派遣事实的重要证据。

我们查阅的多项破产案件中，债务人与外协公司、外协公司职工的关系常常满足上述三个条件。债务人的权利不再仅限于获得外协公司提交的工作成果，而是包括直接获得外协公司职工向其提供的劳务。债务人不仅可以直接管理外协公司职工，还向外协公司职工提供与本企业职工相同的劳动条件（包括劳动场所、通勤车辆、劳动工具和原材料等）、劳动保护、安全培训和教育等，甚至向外协公司职工提供本企业职工享有的部分福利待遇。因此，劳动力给付的事实发生于债务人与外协公司员工之间，而并非外协公司和外协公司职工之间。

根据以上分析，债务人作为实际使用外协工资职工劳动力的用工单位，实际应承担《劳动合同法》第62条[1]所规定的劳务派遣中用工单位的绝大多数义务。尤其是，债务人往往要求外协公司交存"留存金"，这一合同惯例表明，债务人与外协公司均认可，在外协公司不能履行用人单位对劳动者的基本义务、给劳动者造成损害的情况下，债务人须实际承担相应的连带赔偿责任。这一合同惯例与《劳动合同法》第92条[2]关于劳务派遣单位与用工单位连带责任的相关规定也是完全一致的。同时，根据《劳务派遣暂行规定》第27条规定，"用人单位以承揽、外包等名义，按劳务派遣用工形式使用劳动者的，按照《劳务派遣暂行规定》处理"。而且行政与司法实践也表明，对于"假外包，真派遣"现象，应当参考《劳务派遣暂行规定》进行处理[3]。

综上所述，判断外协公司职工是否为劳务派遣中的劳动者，不仅仅从外协公司与债务人的合同形式进行判断，更要从合同的实际履行情况来看。债务人与外协公司之间的法律关系往往兼具工程承包合同（承揽合同）与劳务派遣合同的属性，即以"工程承包合同"之名，行"劳务派遣合同"之实。债务人与外协公司及其职工在事实上可被认定为存在劳务派遣关系，相关问题应当参照劳务派遣法律进行处理。

二、债务人对外协公司职工应承担的责任

（一）债务人对外协公司职工应承担的责任性质

根据现行《劳动合同法》第92条的规定，用工单位给被派遣劳动者造成损害的，劳务派遣单位与用工单位承担连带赔偿责任。前述规定中，连带责任的

---

[1]《劳动合同法》第62条规定："用工单位应当履行下列义务：①执行国家劳动标准，提供相应的劳动条件和劳动保护；②告知被派遣劳动者的工作要求和劳动报酬；③支付加班费、绩效奖金，提供与工作岗位相关的福利待遇；④对在岗被派遣劳动者进行工作岗位所必需的培训；⑤连续用工的，实行正常的工资调整机制。用工单位不得将被派遣劳动者再派遣到其他用人单位。"

[2]《劳动合同法》第92条规定："违反本法规定，未经许可，擅自经营劳务派遣业务的，由劳动行政部门责令停止违法行为，没收违法所得，并处违法所得1倍以上5倍以下的罚款；没有违法所得的，可以处5万元以下的罚款。劳务派遣单位、用工单位违反本法有关劳务派遣规定的，由劳动行政部门责令限期改正；逾期不改正的，以每人7千元以上1万元以下的标准处以罚款，对劳务派遣单位，吊销其劳务派遣业务经营许可证。用工单位给被派遣劳动者造成损害的，劳务派遣单位与用工单位承担连带赔偿责任。"

[3] 参见大连人社12333：《【微课堂】劳务派遣管理工作相关政策问答》，载 https://mp.weixin.qq.com/s/pVEMdH_lHI9I2T74vaoYvQ，最后访问日期：2020年6月12日。

目的在于对劳动者的损害进行补偿救济，加重劳务派遣关系中用人单位与用工单位的法律责任，有效地保障劳动者的利益。

在债务人和外协公司之间法律关系被认定为劳务派遣法律关系的情况下，因债务人拖欠外协公司合同价款，导致外协公司无力支付外协公司职工（劳动者）劳动报酬，而给外协公司职工造成损害的，债务人应当与外协公司承担相应的连带赔偿责任。相应地，受到损害的外协公司职工依法向用人单位或用工单位中任一方主张权利时，都应当获得赔偿。因此，因债务人拖欠外协公司合同价款而受损害的外协公司职工，对债务人、外协公司均可主张债权。

（二）债务人外协公司职工债权的清偿顺序

《中华人民共和国企业破产法》（以下简称"《企业破产法》"）第113条对于破产债权清偿顺序做出规定，破产财产在优先清偿破产费用和共益债务后，依照下列顺序清偿：（1）破产人所欠职工的工资和医疗、伤残补助、抚恤费用，所欠应划入职工个人账户的基本养老保险、基本医疗保险费用，以及法律、行政法规规定应当支付给职工的补偿金；（2）破产人欠缴的除前项规定以外的社会保险费用和破产人所欠税款；（3）普通破产债权。其中并未对劳务派遣人员的债权进行特殊规定。

根据《最高人民法院关于审理企业破产案件若干问题的规定》第57条的规定，[1]债务人所欠非正式职工（含短期劳动工）的劳动报酬，参照《企业破产法》第37条第2款第1项规定，即破产企业所欠职工工资和劳动保险费用的顺序清偿。其中，非正式职工在劳动法学界以及审判实践中通常包括四种：临时工，兼职人员，租赁人员与顾问人员。其中租赁人员即为劳务派遣人员。该条规定所指向之法律为《中华人民共和国企业破产法（试行）》，该法因现行《企业破产法》颁布现已废止，但第37条对于破产债权清偿顺序的规定与现行《企业破产法》第113条并无冲突，可以认定《最高人民法院关于审理企业破产案件若干问题的规定》第57条应当仍然具有效力。

因此，债务人对外协公司职工债权应当与破产企业所欠付本单位职工的

---

[1]《最高人民法院关于审理企业破产案件若干问题的规定》第57条规定："债务人所欠非正式职工（含短期劳动工）的劳动报酬，参照企业破产法第37条第2款第1项规定的顺序清偿。"

职工债权（含工资、劳动保险费用等）同一顺序清偿。

(三) 外协公司职工债权的范围

根据《最高人民法院关于审理企业破产案件若干问题的规定》第57条的规定，非正式员工的劳动报酬应当与破产企业职工工资同等顺序进行清偿。因此，劳务派遣员工劳动债权的范围应以该条款所规定之"劳动报酬"为界限。

通常认为，劳动者报酬指劳动者为用人单位提供劳动而获得的各种报酬。在劳动关系中，用人单位在生产过程中支付给劳动者的全部报酬包括三部分：一是货币工资，用人单位以货币形式直接支付给劳动者的各种工资、奖金、津贴、补贴等；二是实物报酬，即用人单位以免费或低于成本价提供给劳动者的各种物品和服务等；三是社会保险，指用人单位为劳动者直接向政府和保险部门支付的失业、养老、人身、医疗、家庭财产等保险金。

其中，劳动法中的工资是指用人单位根据国家有关规定或者劳动合同的约定，以货币形式直接支付给本单位劳动者的劳动报酬，根据国家统计局1990年发布的《关于工资总额组成的规定》，一般包括计时工资或计件工资、奖金、津贴和补贴、延长工作时间的工资报酬以及特殊情况下支付的工资等。其中，计时工资是指按计时工资标准（包括地区生活费补贴）和工作时间支付给个人的劳动报酬。计件工资是指对已做工作按计件单价支付的劳动报酬。奖金是指支付给劳动者的超额劳动报酬和增收节支的劳动报酬。津贴和补贴是指为了补偿劳动者特殊或者额外的劳动消耗和因其他特殊原因支付给劳动者的津贴，以及为了保证劳动者工资水平不受物价变化影响支付给劳动者的各种补贴。延长工作时间的劳动报酬是指劳动者在法定的标准工作时间之外超时劳动所获得的额外的劳动报酬，即加班费。

同时，根据《企业破产法》第48条规定，破产企业职工劳动债权是指破产企业在破产受理之前所欠职工的工资和医疗、伤残补助、抚恤费用，所欠的应当划入职工个人账户的基本养老保险、基本医疗保险费用，以及法律、行政法规规定应当支付给职工的补偿金。

因此，参考前述法律规定，结合前文论证，债务人应对外协公司职工的工资与加班费承担赔偿责任，同时，对于外协公司职工债权中含社会保险费用的，债务人应且仅应对其中应划入其个人账户的部分承担损害赔偿责任。

综上所述，债务人与外协公司职工具有事实上当劳务派遣关系，债务人外协公司职工债权应当与破产企业所欠职工工资和劳动保险费用同一顺序清偿，清偿范围包括外协公司职工主张的工资、加班费以及社会保险的个人部分。

三、外协公司职工债权的审核认定

（一）外协公司职工债权的申报

根据《企业破产法》第48条规定，[1]职工债权无须申报即可生效。该规定所体现之用意在于对劳动者的保护，而申报债权对破产企业的劳动者而言，实为权利而非义务。因此，对于劳动债权的审查与认定程序不应以是否需要申报为目的，而当以还原债权的真实情况为准则。参照前述准则，由外协公司职工自行申报债权并提交证据材料，有利于管理人了解真实情况，有利于对其权利的保护，因此是认定其债权的重要环节。

（二）外协公司职工债权的审核认定

根据前述法律规定，结合债务人实际情况，外协公司职工申报债权，首先需证明其与外协公司的劳动关系，其次需要证明其被派遣至债务人工作，同时还需证明其债权的金额构成。在上述三要件都成立的情况下，方可对其债权予以认定。外协公司职工证明其与外协公司存在劳动关系，为外协职工债权得以认定的外部条件，被派遣至债务人工作为内部条件，管理人在对外协公司职工债权审核认定时，应当遵循"内外一致"的原则。而在确认外协职工债权金额时，需要根据外协职工的月薪数额、提供劳务期间进行具体计算。

1. 劳动关系与劳务派遣情况的认定

首先，管理人须对职工与外协公司是否存在劳动关系进行认定。能够认定双方存在劳动关系的材料，主要为劳动合同，或由外协公司给职工缴纳社

---

[1]《企业破产法》第48条规定："债权人应当在人民法院确定的债权申报期限内向管理人申报债权。债务人所欠职工的工资和医疗、伤残补助、抚恤费用，所欠的应当划入职工个人账户的基本养老保险、基本医疗保险费用，以及法律、行政法规规定应当支付给职工的补偿金，不必申报，由管理人调查后列出清单并予以公示。职工对清单记载有异议的，可以要求管理人更正；管理人不予更正的，职工可以向人民法院提起诉讼。"

保的记录，或载明外协公司名称的职工出入卡，或者有同等证明力的其他证据材料。如果劳动者持认定其劳动关系的法律文书进行申报，也应对其予以认可。

管理人对劳动合同应审查事项应包括：合同主体、合同期间与合同当事人签章。对于合同主体与申报人提供信息不符的、合同期间不包含的欠薪期间以及当事人签章不齐的，管理人应不能予以认定。

如外协公司职工在申报过程中仅仅提交了前述材料以外的其他证据，如外协公司为职工出具的劳动关系证明书、劳动关系说明、欠薪说明，对于此类证据的效力，管理人应当谨慎认定。

其次，管理人需对外协公司职工是否提供过相关劳务进行审核印证。外协公司职工债权获得认定的前提是该部分欠薪系发生在债务人实际用工期间。因此，外协公司职工可以提供证明材料（如门禁卡、出入证、债务人的用工记录、债务人为外协公司出具的详细用工说明等等）证明其在债务人现场作业。

同时，管理人也可以审核查阅债务人企业留存的用工材料，如外协公司职工在债务人企业提供的名单中有记载记录，其劳动关系与用工单位均能够得以查证，证明效力应较外协职工提供的其他证明材料要高。

2. 外协公司职工债权金额的核算

对于能够确认劳动关系与实际用工情况的外协公司职工债权，管理人还应对其欠薪（月薪）数额进行审查。月工资标准原则上以实际工资为标准，但由于外协公司可能大多以现金结算工资，实践中外协公司职工大多无法证明其工资水平，管理人对其真实的欠薪情况较难查明。因此，为保护外协公司职工的权益，可以采用两种方案进行计算。

方案一：由于外协公司职工与债务人职工从事同等条件的生产工作，其薪酬与债务人职工相近，管理人可依据债务人同期平均实发工资进行认定。根据《劳动合同法》第63条的规定，被派遣劳动者享有与用工单位的劳动者同工同酬的权利。用工单位应当按照同工同酬原则，对被派遣劳动者与本单位同类岗位的劳动者实行相同的劳动报酬分配办法。因此，在其缺少主要证据的情况下，可以参考债务人职工的劳动报酬水平，即参考应发工资金额对其劳动债权金额进行认定。该方案虽然将外协公司职工"一刀切"处理，但是操作较为简便，可行性较高。

方案二：如外协公司职工持有与外协公司间的仲裁裁决等生效法律文书，其损害确系其在债务人工作期间形成。因债务人应当对外协公司的损害赔偿责任承担连带责任，所以在劳动者持生效法律文书主张其债权时，应当依裁决等生效法律文书进行认定。同时，对无生效法律文书的具体的欠薪（月薪）数额，可以依据职工提供的个人工资卡银行流水入账记录推算其平均月薪；如果外协公司职工无法提供工资卡银行流水，管理人可以依社保缴纳记录或个人所得税缴纳证明进行认定；如无前述资料，可以依据劳动合同认定；如劳动合同也未体现月薪或外协公司职工无法提供前述证明材料，再行参考债务人职工平均工资认定；对于工资过高的，亦应当参考债务人职工平均工资认定。

对比两种方案，各有利弊。第一种方案简便易行、易于操作但准确性稍差；第二种方案虽然较为复杂，操作较为困难，但是能够区分劳动者间的薪酬差别，最大限度地还原真实情况。作为管理人，应当结合破产案件具体情况，选取适宜的方案。

在外协公司职工的月薪数额确定后，还需要确认拖欠外协公司职工的期间。因外协公司与债务人存在工程外包、劳务外包或承揽合同，原则上，对外协公司职工申报拖欠工资期间的认定应当不超过拖欠外协公司款项期间。

此外，因为债务人也存在欠付外协公司款项的情况，外协公司一般也会单独申报债权。在对外协职工债权进行审核认定时，也应当充分结合外协公司提供的债权申报材料。原则上，最终确认的每家外协公司职工债权金额不应多于外协公司的债权金额。

结　语

严格依据劳动法相关理论，劳务派遣以隔离用工单位与劳动者之间的从属性、继续性为重要目标，而劳务派遣形式的最大优点也在于减轻用工单位的用人成本和责任压力，提高生产效率。因此，在实践中，对于劳务派遣事实的认定、用工单位连带责任的判定，往往采用更加严格的态度。

但是在破产案件中，虽然在形式上债务人与外协公司之间多为承揽合同关系，债务人与外协公司职工不存在劳动关系，对于外协公司拖欠的工资，外协公司职工也无权向债务人主张权利。然而实际上，外协公司职工所提供的"活劳动"与债务人的自有职工的劳动作业并无二异，从维护社会稳定和实质公平的角度出发，根据相关法律法规规定并结合实践案例，将外协公司职工债权认定为劳动债权并进行优先清偿，具有一定合理性。

第三部分

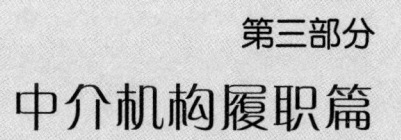

中介机构履职篇

破产财产拍卖的发展与 STX 项目拍卖处置工作经验解析

破产财产的变价是破产程序中的重要环节，是各债权得以公平清偿的基础，因而，变价方式的选择至关重要。根据《中华人民共和国企业破产法》（以下简称"《企业破产法》"）的规定，破产财产的变价方案应经债权人会议审查，且财产的管理和处分受债权人委员会的监督。STX（大连）造船海工综合生产基地位于大连长兴岛经济技术开发区，2006 年 9 月份落地建设，造船产业技术水平在同行业曾全球领先，生产高峰时用工达 3 万人。STX（大连）集团因韩国总部经营困难等各种因素，从 2012 年开始出现严重亏损，之后 STX（大连）集团下属的 STX（大连）造船有限公司等十三家企业陆续申请破产重整。多年来，该基地一直处于闲置状态，造成大量资产闲置和资源浪费。

以上十三家企业破产程序较早，开始于 2014 年。由于关联企业较多，资产复杂，包含房屋建筑物、构筑物、土地使用权、海域使用权、在建工程、机器设备等，对这些企业的资产处置，管理人在大连市中级人民法院（以下简称"大连中院"）指导下严格地依据法定程序进行，经历过前期指定拍卖工作组和后期使用网络拍卖两个阶段，并将"传统拍卖"和"网络拍卖"两种方式结合起来，通过产交所挂牌、委托拍卖机构拍卖和网络拍卖等多种处置渠道，发现价值和实现价值。拍卖的参与，也能够极大提高破产资产处置的效率，充分地发挥了两种方式的优势，最终使破产财产的变价成功进行。

一、破产财产的传统拍卖模式

对破产财产变价方式，《企业破产法》第 112 条第 1 款规定，"变价出售破产财产应当通过拍卖进行，但是，债权人会议另有决议的除外。"该条明确了拍卖是破产财产变价的主要方式。实践中，由债权人会议审议通过的《破产财产变价方案》对财产的变价做出原则性规定：通过公开拍卖方式出售债务人财产，而公开拍卖的具体形式并未在方案中固定，由管理人在具体处置时视财产情况而定。

破产财产的传统拍卖形式主要指管理人通过委托拍卖机构进行拍卖的方式处置资产，是体现公开处置资产的重要形式。管理人不直接接触意向竞买人，而由作为商事主体的拍卖机构提供拍卖服务，收取合理报酬，实现竞价成交。

2014年6月6日，大连中院根据STX（大连）造船有限公司、STX（大连）重工有限公司、STX（大连）海洋重工有限公司、STX（大连）发动机有限公司、STX（大连）重型装备有限公司、STX（大连）金属有限公司（以下简称"STX造船等六家公司"）的申请，裁定STX造船等六家公司重整。2015年3月10日裁定终止STX造船等六家公司重整程序，宣告STX造船等六家公司破产。2015年3月11日大连中院、STX造船等六家公司管理人，通过综合评选并公开摇号确定由上海国际商品拍卖有限公司（以下简称"上海国拍"）和北京亚特兰国际拍卖有限公司组成联拍工作组（以下简称"拍卖工作组"），负责STX造船等六家公司破产财产的拍卖工作。

2015年12月20日根据STX建设（大连）有限公司，STX（大连）商务有限公司、STX（大连）信息技术有限公司、STX（大连）投资有限公司，大连思特斯建筑工程设计有限公司、大升（大连）物流有限公司、大升精工（大连）有限公司（以下简称"STX建设等七家公司"）的申请，裁定STX建设等七家公司重整。2016年3月31日裁定终止STX建设等七家公司重整程序，宣告STX建设等七家公司破产。拍卖工作组同时负责STX建设等七家公司破产财产的拍卖工作。

拍卖工作组接受委托进场后，提供了破产财产处置的标准化专业服务，包括线下勘察、尽调、招商、信息发布、组织多形式拍卖会等一系列服务。针对标的特性，通过国拍公司网站、国拍微信公众号、专业新媒体等多方式、多平台、多渠道，积极开展各项招商工作。

然而，随着科技的发展、社会的变迁，传统拍卖以外的其他拍卖方式开始蓬勃兴起，为破产财产变价方式的选择提供了更多的可能。为维护债权人权益，需要重新审视当前的传统拍卖方式。传统拍卖方式在一定时期内在预防腐败、实现程序的公开透明方面具有积极作用，但其弊端也随着社会的发展、经济交易模式的改变而逐步显现，具体而言：

（1）受众面窄，拍卖类型单一。传统拍卖模式在开拍前主要通过登报方式告知拍卖的标的物、拍卖时间、地点，因考虑成本，管理人通常选择在地方性报纸上刊登相关拍卖信息，因而，拍卖信息的受众面易受区域限制，群体较为固定。对于一些金额大，产业针对性强的资产，拍卖参与度低，难以形成有效竞争，因而竞买人常常"捡漏"获得优质资产。同时，传统拍卖模式处置的资产主要为土地、房产、机器设备等有形资产，对于公司股权、经营权、知识产权等无形资产则较少涉及，拍卖类型单一。

（2）资产处置时间长，影响破产案件整体推进。受传统拍卖模式受众面窄的影响，资产的拍卖信息与意向买受人往往信息不对称，优质资产无人问津，在经过数次降价后低价出售不仅影响了资产价值的实现，也拖延了资产的处置时间，从年初至年末，资产的处置成为破产程序中最为耗费时间的环节，严重影响破产案件的整体推进，也使职工工资的支付久拖未决，企业继续经营的风险增大，各类不稳定因素加剧恶化。

（3）腐败风险仍然潜在。传统拍卖方式虽避免了管理人与买受人的单独接触，降低了二者恶意串通以致损害债权人利益的风险，但拍卖机构具有自身的经济利益诉求，基于争夺市场份额、维系潜在客户关系等目的仍使腐败风险有增无减。

二、破产财产的网络拍卖模式

在中国，电子商务的快速发展也催生了资产交易中的网络拍卖。我国网络拍卖最早出现于2010年，最早应用于人民法院执行资产的司法拍卖。网络拍卖自出现之日起，就体现出相对于传统拍卖模式的诸多特性：一是市场超地域化；二是拍卖快捷化；三是拍卖虚拟化；四是交易成本低廉化；五是拍卖信息透明化。上述特点使得拍卖变得更公开、更高效、更便捷。《全国法院破产审判工作会议纪要》（以下简称"《破审会议纪要》"）第26条规定"……破产财产处置应当以价值最大化为原则……"，第47条规定"……要适应信息化发展趋势，积极引导以网络拍卖方式处置破产财产，提升破产财产处置效益……"。《破审会议纪要》的这两条规定确立了"破产财产处置价值最大化"的原则，并将"网络拍卖等信息化"作为破产资产处置的首选方式。对此新变化，大连中院进行了深入研究。

（一）破产资产网络司法拍卖的发展历程

网络司法拍卖最早出现于2010年，自出现之日起，就展现出市场超地域化、拍卖快捷化、拍卖信息透明化等诸多优势，司法拍卖也由此变得更公开、更高效、更便捷。以2017年1月1日《最高人民法院关于人民法院网络司法拍卖若干问题的规定》（以下简称"《网拍规定》"）实施为标志，全国网络拍卖已呈现出如火如荼的发展态势。浙江、江苏两省自从全省推行网络司法拍卖以来，拍卖工作实现"零投诉"。

1. 执行网拍平台处置破产资产阶段

网络司法拍卖出现早期，浙江、江苏等地管理人已经开始借用法院执行网拍后台处置破产资产。2013年6月28日浙江省高级人民法院发布《关于企业破产财产变价、分配若干问题的纪要》（浙高法〔2013〕154号），其中第11条规定："经债权人会议决议以拍卖方式变价出售破产财产的，且破产财产适宜由法院主持进行网络拍卖的，可由管理人申请法院根据本院《浙江省高级人民法院关于全面推进网络司法拍卖工作的通知》和相关工作规程，通过网络拍卖方式变价破产财产。"从此浙江管理人开全国管理人之先河，开始借用执行网拍通道处置破产资产。2015年10月16日，温州市中级人民法院出台《关于通过网络司法拍卖平台处置企业破产财产的会议纪要》，明确对符合条件的企业破产财产，除债权人会议决议不同意以外，应优先考虑通过网络司法拍卖平台进行处置。中国人民大学破产法研究中心和浙江省高级人民法院组成的调研组进行多次联合调研后发现，至2017年，浙江省大部分法院借助执行程序中自主性网络司法拍卖平台来实现破产资产的变价处置，使得资产处置的时间得以缩短，溢价率大幅提升。

2. 破产资产处置通道和破产协（学）会处置破产资产阶段

为执行程序设置的网络司法拍卖平台，不能完全兼容破产程序的需求，《网拍规定》并没有专门针对破产资产网络拍卖的规定，一些适用于执行程序网络拍卖的规则，如拍卖的次数、降价的幅度、起拍价的设定等不尽符合破产程序的网络拍卖。

在中国人民大学破产法研究中心和浙江省高级人民法院的推动下，2017年5月27日，阿里司法拍卖平台破产资产网络拍卖通道启用并试运行。升级后的阿里司法拍卖平台设置执行程序和破产程序两个并存的财产拍卖通道。其中，通过破产资产网络拍卖处置的财产以"（破）"字明确系破产资产拍卖，页面上显示破产资产处置主体为管理人，监督单位为管辖破产案件的人民法院。同时，破产通道在破产资产的起拍价、降价次数及降价幅度等方面与执行财产的网拍规则有了明显的区分，已经根据破产资产处置的特点实现了对破产资产的起拍价、降价次数及幅度均不予限制的技术支持。

破产资产拍卖通道开通运行当日，富阳区人民法院受理的浙江泰科铁塔有限公司破产清算一案相关土地使用权、房屋等财产在该通道首次挂拍。2017年6月13日竞价当天，经竞买人轮番竞价，上述资产以总价6554万元成交，超出起拍价1045万元，溢价率达18.97%。富阳区人民法院在破产资产网络拍卖的创新，引起了最高人民法院的重视。2017年8月3日，最高人民法院新闻发布会上，民二庭贺小荣庭长专门介绍了富阳区人民法院的破产资产网络拍卖经验和"当事人自治、管理人履职、法院依法监督"三位一体的破产资产处置通道。2018年4月16日，浙江省高院破产审判新闻发布会上，专门介绍了浙江破产资产网拍，并向全省推广破产资产网络拍卖。

在浙江相关法院以破产资产处置通道进行网拍实践的同时，深圳市中级人民法院创造了破产资产处置的"深圳模式"。该"模式"引入了深圳市企业破产学会（以下简称"深圳破产学会"）作为破产管理人的代表机构，由法院向深圳破产学会出具授权函。深圳破产学会入驻淘宝网，对全市拍品的上拍进行日常服务和监管，法院作为破产资产处置的指导单位出现。

2017年11月21日上午，翡翠航空公司3架波音747货机在阿里拍卖平台上落锤。经过53轮竞价，两架编号为B-2422、B-2423的波音747都被隶属于顺丰速运的顺丰航空拍下。第三架于同年12月21日组织第二次拍卖，被境外投资人HEFFETZ ESHEL通过竞买号V6595竞得。深圳市中级人民法院此次破产资产网拍首次吸引了境外资本参加，也引起了世界银行等组织的高度关注和肯定。在2018年3月6日最高人民法院"优化企业破产法治环境、服务经济高质量发展工作"新闻发布会上，刘贵祥专委也特地提到了深圳市中级人民法院的"管理人+辅助拍卖服务+网络平台"的模式探索，作为破产资产高效处置的典型案例。

以上两种破产资产网拍实践中："浙江模式"重视法院对管理人的监督，"深圳模式"更注重发挥各破产管理人的积极能动性。在全国破产资产处置方式上实践了网络拍卖，借助阿里巴巴淘宝电商交易平台的巨大流量和多年执行网拍积累的投资人群体使破产资产处置更有效率并更接近最大化。这两种模式在全国破产案件办理中为不同地区法院针对本地特点进行采纳并实践提供模板。

截至2018年底，全国各地法院和协（学）会在阿里拍卖处置的破产资产覆盖浙江、江苏、四川、山东、广东等全国20多个省份，上海、深圳、广州、杭州、温州、成都、苏州等200多个城市，成交近5000件标的。其中房产、机动车、土地等实物类资产拍卖平均溢价率为53.25%，而商标、股权等非实物类资产拍卖溢价率高达55509.96%，这主要是由于股权、商标等无形资产，管理人很难通过评估确定起拍价格。通过在平台采取低起拍价的方式公开拍卖，借助阿里拍卖强大的用户体量优势，最终让这些股权、商标等这类非实物类资产能够被市场化定价，获得合理成交价格。

破产资产处置通道是在原有的司法拍卖后台中开拓出来的一个接口，虽然在前台页面上将管理人显示为处置主体，但是因为发拍后台还在法院，实际发拍主体还是法院。而且法院破产审判或者网拍法官需要在日常办案以外对破产资产进行统一录入、统一上拍。法官在录入信息前都需要认真核对、严格把关，导致法官在拍卖文件的录入及审核中耗费过多精力，给员额制以后本来就案多人少的法官进一步增加了工作量。

为了减轻法官的工作量，阿里拍卖于2017年8月以后又陆续上线了管理人挂拍"子账号"和拍卖尾款和保证金的"一案一户"功能：

（1）管理人挂拍"子账号"功能

管理人挂拍"子账号"功能是指法院的破产网拍账号成为管理人发拍账号的母账号，法院可将已进入破产管理人库的管理人加为法院破产网拍账号的子账户。然后由管理人通过登录子账户完成破产资产拍卖信息的录入工作，由法院通过母账户对这些信息进行审核后统一上拍。

（2）拍卖尾款和保证金的"一案一户"功能

因为破产资产的实际发拍主体是法院，所以拍卖保证金仍然要进入法院的执行案款专户。为了解决管理人在拍卖结束后还需向法院申请支取保证金的问题，平台推出拍卖案款"一案一户"功能，即只要法院出函确认同意破产资产的拍卖保证金进入管理人财务账号，阿里拍卖平台可在后台录入管理人财务账户，管理人在发拍时选择案款进入管理人财务账户，从而实现直接将拍卖保证金打入管理人财务账号，解决法官在拍卖结束后还需帮助管理人办理支取保证金的手续，浪费法官时间和精力的问题。

然而，不管是破产资产处置通道的开通还是后续的管理人子账号功能和"一案一户"功能，都是对原有拍卖后台的修修补补，没有改变实际发拍主体是法院的实质。

管理人在子账号中录入的破产资产拍卖信息必须要经法官通过母账户进行审核才能发布的程序设置给社会造成了误解，使《企业破产法》第25条第1款第6项规定的管理人的"管理和处分债务人的财产"的职责转嫁给了法院和法官，增加了法官的职业风险。实践中，社会舆论甚至认为网拍在发布前的审核是法官的义务，该审查应该是实质审查而非形式审查，这无疑也将法院置于巨大的舆论压力之下。以上现象违背了破产资产处置通道最初设计者和产品开发者的初衷。

而从法院执行局的角度来看，在司法拍卖后台发拍破产资产导致了执行网拍和破产网拍两种适用不同的规则的拍品和数据均混淆在了一起，不利于法院执行局和民二庭对自己所辖业务的监管。

(3) 管理人独立发拍阶段

之前无论是"浙江模式"还是"深圳模式"，其实践和推广都是因为"管理人"系非法人实体，网络平台尚不能解决其独立发拍资产的问题。为了彻底解决管理人独立发拍的问题，阿里拍卖团队经过多方努力找到了管理人独立发拍的方法和路径。

2018年12月10日，保定天威集团有限公司破产管理人成功入驻阿里拍卖平台，并于当天在淘宝网上发布了保定天威集团有限公司持有的保定天威电力线材有限公司（100%）、保定天威电气成套设备有限公司（75%）和中南输变电设备成套有限公司（12.86%）股权三个拍品。2019年1月18日上午10时，上述三个拍品共有166人报名，424人设置提醒，20384次围观，最终有2个拍品成交。验证了管理人独立发拍功能的可行性。

相较于以往的破产资产网拍模式，"管理人独立发拍模式"使管理人可以自主在阿里拍卖平台上开设发拍账号，发布并处置破产资产，充分行使《企业破产法》第25条第1款第6项规定的"管理和处分债务人的财产"的职责。

这种发拍模式并未否定各地法院对管理人工作的监督，也积极接受管理人协（学会）对管理人工作的指导，开创了管理人通过网络拍卖自主处置破产资产的新路径，对于释放管理人管理破产资产的活力和动力、实现破产资产价值最大化和维护债权人利益具有重大意义。

（二）执行网拍与破产网拍的差异

执行网拍和破产网拍都是通过网络平台竞价处置资产的活动，又均与法院办理案件相关，容易混淆。然而，只关注二者形式上的相同性而忽略其实质上的差异性，就不能准确地认识到破产网拍规范是执行网拍规范的特殊法的性质，这将导致在破产资产网络处置中错误地适用执行网拍规则，从而阻碍破产网拍发挥在市场主体退出过程中所起到的重塑资产价值和畅通流通环节的关键作用。

无论是执行网拍还是破产网拍，债务清偿都是其基本功能之一。但执行网拍被称为"网络司法拍卖"，是人民法院依法通过互联网拍卖平台，以网络电子竞价方式公开处置财产的行为，通过《网拍规定》《最高人民法院关于进一步规范人民法院网络司法拍卖工作的通知》等司法解释予以规范。而破产资产处置则是管理人根据《企业破产法》第25条第1款第6项的授权，履行"管理和处分债务人财产"的职责行为。司法网拍和破产网拍所依据的法律基础和处置主体的不同决定了两者分属"公法"和"经济法"两个不同的法域。

网络司法拍卖是民事执行资产的变现渠道，是人民法院运用国家执行权强制被执行人履行生效裁判所确定的债务的行为方式之一，最终实现对个别债权人的受偿和对社会法律秩序的维护，属于公法范畴。执行网拍的规范严格而细密，主要表现为《网拍规定》等。这些规定反映出执行拍卖具有严格的规范性，这也符合执行网拍公法的特性，适用"法无明文规定即为禁止"的原则。

破产网拍是为了实现所有债权人的公平清偿，其目的不仅仅是使债务人财产最大化，更重要的是需要实现社会资源的优化配置，这是执行网拍所不具备的使命。因而破产网拍更加注重社会利益。为了维护社会利益，履行现代破产法的历史使命，破产法的运行就必须适用经济法的理念。

从破产网拍发展的历程可以看出，破产网拍最早是借用法院执行网拍的后台处置破产财产，由法院的执行部门作为破产网拍的主体。但法院的执行部门带有浓烈的公权力色彩，这与经济法的理念并不契合。虽然经济法具备公法和私法两种属性，但需要公权力的介入并不意味着公权力的直接干预。从市场化角度看，我国破产法的发展历程体现出公权力的直接干预渐渐减少的趋势。例如，根据《中华人民共和国企业破产法（试行）》规定，破产清算组成员主要由政府机构的人员担任，这为公权力的直接干预提供了渠道。而之后的《企业破产法》规定中介机构可以独立担任管理人，市场化程度有所提高。随着《最高人民法院关于审理企业破产案件指定管理人的规定》的出台，除另有规定外，管理人应当从管理人名册中指定，而管理人名册是由社会中介机构和个人组成的，目前，公权力机关直接作为管理人参与破产案件的情况较为少见，中介机构这样的市场化主体越来越多。因此，管理人作为破产网拍的主体，法院回归至监督主体的角色更符合市场化的要求。随着阿里拍卖管理人独立发拍平台的建立和开通，破产网拍目前普遍采用管理人自主拍卖的方式进行。

（三）破产网拍的原则

1. 尊重债权人意思自治原则

经济法被学者们称之为"独立于私法和公法两大法律体系的'第三法域'"，是调整需要由国家干预的经济关系的法律规范的总称。经济法的原则包括了资源优化配置原则和经济效益原则，对资源的优化配置原则具有分配正义的理念。

从破产法的发展来看，破产法最初的目的是保护债权人利益，但是随着时代的发展，破产法的目的逐渐从保护债权人利益发展为兼顾债权人及债务人双方利益，并进一步演化为以社会利益为主要保护对象。破产网拍尊重债权人的意思自治，同时根据社会利益的需要对债权人意思自治进行一定的限制。破产网拍的主体是管理人，破产网拍本质上属于财产处分的方式之一。根据《企业破产法》的规定，财产处分的方案应该经过债权人会议投票通过，因此，关于处分财产的范围、网拍平台、网拍时间、起拍价、保证金、竞价时间、出价递增幅度、拍卖次数、每次拍卖的降价幅度、支付方式、支付期限等问题均可以纳入财产变价处置方案，由债权人会议决定或者由债权人会议授权管理人自行确定，体现了债权人会议组织的意思自治。

由债权人会议自主决定破产网拍各要素是对债权人的意思自治的尊重，体现出破产法私法的特性。但为了规范管理人在执行过程中的具体操作，使资产处置的过程更加市场化，资产处置的结果更有利于社会利益的最大化，需要对管理人的网拍过程进行监督，同时参照《网拍规定》对债权人的自治程度设定一定的限制。这体现了破产法经济法的特征。

此外，在对破产网拍买受人的身份是否公开的处理上，《网拍规定》要求必须公示，而《北京市高级人民法院关于破产程序中财产网络拍卖的实施办法（试行）》（以下简称"《北京高院网拍规定》"）第18条规定："……买受人可以向管理人申请不公开身份信息。"这种对当事人意思自治的尊重也是破产网拍并非公法拍卖的体现。

2. 破产财产处置应当以价值最大化为原则，兼顾处置效率

在公平与效率关系的处理上，执行网拍强调效率，兼顾公平。《网拍规定》严格设定了执行财产处置的程序和时限（两次拍卖，一次变卖），体现了执行案件处置时效优先的原则。而与执行财产处置的不同，破产财产是概括执行程序，是众多的债权人的公平受偿程序。因而，在公平与效率的关系处理上，采用了公平优先，效率为辅的安排。

最高人民法院审判委员会刘贵祥专委在第十届中国破产法论坛上指出"要着力推动构建统一、开放、竞争、有序的破产财产处置市场的形成，通过公开、公平、公正的市场机制处置破产财产，提升财产价值最大化。"《破审会议纪要》第26条确定了"破产财产处置应当以价值最大化为原则，兼顾处置效率"的基本原则。

在具体操作层面上，执行网拍和破产网拍的制度安排和实践也体现出上述原则。例如：在拍卖次数方面，《北京高院网拍规定》第15条规定，债务人财产网络拍卖的拍卖次数、降价幅度不受限制。在起拍价的问题上，《网拍规定》第10条规定："……起拍价不得低于评估价或者市价的百分之七十"。没有卖不出去的资产，只有不合适的价格。如果执行资产在第一次拍卖时以

评估价或市场价的七折起拍，一拍流拍后还可以再打八折进行二拍，这无疑最利于执行资产尽快成交。《网拍规定》规定，一个执行资产只能进行两次拍卖，第二次拍卖以后就可以与债权人沟通进行以物抵债。如果债权人不同意，就进入变卖程序，变卖以二拍流拍价起拍，不允许降价。变卖不成，就直接以物抵债，结束执行案件。上述制度安排，一拍加二拍的公告期最长只需要45天，体现了执行资产效率优先的原则，但同时又设计了60天的变卖程序以兼顾公平。

而在破产网拍实践中，为了达到清偿比例最大化的效果，管理人在一拍时往往是以评估价（甚至是高于评估价）起拍，在流拍后通过降价甚至多次降价的方式在网拍中发现破产资产真实的市场价值，使拍品的价值或者价格得到了市场的充分检验，这种为了追求公平和价值趋近于最大化而付出努力的过程意义非凡。

（四）供给侧改革背景下破产网拍的新功能

在破产资产价值最大化的探索上，网络拍卖提供了统一、开放、竞争、有序的市场。而新兴的互联网和大数据技术可以提升资源需求主体和生产资料之间的匹配能力、打通各类生产要素的流通环节，并提高社会资源的利用效率。在供给侧结构性改革的时代背景下，破产审判工作的社会功能有了新的含义，它承担着调整企业结构，出清落后产能，优化资源配置等一系列使命。《破审会议纪要》要求人民法院发挥破产审判功能，助推建设现代化经济体系，通过破产工作实现资源重新配置。而资源重新配置最集中的体现是重整企业以更高的价值重生。

各地管理人也纷纷在破产网拍平台上探索新路径。例如"华都肉鸡案"通过破产网拍平台招募重整投资人，再通过多个投资人竞价的方式招募到最合适的意向投资人，成功实现了华都肉鸡的转型和发展。这是市场机制充分发挥作用的体现，是破产网拍平台功能的新探索。

2021年5月12日，"北京国际高尔夫游乐公司股权（重整）"标的通过阿里拍卖平台进行重整投资人招募，在招募到2个投资人后开始竞价。起拍价4750万，保证金700万，加价幅度为50万，竞价过程中又有第三个报名，64人设置提醒。经过激烈竞拍，在44次竞价，11次延时后，以7300万元拍卖落槌，溢价率高达53.68%。

这次重整投资人招募工作具有区别于普通拍卖竞价程序的专业特点：

一方面，通过竞价方式对重整投资人资格的确定需要保留排名效果，即并非仅仅确定价格最高者，同时还要对所有参与竞价的投资人记录竞价排名，并在一定时间段内锁定竞价状态，以便在价格最高者因各种原因最终未参加投资时管理人可以继续与次位者协商投资方案，因此，平台程序需作针对性调整，例如，对意向投资人竞价保证金等措施作相应特殊处理等。

另一方面，价格因素可能是影响重整案件确定最终投资者的重要因素之一，但非全部因素。重整制度对社会价值的关注，要求确定投资人的过程往往还须考虑其他价格外保障因素与承诺等。因此，管理人在对意向投资人参加竞价前的资格审核环节须根据案件具体情况作针对性的要求，只有经专门审核通过后的意向投资人才能参加重整投资人招募竞价程序。

在破产企业重整市场化、法治化的探索上，借助网拍平台利用巨大的流量和大数据的精准匹配帮助企业寻找重整投资人，为企业重整价值、股东权益的衡量提供了有效的价值发现工具。

三、STX 项目破产财产拍卖处置经验

（一）拍卖方式的选择

发挥拍卖工作组资产处置服务经验和线下服务优势，同时由上海国际商品拍卖有限公司入驻阿里网拍平台的流量优势，实现了线上与线下相结合，服务优势和流量优势相结合。

（二）招募投资人

借鉴阿里网拍平台既有的在重整投资人招募的模式，2022 年 3 月 10 日，上海国际商品拍卖有限公司在阿里拍卖平台发布《（清算）STX（大连）造船等公司破产财产拍卖意向竞买人招募公告》，对 STX 大连造船公司破产财产拍卖招募意向竞买人，并同时利用腾讯新闻、网易新闻等微信公众号新媒体进行传播造势，吸引潜在意向投资人的注意和社会的关注。

（三）网络竞价

有了前期的影响力，STX（大连）集团破产财产于 2022 年 7 月 7 日至 8 日正式进入网络竞价阶段。竞价当天，STX 造船等六家公司的破产财产以 14.66 亿元的价格成交，STX 建设等七家公司的破产财产以 2.63 亿元的价格

成交，两项标的成交总价共计17.29亿元，整场网拍近300人关注，48689次围观。两个标的均由恒力集团旗下恒力重工集团有限公司（以下简称"恒力重工"）竞得。

（四）处置成效

成交前，这片荒废了近10年的厂区内遍布齐腰深的蒿草。恒力重工竞得破产财产后第二天人员就进入厂区，利用两天时间铲除了厂区内的所有蒿草，部分场地完成砂石置换。不到30天，厂区的景象已经焕然一新。

为推进恒力集团收购STX（大连）集团破产财产项目早日投产，长兴岛经济技术开发区管委会迅速组建了8人工作团队，涉及投资发展、不动产登记、市场监督、人社、城建等多个部门，与恒力项目团队现场合署办公，全力协调解决财产交割、手续办理等问题。对于堵点问题列出清单，提交上级单位协调解决。

此次破产资产处置，最终采用了网络拍卖的方式，由上海国拍作为线下服务机构，坚持"市场化、法治化"原则，接受大连中院及管理人的监督，严格依法推进资产拍卖工作。此次STX（大连）集团破产财产的整体拍卖，标志着这一国内船舶行业资产负债规模最大、最复杂、历时多年的破产清算案件取得关键性进展，是国内破产财产处置变价史中的经典案例之一。

破产案件中的资产评估与 STX 项目评估工作经验解析

前 言

"向海洋、向世界、向未来;成就梦想,成就 World best"是辉煌一时的 STX(大连)集团的口号。在历经近八年多的时间后,STX(大连)集团的破产程序终于完满结束,STX(大连)集团的巨额资产盘活了,将在新的企业中重新发挥其应有的作用。

作为资产评估机构,北京中企华资产评估有限责任公司(以下简称"中企华评估公司")参与了 STX(大连)集团从重整到破产清算的全过程的资产评估服务工作。在大连市中级人民法院(以下简称"大连中院")的指导下,在管理人的监督协调下,中企华评估公司积极与管理人、审计机构等密切合作,在债务人的配合下充分发挥评估机构的专业性、咨询性及公信力,为 STX(大连)集团等公司的重整、资产处置及资产盘活等提供了强大的助力。

回头再看资产评估机构在 STX(大连)集团及其他破产重整案件中的工作过程及工作成果,评估机构发挥的作用主要表现在以下几个方面:(1)提供管理人制定重整计划的重要参考依据;(2)提供债权人、原股东了解重整企业资产价值、理解重整计划的主要参考依据;(3)提供战略投资者了解重整企业、了解企业资产价值的重要参考;(4)提供管理人处置资产的参考依据;

同时,破产重整评估估值并不是简单的估值,需要在遵守法规、准则,坚守独立、客观、公正的原则情况下,制定切实可行的评估方案,平衡各方诉求,合理量化估值,让各方了解、理解并认可资产评估工作,做好各利益方与管理人之间的桥梁，协助管理人推动重整方案。

破产重整程序中的资产评估与其他常规的资产评估并没有本质的区别，但是在破产重整的语境下资产评估还是具有一些鲜明的特点。我们总结 STX（大连）集团等公司及其他企业的破产重整评估工作，为今后像 STX（大连）集团这样一类企业的破产案件中的资产评估工作提供经验，提升资产评估行业在破产重整评估的服务方面的综合能力。

一、项目背景及特点

STX（大连）集团系当时全球第四大造船企业韩国 STX 集团 2007 年在大连独立投资的造船海洋综合生产基地，是迄今为止中国引进的最大外资造船项目，坐落在大连长兴岛经济区，注册资本高达 11.25 亿美元，是大连曾经的"1号"招商项目，整个集团在大连有十多家企业实体，高峰期有超过 3 万名员工，业务涉及散货船、汽车船、海工配套船舶、发动机生产等等造船和相关产品。

STX（大连）集团拥有集成化的生产系统，涵盖了从原材料加工、分段制造、船用发动机组装、船舶建造以及海洋工程等领域，具备自主生产船用发动机、螺旋桨推进器、船用曲轴的能力，而且还集船体分段制造、海洋结构物制造于一身，是具有一条龙式垂直系列化生产体系的综合性造船海洋生产基地。

（一）STX 造船等六家公司破产重整、清算

2014 年 5 月 23 日，STX（大连）造船有限公司、STX（大连）重工有限公司、STX（大连）海洋重工有限公司、STX（大连）发动机有限公司、STX（大连）重型装备有限公司、STX（大连）金属有限公司（以下简称"STX 造船等六家公司"）以其不能清偿到期债务，并且明显缺乏清偿能力为由，向大连中院申请重整。大连中院经审查，于 2014 年 6 月 6 日分别裁定受理 STX 造船等六家公司的重整申请。

2014 年 7 月 16 日，中企华评估公司通过投标中标了 STX（大连）造船等六家公司重整评估业务，并于 7 月 28 日正式进场开展评估工作。

因在 2015 年 3 月 6 日之前未能按期提出重整计划草案，大连中院依照《中华人民共和国企业破产法》（以下简称"《企业破产法》"）第 79 条第 3

款之规定,于 2015 年 3 月 10 日裁定终止 STX 造船等六家公司重整程序,宣告 STX 造船等六家公司破产。此后,中企华评估公司继续为委托人提供了 STX 造船等六家公司破产清算全过程的资产评估工作。

(二)STX 造船等六家公司评估中的特点

STX 造船等六家公司重整(清算)项目是国内船舶行业资产负债规模最大、最复杂项目。从评估的角度来看,STX 项目有着不同于其他项目的显著特征。

(1)规模大、复杂程度高。一是规模大体现在资产量大、债务规模大。STX 造船等六家公司的资产量合计 241.58 亿元,债权 291.18 亿元。这在 2014 年也是国内首屈一指的破产案件了。同时,在企业重整刚刚起步的初期,没有类似的案例可以借鉴;二是 STX 造船等六家公司均是外资独资企业,涉及境外的资产、债权事项多且复杂;三是 STX(大连)集团旗下十三家公司之间的关联事项多。

(2)特殊资产多、估值难度大。一是 STX 造船是船舶制造企业,其生产装备具有明显的行业特点。比如:超大型的吊车、大型的钢结构厂房、独特的造船平台、岸壁、码头、船坞、复杂的管线系统、具有明显 STX 特点的工艺装备等等;二是还有未完工的大型船舶以及品种繁多且数量巨大的原材料等等;三是企业存在大量的担保财产且担保事项复杂。

(3)时间紧、任务重。虽然本项目从裁定重整到破产程序基本执行完毕跨越了八年的时间,但评估工作时间一直都是不充足的;从 2014 年 7 月 28 日正式进场到出具初步结果也仅仅有两个月的工作时间。在这短短的两个月里还要克服评估资料严重短缺,债务人不能给予足够配合的情况以及克服重整项目执行过程中不断出现的对估值有影响的各种不可预见的问题。同时,一个破产重整业务对资产评估结果的需求也是多样的,包括不同假设前提下资产的价值(通常包括市场价值和清算价值)和偿债能力分析。

(4)影响大、沟通是关键。作为第三方的估值机构,估值结果为各利益方重点关注。由于资产量、债务金额巨大,估值结果关乎各方利益。评估机构充分发挥自身的公正性、独立性、专业性,让各方了解、理解并认可资产评估工作,做好各利益方与管理人之间的桥梁,协助管理人推动重整方案。

二、评估范围

在破产重整评估中，评估范围是纳入破产重整范围的全部资产，也就是债务人的全部资产。STX造船等六家公司评估范围内的主要资产是存货（材料及在建船舶）、固定资产（房屋及建构筑物）、在建工程、无形资产（土地使用权等）。

三、项目组织

（一）项目人员投入情况

STX项目是当时国内船舶行业资产负债规模最大、最复杂的破产重整项目。资产、负债规模庞大，如何有效地对项目进行组织管理，是对项目组的重大考验，也是保证项目顺利完成的重要前提。中企华评估公司选派具有重整评估经验、船舶行业评估经验的人员组成评估项目组，同时聘请船舶、水工等方面的专家为本次评估项目提供专家意见，保证了项目的正常实施。

（二）团队管理及职责分工

针对STX项目特点，本项目采用了宝塔式的组织架构，最上部成立领导小组，主要负责项目在人员、技术及后勤等方面的支持工作。在项目执行层面，设有项目负责人、项目现场负责人及中心业务组，中心业务组下针对STX（大连）六个独立的重整程序再分六个组。这样可以更好发挥不同类型专业人员的技术优势，同时兼顾各个独立程序对评估工作的需求。

具体组织架构情况如下：

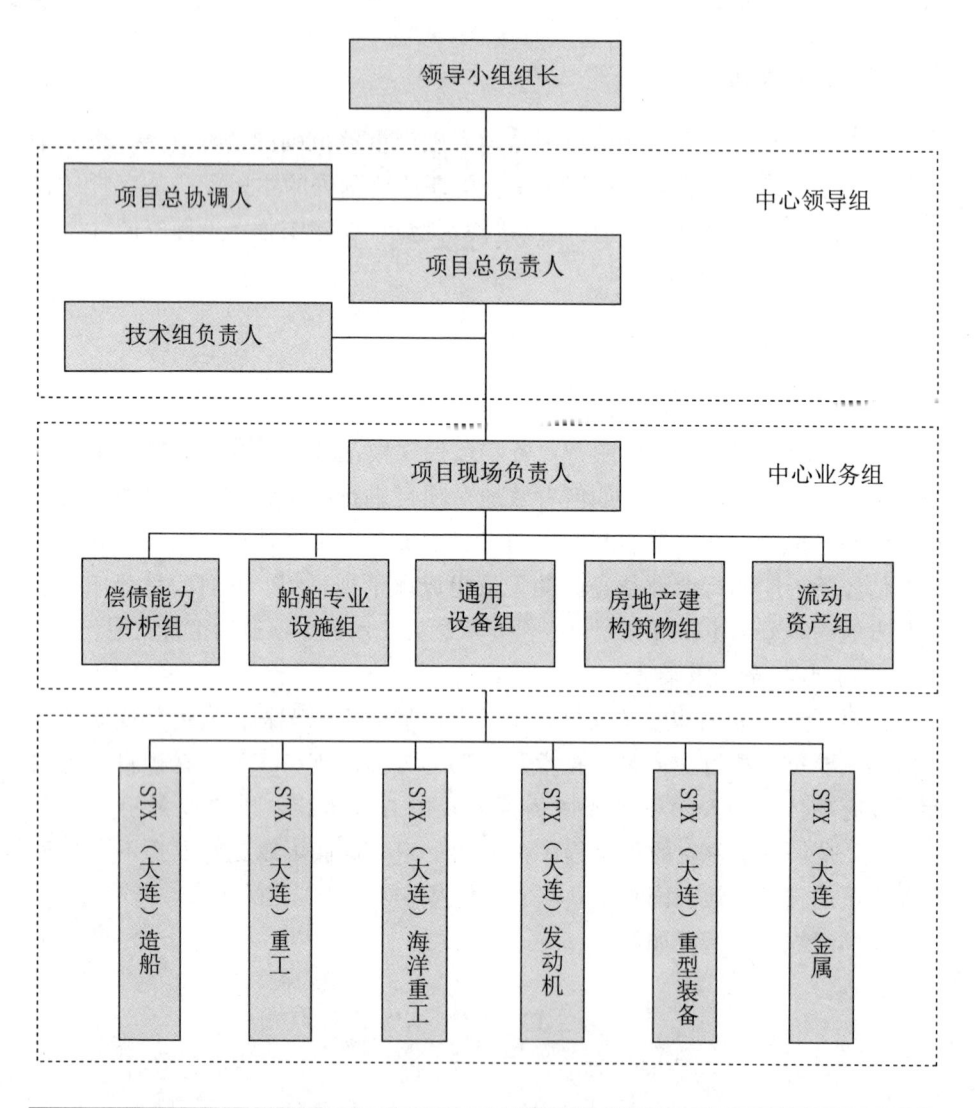

```
                    ┌─────────────────┐
                    │  领导小组组长    │
                    └────────┬────────┘
                             │
    ┌────────────────────────┼────────────────────────┐ 中心领导组
    │  ┌──────────────┐      │                        │
    │  │ 项目总协调人 │──────┤                        │
    │  └──────────────┘      │                        │
    │              ┌─────────┴────────┐               │
    │              │  项目总负责人    │               │
    │              └─────────┬────────┘               │
    │  ┌──────────────┐      │                        │
    │  │ 技术组负责人 │──────┤                        │
    │  └──────────────┘      │                        │
    └────────────────────────┼────────────────────────┘
                             │
    ┌────────────────────────┼────────────────────────┐ 中心业务组
    │              ┌─────────┴────────┐               │
    │              │  项目现场负责人  │               │
    │              └─────────┬────────┘               │
    │     ┌──────┬───────┬───┴───┬───────┬──────┐     │
    │  偿债 │ 船舶 │ 通用 │ 房地产建 │ 流动         │
    │  能力 │ 专业 │ 设备 │ 构筑物组 │ 资产组       │
    │  分析组│设施组│ 组   │          │              │
    └─────────────────────────────────────────────────┘
```

| STX（大连）造船 | STX（大连）重工 | STX（大连）海洋重工 | STX（大连）发动机 | STX（大连）重型装备 | STX（大连）金属 |

组别	主要职责
项目总负责人	负责与管理人、企业及债权人等相关方的总协调；负责解决工作过程中出现的重大问题，项目质量总体控制；重大问题与工作组、企业等相关方沟通协调，全面领导和组织项目按时保质完成。

续表

组别	主要职责
现场负责人	负责项目团队的组织及工作计划的制定；组织项目具体方案的撰写及人员培训，指导并监督方案的具体执行；负责与工作组、企业具体事务的沟通协调；解决方案执行中出现的主要问题；指导汇报材料、评估报告等文件的撰写，负责相关工作内容及成果的汇报等。
中心业务组成员	指导并监督程序组、专业组及沟通协调组的具体工作，全面负责组内工作进度及工作质量，解决组内工作中出现的重大问题；负责各组与企业及其他专业机构的沟通协调；审核并提交各组工作成果。

四、项目评估程序及要点

本次项目评估程序包括如下七点：

（1）前期准备上，结合实际制定方案。2014年7月，项目组对重整公司涉及的企业范围做了进一步梳理，明确评估范围，在此基础上根据业务性质及区域情况进行人员分组。与此同时，项目组准备并下发资料及资料清单，同时要求企业在资产申报过程中，对资产进行自查，明确各项资产状态并准确填报。在此阶段项目组将各公司评估对接人清单反馈企业，以便于企业在填表及资料准备过程中，评估人员可以随时答疑，促进效率。

（2）内部培训上，认真组织，落实责任。通过内部培训向组内全体成员介绍项目背景、项目特殊性以及强调重点工作内容，确认现场清查核实要点，明确一些基础事项的处理原则，强调工作纪律以及建立工作汇报机制。结合工作组的时间要求，项目组制定了各阶段的主要工作计划，并要求各现场清查小组，进一步了解组内负责公司的实际情况，精确到每家公司编制具体详细的现场计划，以做到先谋后行、有序高效地开展后续工作。

（3）资产清查上，做到有章有法、有点有面。针对各程序的资产特点，评估人员于2014年7月至9月对评估对象涉及的资产进行了必要的清查核实，对各公司的经营管理状况等进行了必要的尽职调查。在资产勘查方面，对于存货（主要是在建船舶）、房地产、水工设施、主要生产设备等核心资产均履行了全面的现场勘查程序，对于数量庞大的原材料、设备类等资产，则采取了抽查方式进行核实。与此同时，评估人员还重点核实了各项资产的权证情况，对于抵质押担保等他项权利的情况作了必要详细的调查及核实，对于设定抵押权的资产尽力拆分到最小单元进行清查核实，以便于后续各部分资产均可匹配对应至抵押资产清单。对于非实物资产，主要通过查阅企业的会计凭证、查阅合同文件、工商登记资料，了解企业应收类债权的形成过程；通过访谈和进行账龄分析核实债权收回的可能性。同时，在整个清查工作中，各评估工作小组根据制定的工作汇报机制，加强与中心业务组的沟通，做到各小组步调一致，有问题及时上报解决。

（4）评估测算上，做到有理有据、有力有节。评估人员严格落实资产评估有关法律法规要求，遵守基本准则、执业准则、道德准则等，区分企业不同业务、不同类型和不同发展阶段，科学合理选择适当的评估方法进行评估，确保评估价值的合理性。评估工作小组在基本完成现场勘查工作的基础上，首先对实物资产进行了评估作价工作，撰写实物类资产概括及介绍。9月初开始，进行多轮的审计对接工作。在此基础上，开展全面的评估作价测算工作以及估值汇总工作，形成初步评估结论，同时着手评估报告、评估说明等撰写工作。

（5）抵质押资产核实，做到一一对应、匹配债权。重整项目中对抵质押担保财产或融资租赁财产的核对是工作的重要环节。评估人员配合管理人，对债权人申报的并经管理人审核确认的债权所涉及抵质押财产或融资租赁财产清单，与企业评估基准日申报的资产明细进行匹配核对，一一对应各项资产的评估价值，并就财产清单与申报资产明细差异的核对问题反馈管理人及企业进一步核实。根据核实后的债权债务清单，评估人员着手并完成相应的偿债能力分析工作。

（6）内部审核，做到严格把关、保证质量。2014年9月下旬起，评估人员陆续将各阶段评估作价明细表、评估报告及评估说明在完成小组自查后送公司内部审核，强化内部审核流程，确保报告的信息质量。

（7）提交成果时信息共享，稳步推进，步调一致向前进。2014年10月起，项目组在不影响对评估结论进行独立判断的前提下，依法依规与管理人等就评估报告有关内容进行多轮沟通后，于2015年3月提交了正式评估报告。在此期间，先后将各阶段工作结果向管理人、债权人、意向战略投资人以及法院进行了沟通汇报，并提交了相应的阶段性汇报材料及报告初稿等。

五、破产程序中的资产评估工作

（一）资产评估在破产重整程序中的作用

根据资产评估机构在 STX 项目及其他破产重整案件中的工作过程及工作成果，评估机构发挥的作用主要表现在以下几个方面：

1. 提供管理人制定重整计划的重要参考依据

从破产重整方案角度出发，防止就评估论评估的局限思维。资产评估既是第三方对资产价值的发表独立的专业意见的过程，也是服务于重整、为重整各方提供咨询意见的过程。

2. 提供债权人了解重整企业资产价值、理解重整计划的主要参考依据

站在债权人角度，对资产的估值体现资产的合理价值，维护债权人利益。同时，充分发挥资产评估机构在对资产估值方面的专业性，为债权人了解、理解其关注的资产价值、认可评估结果进行有效的沟通。

3. 提供战略投资者了解重整企业、了解资产价值、制定重整方案的重要参考

站在投资者角度，合理关注和反映债务人资产（特别关注无形资产）的价值。通常管理人一侧的评估机构资产评估工作，很少涉及投资人角度对资产价值的判断，但是这一角度的判断也是债权人最为关注的。这个价值并不是简单的各单项资产价值的相加，更多的是企业未来在解决债务问题下的一个企业价值（或股权价值）。

4. 提供管理人（债权人）处置资产的参考依据

无论是在公开渠道进行拍卖，还是通过协商进行资产处置或转让，均需要一个拍卖或转让价值的专业意见。

另外，破产重整评估估值并不是简单的估值，需要在遵守法规、准则，坚守独立、客观、公正的原则情况下，制定切实可行的评估方案，平衡各方诉求，合理量化估值，让各方了解、理解并认可资产评估工作，做好各利益方与管理人之间的桥梁，协助管理人推动重整方案。

（二）破产重整资产评估的工作内容

1. 破产重整程序中资产评估的基本服务内容

破产重整中资产评估的常规工作内容一般包括对资产价值的评估（市场

价值、清算价值）和偿债能力分析，STX 造船等六家公司重整评估的工作内容就是分别对 STX 造船等六家公司的资产价值的评估（市场价值、清算价值）进行了估值并进行了对偿债能力分析。

（1）对资产价值的评估

对资产价值的评估通常在以下前提假设下进行：①假设国家现行的有关法律法规及政策、国家宏观经济形势无重大变化，本次交易各方所处地区的政治、经济和社会环境无重大变化；②假设和产权持有单位相关的利率、汇率、赋税基准及税率、政策性征收费用等评估基准日后不发生重大变化；③假设公司完全遵守所有有关的法律法规；④假设评估基准日后无不可抗力及不可预见因素对产权持有单位造成重大不利影响；⑤评估结论依据的是委托人及产权持有单位提供的资料，假设委托人及产权持有单位提供的资料是客观合理、真实、合法、完整的。

除以上假设外，对资产市场价值的估值需要增加"企业持续经营，纳入重整范围的资产原地、原功能继续使用"为前提；对资产清算价值的评估需增加"假设企业破产清算，资产被迫出售、快速变现处置"为前提条件。

（2）偿债能力分析

通常偿债能力分析是对普通债权在假设清算、资产快速变现前提下可能的偿付比例的一种预计。STX 造船等六家公司的偿债能力分析工作，就是在这样一个前提下进行的。同时在分析中还要考虑以下因素：①管理人处置资产的方式为有序处置，资产采取整体方式进行处置，而不是零星拆除后处置；②估值机构对资产清算价值的估值结果可以实现；③无其他不可预测和不可抗力因素对处置资产造成重大不利影响；

如果企业具备持续经营的一些条件（结合债务的重组方案），也可以考虑持续经营下的偿债能力的分析。这种情况下的分析，不以资产变现为前提，而是以企业经营的可偿债的现金流为分析的基础。

2. 破产重整中资产评估的基本要素

破产重整中资产评估的基本要素有资产评估的主体，即进行资产评估的专业人员；资产评估的客体，即被评估的对象及具体的评估范围；资产评估的目的，即需要进行资产评估的原因；资产评估的标准，即资产评估依据的价格、技术等标准、假设前提；资产评估的依据，即资产评估法律法规、准则依据、作价依据等；资产评估的方法，即评估运用的符合国家规定的各种专门的方法；评估的基准日，即评估时所依据的时点；评估的价值类型，即评估时所认定的资产的价值属性。

在破产重整的评估业务中，评估的客体、评估基准日、价值类型、评估依据等评估要素方面与其他常规的资产评估相比较，具有一定的特点：

（1）评估对象及范围。破产重整企业的全部财产均应纳入评估范围，包括账面有记载和无记载的全部有形和无形资产。具体包括企业的货币资金、应收款项、存货、对外投资、固定资产、无形资产等。已设定抵押的财产，不论抵押权人是否放弃优先受让权，均应列入评估范围，同时也包括账面未记载的无形资产（商标、专利、专有技术）、盘盈资产、代持股权等等；

（2）重整评估项目的评估基准日通常是法院裁定受理企业破产重整日期。如企业的经营活动对其资产价值有较大的影响（如未履行的合同得到履行），也可考虑调整基准日，使评估结果更为科学合理，更有利于保护债权人的利益。

（3）资产评估中的价值类型通常包括市场价值和市场价值以外的价值类型，市场价值以外的价值类型包括投资价值、在用价值、清算价值、残余价值等。在常规的资产评估中，一个项目通常只涉及一个价值类型。而在破产重整评估中，由于重整本身的不确定性（重整成功企业继续存续、重整不成企业清算）以及不同利益方对资产价值判断的出发点及角度（价值判断的前提条件及假设）的不一致甚至相互矛盾，就要求评估机构需要从不同的角度来反映资产的价值。市场价值是指自愿买方和自愿卖方在各自理性行事且未受任何强迫的情况下，评估对象在评估基准日进行正常公平交易的价值估计数额。清算价值是指评估对象处于被迫出售、快速变现等非正常市场条件下的价值估计数额。投资价值是指评估对象对于具有明确投资目标的特定投资者或者某一类投资者所具有的价值估计数额，亦称特定投资者价值。在重整评估中应用最多的价值类型是清算价值和市场价值，在一些其他重整程序中也有投资价值的应用等。

（4）评估依据是人民法院裁定受理企业破产申请裁定书以及指定管理人决定书，这一点区别于常规评估项目。同时，重整评估还要遵守并依据《企业破产法》相关规定以及相关的司法解释、《中华人民共和国民法典》中涉及物权、担保等部分的内容开展评估工作。

(三) 评估的基本程序

与常规项目一样，评估程序通常如下：

1. 项目启动

了解项目基本情况，委托人就评估目的、评估对象和评估范围、评估基准日等评估业务基本事项，以及各方的权利、义务等达成一致，并与委托人签订资产评估委托合同，协商拟定了相应的评估计划。

2. 内外培训

越是大型的项目，内外部培训就越发必要。要让产权持有单位的财务与资产管理人员理解并做好资产评估材料的填报工作，对产权持有单位相关人员进行培训，并派专人对资产评估材料填报中碰到的问题进行解答。同时，为了保证评估项目的质量和提高工作效率，贯彻落实拟定的资产评估方案，对评估机构项目成员讲解项目的经济行为背景、评估对象涉及资产的特点、评估技术思路和具体操作要求并制定培训工作方案，对企业进行培训。

3. 企业清查填表

被评估单位根据评估机构的要求准备相关资料、填报相关表格，做到账表相符。

4. 与审计机构初步对接

与审计团队进行沟通，确定填报数据对接一致，保证双方的范围一致。

5. 现场勘查

对评估范围内的资产进行清查、核实，收集评估数据、资料；及时发现问题、提出问题、主动寻求解决问题的途径。

6. 资产评估作价

评估人员针对各类资产的具体情况，根据选用的评估方法，选取相应的公式和参数进行分析、计算和判断，形成各类资产的初步评估结果。

7. 审计调整对接

沟通调整分录、与审定表匹配，并同时调整评估结果。

8. 撰写报告

项目负责人对各类资产评估初步结论进行汇总，撰写并形成初步资产评估报告。

9. 内部三级审核

项目负责人一级审核后，提交内部二级、三级复核。

10. 交换意见

形成评估初稿数据后，提交委托人或者委托人同意的其他相关当事人就资产评估报告有关内容进行沟通。

11. 出具正式报告

根据反馈意见进行合理修改后出具并提交资产评估报告。

（四）基本的评估方法

对于资产市场价值的评估：要根据评估对象、价值类型、资料收集情况等相关条件，以及三种评估基本方法的适用条件，选择适用的一种或多种方法进行评估。

通常各类资产使用的评估方法如下：

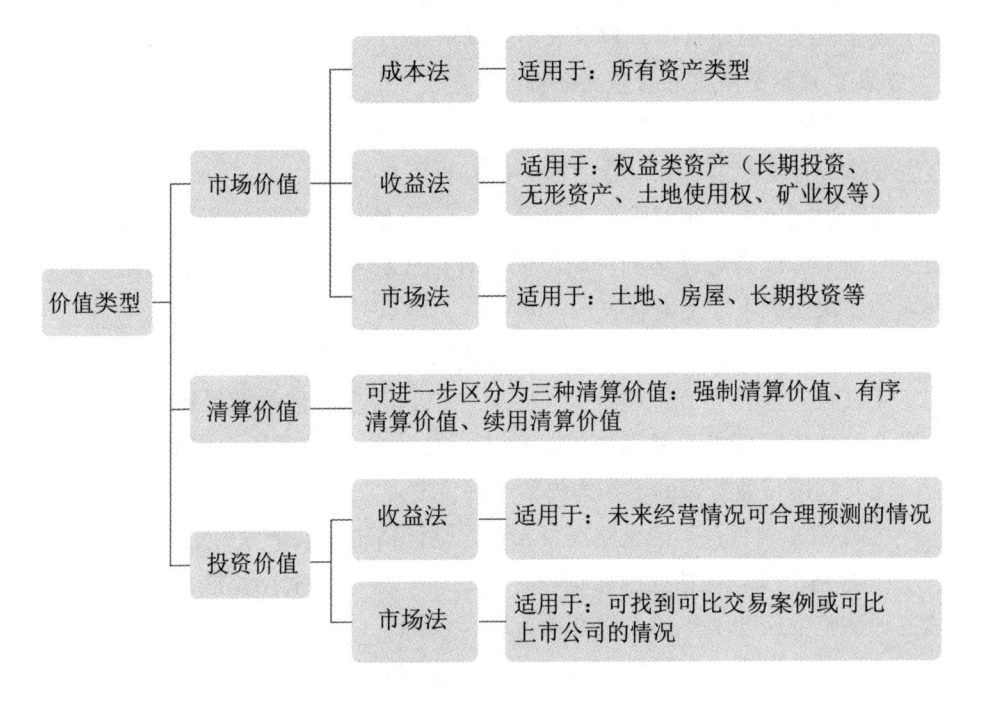

```
                   ┌─ 成本法 ── 适用于：所有资产类型
                   │
         ┌─ 市场价值 ┼─ 收益法 ── 适用于：权益类资产（长期投资、
         │         │              无形资产、土地使用权、矿业权等）
         │         │
         │         └─ 市场法 ── 适用于：土地、房屋、长期投资等
         │
价值类型 ─┼─ 清算价值 ──── 可进一步区分为三种清算价值：强制清算价值、有序
         │                清算价值、续用清算价值
         │
         │         ┌─ 收益法 ── 适用于：未来经营情况可合理预测的情况
         └─ 投资价值 ┤
                   └─ 市场法 ── 适用于：可找到可比交易案例或可比
                                上市公司的情况
```

1. 对于资产清算价值的评估

采用清算价格法评估资产的清算价值。首先采用成本法、收益法或市场法等对委估资产的市场价值进行评估，然后对资产进行综合分析，确定变现

率，从而计算其清算价值（也称可变现价值）。

清算价值＝市场价值×变现率

变现率根据委估资产类型、特征、规模、基准日资产状况，同时考虑资产所处当地的经济环境、委估对象在债权实现过程中的费用（诉讼、执行、拍卖费等）及其他一些不可测因素，结合处置时限要求、有限市场及潜在购买者心理预期等因素，综合确定。

2. 偿债能力的分析方法

对偿债能力进行分析，需要考虑到债务人和债务责任关联方主体资格存在、债务人或债务责任关联方配合能够提供产权证明以及近期财务状况等基本资料的情况。适用方法主要有：假设清算法、现金流偿债法和其他适用方法。

重整业务中，在企业有持续经营能力的前提下，建议采用现金流偿债法。在企业非持续经营条件下，建议采用假设清算法。

（五）评估中的重点及难点分析

每一个资产评估项目都有一些重点和难点问题，就 STX 而言其重点和难点主要体现在资产清查和对专业资产估值两个方面。

资产清查工作之所以成为重点及难点工作是因为缺乏债务人的配合及无法及时提供可以满足评估的资料，使得评估工作事倍功半，进展受阻。在管理人的多次协调下才逐渐解决这一问题。

STX（大连）集团拥有较多的像在建船舶、大型专用设备、码头等造船的专用设施。这些资产价值量大、专业性强，对总的估值结果影响大。对专业资产的估值不仅需要具备资产评估专业能力，还要具备一定的专业知识，同时还要利用行业专家的工作为评估师提供专业支持。

总结 STX 项目及其他重整项目，在重整评估中有两个方面重点和难点。

1. 评估范围。评估范围是资产评估的一个基本要素，评估工作是依据具体的评估范围展开工作的。只有确定了范围后，才能有一个完整的评估实施计划或方案。但是，在重整评估中，评估范围在最初往往并不能确定，需要管理人、审计机构、资产评估机构及相关方在进一步调查的基础上才能确定。比如：要鉴定账外资产是否属于破产财产而纳入评估范围、如何考虑融资租赁资产、代持股权事项的定性、权属瑕疵问题的处理、抵质押事项的定性及担保债权与担保财产的匹配等等。

2. 有效沟通。一方面是估值结果的沟通：债务人、债权人、潜在的投资方及其他相关方都会站在自己立场上有利益诉求，而且这些利益方之间往往是相对立的。体现在对估值的意见上，永远有一方觉得低而另一方觉得高。这就需要评估机构发挥中介机构的专业性、咨询性及公信力，在管理人的指导下与各方进行充分的沟通，使得各方了解、理解资产评估和评估结果，协助管理人推动重整方案；另一方面是重整管理人及中介团队的沟通：重整的资产评估与常规资产评估不同，常规的评估工作往往可以预见绝大多数评估过程中可能预见的问题，而重整中的资产评估是在不断发现问题、解决问题的过程中完成的，并且问题的解决往往需要管理人、审计机构及债务人等共同参与；同时，管理人对评估工作的需求也会根据重整进程不断变化和增加，有效的沟通是重整评估的重点工作也是难点工作。

解决重点难点问题的基础是对破产重整的理解，评估人员要在破产重整的语境下看待自己所执行资产评估业务，不要局限在具体的评估工作。

（六）其他评估工作建议

1. 建议评估、审计进场前，管理人聘请财务顾问对企业资产、负债、业务情况进行梳理。破产重整的企业，往往已经暂停经营，有些管理职能已经基本不存在。评估、审计工作需要企业熟悉资产、财务的人员进行配合，如缺少这类人员，评估及审计的难度会加大很多，项目周期也会大大延长。如可以在评估、审计进场前，请财务顾问对企业的资产、债权债务进行梳理，可为下一步评估、审计及重整做好前期准备的工作，加快评估审计进度。

2. 建议留用企业的高管或聘请职业经理人协助管理人工作。对于大型企业，企业的管理流程、业务流程相对复杂，不同行业的企业，特点也不一样。评估工作需要被评估单位配合的人员非常多，比如：财务人员、不动产管理人员、精算部门、人事部门、采购部门、销售部门等，他们对企业管理流程、业务流程熟悉，有助于协调企业相关人员配合审计、评估工作也更有助于管理人管理被评估单位。

3. 如有确定的重整方，建议重整方尽早介入。如果重整项目已经有了意向重整方，建议重整方尽早介入。一是有利于整个项目的重整，二是可以借助重整方的资源，对推进重整审计、评估等各项工作有帮助。

4. 建议管理人关注重组方案对评估报告的要求。不同的重整方案对评估报告的要求不尽相同，希望管理人加强与评估机构的沟通，评估机构将根据重整方案为管理人提供资产评估服务。特别此次提到对重整范围内债务人的股东全部权益价值进行评估，建议管理人及时与评估机构充分沟通，在了解债务人实体经营情况、充分考虑重整方案的前提下确定具体的评估对象及评估范围。

5. 建议管理人关注不同时点资产价值的差异。由于不同时点宏观环境存在较大变化，具体表现为法律法规的变化、信贷政策的改变、税率制度的调整、市场价格的波动等，同时资产自身也存在较大变化，因此相同资产在不同时点的价值也会存在较大差异。